中华人民共和国
新法规汇编

2020
第4辑

司 法 部 编

中国法制出版社

编辑说明

一、《中华人民共和国新法规汇编》是国家出版的法律、行政法规汇编正式版本，是刊登报国务院备案并予以登记的部门规章的指定出版物。

二、本汇编收集的内容包括：上一个月内由全国人民代表大会及其常务委员会通过的法律和有关法律问题的决定，国务院公布的行政法规和国务院文件，报国务院备案并予以登记的部门规章，最高人民法院和最高人民检察院公布的司法解释。另外，还收入了上一个月内报国务院备案并予以登记的地方性法规和地方政府规章目录。

三、本汇编所收的内容，按下列分类顺序编排：法律，行政法规，国务院文件，国务院部门规章，司法解释。每类中按公布的时间顺序排列。报国务院备案并予以登记的地方性法规和地方政府规章目录按1987年国务院批准的行政区划顺序排列；同一行政区域报备两件以上者，按公布时间顺序排列。

四、本汇编每年出版12辑，每月出版1辑。本辑为2020年度第4辑，收入2020年3月份内公布的行政法规1件、国务院文件2件、报国务院备案并经审查予以登记编号的部门规章23件、司法解释2件，共计28件。

五、本汇编在编辑出版过程中，得到了国务院有关部门和有关方面以及广大读者的大力支持和协助，在此谨致谢意。

司法部

2020年4月

目　录

行政法规

国务院文件

国务院部门规章

司法解释

附：

行政法规

农作物病虫害防治条例

（2020年3月17日国务院第86次常务会议通过　2020年3月26日中华人民共和国国务院令第725号公布　自2020年5月1日起施行）

第一章　总　　则

第一条　为了防治农作物病虫害，保障国家粮食安全和农产品质量安全，保护生态环境，促进农业可持续发展，制定本条例。

第二条　本条例所称农作物病虫害防治，是指对危害农作物及其产品的病、虫、草、鼠等有害生物的监测与预报、预防与控制、应急处置等防治活动及其监督管理。

第三条　农作物病虫害防治实行预防为主、综合防治的方针，坚持政府主导、属地负责、分类管理、科技支撑、绿色防控。

第四条　根据农作物病虫害的特点及其对农业生产的危害程度，将农作物病虫害分为下列三类：

（一）一类农作物病虫害，是指常年发生面积特别大或者可能给农业生产造成特别重大损失的农作物病虫害，其名录由国务院农业农村主管部门制定、公布；

（二）二类农作物病虫害，是指常年发生面积大或者可能给农业生产造成重大损失的农作物病虫害，其名录由省、自治区、直辖市人民政府农业农村主管部门制定、公布，并报国务院农业农村主管部门备案；

（三）三类农作物病虫害，是指一类农作物病虫害和二类农作物病虫害以外的其他农作物病虫害。

新发现的农作物病虫害可能给农业生产造成重大或者特别重大损失的，在确定其分类前，按照一类农作物病虫害管理。

第五条　县级以上人民政府应当加强对农作物病虫害防治工作的组织领

导，将防治工作经费纳入本级政府预算。

第六条 国务院农业农村主管部门负责全国农作物病虫害防治的监督管理工作。县级以上地方人民政府农业农村主管部门负责本行政区域农作物病虫害防治的监督管理工作。

县级以上人民政府其他有关部门按照职责分工，做好农作物病虫害防治相关工作。

乡镇人民政府应当协助上级人民政府有关部门做好本行政区域农作物病虫害防治宣传、动员、组织等工作。

第七条 县级以上人民政府农业农村主管部门组织植物保护工作机构开展农作物病虫害防治有关技术工作。

第八条 农业生产经营者等有关单位和个人应当做好生产经营范围内的农作物病虫害防治工作，并对各级人民政府及有关部门开展的防治工作予以配合。

农村集体经济组织、村民委员会应当配合各级人民政府及有关部门做好农作物病虫害防治工作。

第九条 国家鼓励和支持开展农作物病虫害防治科技创新、成果转化和依法推广应用，普及应用信息技术、生物技术，推进农作物病虫害防治的智能化、专业化、绿色化。

国家鼓励和支持农作物病虫害防治国际合作与交流。

第十条 国家鼓励和支持使用生态治理、健康栽培、生物防治、物理防治等绿色防控技术和先进施药机械以及安全、高效、经济的农药。

第十一条 对在农作物病虫害防治工作中作出突出贡献的单位和个人，按照国家有关规定予以表彰。

第二章 监测与预报

第十二条 国家建立农作物病虫害监测制度。国务院农业农村主管部门负责编制全国农作物病虫害监测网络建设规划并组织实施。省、自治区、直辖市人民政府农业农村主管部门负责编制本行政区域农作物病虫害监测网络建设规划并组织实施。

县级以上人民政府农业农村主管部门应当加强对农作物病虫害监测网络的管理。

第十三条 任何单位和个人不得侵占、损毁、拆除、擅自移动农作物病虫害监测设施设备，或者以其他方式妨害农作物病虫害监测设施设备正常运行。

新建、改建、扩建建设工程应当避开农作物病虫害监测设施设备；确实无法避开、需要拆除农作物病虫害监测设施设备的，应当由县级以上人民政府农业农村主管部门按照有关技术要求组织迁建，迁建费用由建设单位承担。

农作物病虫害监测设施设备毁损的，县级以上人民政府农业农村主管部门应当及时组织修复或者重新建设。

第十四条 县级以上人民政府农业农村主管部门应当组织开展农作物病虫害监测。农作物病虫害监测包括下列内容：

（一）农作物病虫害发生的种类、时间、范围、程度；

（二）害虫主要天敌种类、分布与种群消长情况；

（三）影响农作物病虫害发生的田间气候；

（四）其他需要监测的内容。

农作物病虫害监测技术规范由省级以上人民政府农业农村主管部门制定。

农业生产经营者等有关单位和个人应当配合做好农作物病虫害监测。

第十五条 县级以上地方人民政府农业农村主管部门应当按照国务院农业农村主管部门的规定及时向上级人民政府农业农村主管部门报告农作物病虫害监测信息。

任何单位和个人不得瞒报、谎报农作物病虫害监测信息，不得授意他人编造虚假信息，不得阻挠他人如实报告。

第十六条 县级以上人民政府农业农村主管部门应当在综合分析监测结果的基础上，按照国务院农业农村主管部门的规定发布农作物病虫害预报，其他组织和个人不得向社会发布农作物病虫害预报。

农作物病虫害预报包括农作物病虫害发生以及可能发生的种类、时间、范围、程度以及预防控制措施等内容。

第十七条 境外组织和个人不得在我国境内开展农作物病虫害监测活动。确需开展的，应当由省级以上人民政府农业农村主管部门组织境内有关单位与其联合进行，并遵守有关法律、法规的规定。

任何单位和个人不得擅自向境外组织和个人提供未发布的农作物病虫害监测信息。

第三章 预防与控制

第十八条 国务院农业农村主管部门组织制定全国农作物病虫害预防控制方案，县级以上地方人民政府农业农村主管部门组织制定本行政区域农作物病虫害预防控制方案。

农作物病虫害预防控制方案根据农业生产情况、气候条件、农作物病虫害常年发生情况、监测预报情况以及发生趋势等因素制定，其内容包括预防控制目标、重点区域、防治阈值、预防控制措施和保障措施等方面。

第十九条 县级以上人民政府农业农村主管部门应当健全农作物病虫害防治体系，并组织开展农作物病虫害抗药性监测评估，为农业生产经营者提供农作物病虫害预防控制技术培训、指导、服务。

国家鼓励和支持科研单位、有关院校、农民专业合作社、企业、行业协会等单位和个人研究、依法推广绿色防控技术。

对在农作物病虫害防治工作中接触有毒有害物质的人员，有关单位应当组织做好安全防护，并按照国家有关规定发放津贴补贴。

第二十条 县级以上人民政府农业农村主管部门应当在农作物病虫害孳生地、源头区组织开展作物改种、植被改造、环境整治等生态治理工作，调整种植结构，防止农作物病虫害孳生和蔓延。

第二十一条 县级以上人民政府农业农村主管部门应当指导农业生产经营者选用抗病、抗虫品种，采用包衣、拌种、消毒等种子处理措施，采取合理轮作、深耕除草、覆盖除草、土壤消毒、清除农作物病残体等健康栽培管理措施，预防农作物病虫害。

第二十二条 从事农作物病虫害研究、饲养、繁殖、运输、展览等活动的，应当采取措施防止其逃逸、扩散。

第二十三条 农作物病虫害发生时，农业生产经营者等有关单位和个人应当及时采取防止农作物病虫害扩散的控制措施。发现农作物病虫害严重发生或者暴发的，应当及时报告所在地县级人民政府农业农村主管部门。

第二十四条 有关单位和个人开展农作物病虫害防治使用农药时，应当遵守农药安全、合理使用制度，严格按照农药标签或者说明书使用农药。

农田除草时，应当防止除草剂危害当季和后茬作物；农田灭鼠时，应当防止杀鼠剂危害人畜安全。

第二十五条 农作物病虫害严重发生时，县级以上地方人民政府农业农村主管部门应当按照农作物病虫害预防控制方案以及监测预报情况，及时组织、指导农业生产经营者、专业化病虫害防治服务组织等有关单位和个人采取统防统治等控制措施。

一类农作物病虫害严重发生时，国务院农业农村主管部门应当对控制工作进行综合协调、指导。二类、三类农作物病虫害严重发生时，省、自治区、直辖市人民政府农业农村主管部门应当对控制工作进行综合协调、指导。

国有荒地上发生的农作物病虫害由县级以上地方人民政府组织控制。

第二十六条 农田鼠害严重发生时，县级以上地方人民政府应当组织采取统一灭鼠措施。

第二十七条 县级以上地方人民政府农业农村主管部门应当组织做好农作物病虫害灾情调查汇总工作，将灾情信息及时报告本级人民政府和上一级人民政府农业农村主管部门，并抄送同级人民政府应急管理部门。

农作物病虫害灾情信息由县级以上人民政府农业农村主管部门商同级人民政府应急管理部门发布，其他组织和个人不得向社会发布。

第二十八条 国家鼓励和支持保险机构开展农作物病虫害防治相关保险业务，鼓励和支持农业生产经营者等有关单位和个人参加保险。

第四章　应急处置

第二十九条 国务院农业农村主管部门应当建立农作物病虫害防治应急响应和处置机制，制定应急预案。

县级以上地方人民政府及其有关部门应当根据本行政区域农作物病虫害应急处置需要，组织制定应急预案，开展应急业务培训和演练，储备必要的应急物资。

第三十条 农作物病虫害暴发时，县级以上地方人民政府应当立即启动应急响应，采取下列措施：

（一）划定应急处置的范围和面积；

（二）组织和调集应急处置队伍；

（三）启用应急备用药剂、机械等物资；

（四）组织应急处置行动。

第三十一条 县级以上地方人民政府有关部门应当在各自职责范围内做好农作物病虫害应急处置工作。

公安、交通运输等主管部门应当为应急处置所需物资的调度、运输提供便利条件，民用航空主管部门应当为应急处置航空作业提供优先保障，气象主管机构应当为应急处置提供气象信息服务。

第三十二条 农作物病虫害应急处置期间，县级以上地方人民政府可以根据需要依法调集必需的物资、运输工具以及相关设施设备。应急处置结束后，应当及时归还并对毁损、灭失的给予补偿。

第五章　专业化服务

第三十三条　国家通过政府购买服务等方式鼓励和扶持专业化病虫害防治服务组织，鼓励专业化病虫害防治服务组织使用绿色防控技术。

县级以上人民政府农业农村主管部门应当加强对专业化病虫害防治服务组织的规范和管理，并为专业化病虫害防治服务组织提供技术培训、指导、服务。

第三十四条　专业化病虫害防治服务组织应当具备相应的设施设备、技术人员、田间作业人员以及规范的管理制度。

依照有关法律、行政法规需要办理登记的专业化病虫害防治服务组织，应当依法向县级以上人民政府有关部门申请登记。

第三十五条　专业化病虫害防治服务组织的田间作业人员应当能够正确识别服务区域的农作物病虫害，正确掌握农药适用范围、施用方法、安全间隔期等专业知识以及田间作业安全防护知识，正确使用施药机械以及农作物病虫害防治相关用品。专业化病虫害防治服务组织应当定期组织田间作业人员参加技术培训。

第三十六条　专业化病虫害防治服务组织应当与服务对象共同商定服务方案或者签订服务合同。

专业化病虫害防治服务组织应当遵守国家有关农药安全、合理使用制度，建立服务档案，如实记录服务的时间、地点、内容以及使用农药的名称、用量、生产企业、农药包装废弃物处置方式等信息。服务档案应当保存2年以上。

第三十七条　专业化病虫害防治服务组织应当按照国家有关规定为田间作业人员参加工伤保险缴纳工伤保险费。国家鼓励专业化病虫害防治服务组织为田间作业人员投保人身意外伤害保险。

专业化病虫害防治服务组织应当为田间作业人员配备必要的防护用品。

第三十八条　专业化病虫害防治服务组织开展农作物病虫害预防控制航空作业，应当按照国家有关规定向公众公告作业范围、时间、施药种类以及注意事项；需要办理飞行计划或者备案手续的，应当按照国家有关规定办理。

第六章　法律责任

第三十九条　地方各级人民政府和县级以上人民政府有关部门及其工作人员有下列行为之一的，对负有责任的领导人员和直接责任人员依法给予处

分;构成犯罪的,依法追究刑事责任:

(一)未依照本条例规定履行职责;

(二)瞒报、谎报农作物病虫害监测信息,授意他人编造虚假信息或者阻挠他人如实报告;

(三)擅自向境外组织和个人提供未发布的农作物病虫害监测信息;

(四)其他滥用职权、玩忽职守、徇私舞弊行为。

第四十条 违反本条例规定,侵占、损毁、拆除、擅自移动农作物病虫害监测设施设备或者以其他方式妨害农作物病虫害监测设施设备正常运行的,由县级以上人民政府农业农村主管部门责令停止违法行为,限期恢复原状或者采取其他补救措施,可以处5万元以下罚款;造成损失的,依法承担赔偿责任;构成犯罪的,依法追究刑事责任。

第四十一条 违反本条例规定,有下列行为之一的,由县级以上人民政府农业农村主管部门处5000元以上5万元以下罚款;情节严重的,处5万元以上10万元以下罚款;造成损失的,依法承担赔偿责任;构成犯罪的,依法追究刑事责任:

(一)擅自向社会发布农作物病虫害预报或者灾情信息;

(二)从事农作物病虫害研究、饲养、繁殖、运输、展览等活动未采取有效措施,造成农作物病虫害逃逸、扩散;

(三)开展农作物病虫害预防控制航空作业未按照国家有关规定进行公告。

第四十二条 专业化病虫害防治服务组织有下列行为之一的,由县级以上人民政府农业农村主管部门责令改正;拒不改正或者情节严重的,处2000元以上2万元以下罚款;造成损失的,依法承担赔偿责任:

(一)不具备相应的设施设备、技术人员、田间作业人员以及规范的管理制度;

(二)其田间作业人员不能正确识别服务区域的农作物病虫害,或者不能正确掌握农药适用范围、施用方法、安全间隔期等专业知识以及田间作业安全防护知识,或者不能正确使用施药机械以及农作物病虫害防治相关用品;

(三)未按规定建立或者保存服务档案;

(四)未为田间作业人员配备必要的防护用品。

第四十三条 境外组织和个人违反本条例规定,在我国境内开展农作物病虫害监测活动的,由县级以上人民政府农业农村主管部门责令其停止监测活动,没收监测数据和工具,并处10万元以上50万元以下罚款;情节严重的,并处50万元以上100万元以下罚款;构成犯罪的,依法追究刑事责任。

第七章　附　则

第四十四条　储存粮食的病虫害防治依照有关法律、行政法规的规定执行。

第四十五条　本条例自2020年5月1日起施行。

国务院文件

国务院关于授权和委托用地审批权的决定

（2020 年 3 月 1 日　国发〔2020〕4 号）

为贯彻落实党的十九届四中全会和中央经济工作会议精神，根据《中华人民共和国土地管理法》相关规定，在严格保护耕地、节约集约用地的前提下，进一步深化“放管服”改革，改革土地管理制度，赋予省级人民政府更大用地自主权，现决定如下：

一、将国务院可以授权的永久基本农田以外的农用地转为建设用地审批事项授权各省、自治区、直辖市人民政府批准。自本决定发布之日起，按照《中华人民共和国土地管理法》第四十四条第三款规定，对国务院批准土地利用总体规划的城市在建设用地规模范围内，按土地利用年度计划分批次将永久基本农田以外的农用地转为建设用地的，国务院授权各省、自治区、直辖市人民政府批准；按照《中华人民共和国土地管理法》第四十四条第四款规定，对在土地利用总体规划确定的城市和村庄、集镇建设用地规模范围外，将永久基本农田以外的农用地转为建设用地的，国务院授权各省、自治区、直辖市人民政府批准。

二、试点将永久基本农田转为建设用地和国务院批准土地征收审批事项委托部分省、自治区、直辖市人民政府批准。自本决定发布之日起，对《中华人民共和国土地管理法》第四十四条第二款规定的永久基本农田转为建设用地审批事项，以及第四十六条第一款规定的永久基本农田、永久基本农田以外的耕地超过三十五公顷的、其他土地超过七十公顷的土地征收审批事项，国务院委托部分试点省、自治区、直辖市人民政府批准。首批试点省份为北京、天津、上海、江苏、浙江、安徽、广东、重庆，试点期限 1 年，具体实施方案由试点省份人民政府制订并报自然资源部备案。国务院将建立健全省级人民政府用地审批工作评价机制，根据各省、自治区、直辖市的土地管理水平综合评估结果，对试点省份进行动态调整，对连续排名靠后或考核不合格的试点省份，国务院将收回委托。

三、有关要求。各省、自治区、直辖市人民政府要按照法律、行政法规和有关政策规定，严格审查把关，特别要严格审查涉及占用永久基本农田、生态保护红线、自然保护区的用地，切实保护耕地，节约集约用地，盘活存量土地，维护被征地农民合法权益，确保相关用地审批权“放得下、接得住、管得好”。各省、自治区、直辖市人民政府不得将承接的用地审批权进一步授权或委托。

自然资源部要加强对各省、自治区、直辖市人民政府用地审批工作的指导和服务，明确审批要求和标准，切实提高审批质量和效率；要采取“双随机、一公开”等方式，加强对用地审批情况的监督检查，发现违规问题及时督促纠正，重大问题及时向国务院报告。

国务院办公厅关于应对新冠肺炎疫情影响强化稳就业举措的实施意见

（2020 年 3 月 18 日　国办发〔2020〕6 号）

为深入贯彻习近平总书记关于统筹推进新冠肺炎疫情防控和经济社会发展工作的重要指示精神，加快恢复和稳定就业，经国务院同意，现提出如下意见：

一、更好实施就业优先政策

（一）推动企业复工复产。坚持分区分级精准防控，提高复工复产服务便利度，取消不合理审批，坚决纠正限制劳动者返岗的不合理规定。加快重大工程项目、出口重点企业开复工，以制造业、建筑业、物流业、公共服务业和农业生产等为突破口，全力以赴推动重点行业和低风险地区就业，循序渐进带动其他行业和地区就业。协调解决复工复产企业日常防护物资需求，督促其落实工作场所、食堂宿舍等防控措施。（发展改革委、工业和信息化部、交通运输部、卫生健康委按职责分工负责）

（二）加大减负稳岗力度。加快实施阶段性、有针对性的减税降费政策。加大失业保险稳岗返还，对不裁员或少裁员的中小微企业，返还标准最高可提至企业及其职工上年度缴纳失业保险费的 100%，湖北省可放宽到所有企业；对暂时生产经营困难且恢复有望、坚持不裁员或少裁员的参保企业，适当放宽其稳岗返还政策认定标准，重点向受疫情影响企业倾斜，返还标准可按不超过 6 个月的当地月人均失业保险金和参保职工人数确定，或按不超过 3 个月的企业及其职工应缴纳社会保险费确定。2020 年 6 月底前，允许工程建设项目暂缓缴存农民工工资保证金，支付记录良好的企业可免缴。切实落实企业吸纳重点群体就业的定额税收减免、担保贷款及贴息、就业补贴等政策。加快实施阶段性减免、缓缴社会保险费政策，减免期间企业吸纳就业困难人员的社会保险补贴期限可顺延。（财政部、人力资源社会保障部、住房城乡建设部、交通运输部、水利部、人民银行、税务总局按职责分工负责）

（三）提升投资和产业带动就业能力。实施重大产业就业影响评估，明确重要产业规划带动就业目标，优先投资就业带动能力强、有利于农村劳动力就地就近就业和高校毕业生就业的产业。加快制定和完善引导相关产业向中西部地区转移的政策措施。对部分带动就业能力强、环境影响可控的项目，制定环评审批正面清单，加大环评"放管服"改革力度，审慎采取查封扣押、限产停产等措施。（发展改革委、人力资源社会保障部、生态环境部、商务部按职责分工负责）

（四）优化自主创业环境。深化"证照分离"改革，推进"照后减证"和简化审批，简化住所（经营场所）登记手续，申请人提交场所合法使用证明即可登记。充分发挥创业投资促进"双创"和增加就业的独特作用，对带动就业能力强的创业投资企业予以引导基金扶持、政府项目对接等政策支持。加大创业担保贷款支持力度，扩大政策覆盖范围，优先支持受疫情影响的重点群体，对优质创业项目免除反担保要求。政府投资开发的孵化基地等创业载体应安排一定比例场地，免费向高校毕业生、农民工等重点群体提供。各类城市创优评先项目应将带动就业能力强的"小店经济"、步行街发展状况作为重要条件。（发展改革委、工业和信息化部、财政部、人力资源社会保障部、商务部、人民银行、市场监管总局、银保监会、全国妇联按职责分工负责）

（五）支持多渠道灵活就业。合理设定无固定经营场所摊贩管理模式，预留自由市场、摊点群等经营网点。支持劳动者依托平台就业，平台就业人员购置生产经营必需工具的，可申请创业担保贷款及贴息；引导平台企业放宽入驻条件、降低管理服务费，与平台就业人员就劳动报酬、工作时间、劳动保护等建立制度化、常态化沟通协调机制。取消灵活就业人员参加企业职工基本养老保险的省内城乡户籍限制，对就业困难人员、离校2年内未就业高校毕业生灵活就业后缴纳社会保险费的，按规定给予一定的社会保险补贴。（财政部、人力资源社会保障部、自然资源部、人民银行、市场监管总局按职责分工负责）

二、引导农民工安全有序转移就业

（六）引导有序外出就业。强化重点企业用工调度保障、农民工"点对点、一站式"返岗复工服务，推广健康信息互认等机制，提升对成规模集中返岗劳动者的输送保障能力。引导劳动者有序求职就业，及时收集发布用工信息，加强输出地和输入地信息对接，鼓励低风险地区农民工尽快返岗复工。对组织集中返岗、劳务输出涉及的交通运输、卫生防疫等给予支持。对人力资源服务机构、劳务经纪人开展跨区域有组织劳务输出的，给予就业创业服务补助。（公安部、财政部、人力资源社会保障部、交通运输部、卫生健康委按职责分工负责）

（七）支持就地就近就业。抓好春季农业生产，大力发展新型农业经营主体，组织暂时无法外出的农民工投入春耕备耕，从事特色养殖、精深加工、生态旅游等行业。在县城和中心镇建设一批城镇基础设施、公共服务设施，加强农业基础设施建设，实施农村人居环境改善工程，开展以工代赈工程建设，优先吸纳农村贫困劳动力和低收入群体就业。（发展改革委、人力资源社会保障部、交通运输部、农业农村部、卫生健康委按职责分工负责）

（八）优先支持贫困劳动力就业。企业复工复产、重大项目开工、物流体系建设等优先组织和使用贫困劳动力，鼓励企业更多招用贫困劳动力。支持扶贫龙头企业、扶贫车间尽快复工。利用公益性岗位提供更多就地就近就业机会，优先对贫困劳动力托底安置。加大对“三区三州”等深度贫困地区、52个未摘帽贫困县、易地扶贫搬迁大型安置区的支持力度。对吸纳贫困劳动力就业规模大的，各地可通过财政专项扶贫资金给予一次性奖励。（发展改革委、财政部、人力资源社会保障部、农业农村部、扶贫办按职责分工负责）

三、拓宽高校毕业生就业渠道

（九）扩大企业吸纳规模。对中小微企业招用毕业年度高校毕业生并签订1年以上劳动合同的，给予一次性吸纳就业补贴。国有企业今明两年连续扩大高校毕业生招聘规模，不得随意毁约，不得将本单位实习期限作为招聘入职的前提条件。（财政部、人力资源社会保障部、国资委、烟草局、邮政局等部门和企业按职责分工负责）

（十）扩大基层就业规模。各级事业单位空缺岗位今明两年提高专项招聘高校毕业生的比例。开发城乡社区等基层公共管理和社会服务岗位。扩大“三支一扶”计划等基层服务项目招募规模。出台改革措施，允许部分专业高校毕业生免试取得相关职业资格证书。畅通民营企业专业技术职称评审渠道。（教育部、民政部、财政部、人力资源社会保障部、农业农村部按职责分工负责）

（十一）扩大招生入伍规模。扩大2020年硕士研究生招生和普通高校专升本招生规模。扩大大学生应征入伍规模，健全参军入伍激励政策，大力提高应届毕业生征集比例。（发展改革委、教育部、财政部、退役军人部、中央军委政治工作部、中央军委国防动员部按职责分工负责）

（十二）扩大就业见习规模。支持企业、政府投资项目、科研项目设立见习岗位。对因疫情影响见习暂时中断的，相应延长见习单位补贴期限。对见习期未满与高校毕业生签订劳动合同的，给予见习单位剩余期限见习补贴。（财政部、人力资源社会保障部、商务部、国资委、共青团中央按职责分工负责）

（十三）适当延迟录用接收。引导用人单位推迟面试体检和签约录取时间。对延迟离校的应届毕业生，相应延长报到接收、档案转递、落户办理时限。离校未就业毕业生可根据本人意愿，将户口、档案在学校保留2年或转入生源地公共就业人才服务机构，以应届毕业生身份参加用人单位考试、录用，落实工作单位后参照应届毕业生办理相关手续。（教育部、人力资源社会保障部、国资委按职责分工负责）

四、加强困难人员兜底保障

（十四）保障失业人员基本生活。畅通失业保险金申领渠道，放宽失业保险申领期限，2020年4月底前实现线上申领失业保险金。对领取失业保险金期满仍未就业的失业人员、不符合领取失业保险金条件的参保失业人员，发放6个月的失业补助金，标准不高于当地失业保险金的80%。对生活困难的失业人员及家庭，按规定及时纳入最低生活保障、临时救助等社会救助范围。（民政部、财政部、人力资源社会保障部按职责分工负责）

（十五）强化困难人员就业援助。动态调整就业困难人员认定标准，及时将受疫情影响人员纳入就业援助范围，确保零就业家庭动态清零。对通过市场渠道确实难以就业的，利用公益性岗位托底安置。开发一批消杀防疫、保洁环卫等临时性公益岗位，根据工作任务和工作时间，给予一定的岗位补贴和社会保险补贴，补贴期限最长不超过6个月，所需资金可从就业补助资金中列支。（财政部、人力资源社会保障部、中国残联按职责分工负责）

（十六）加大对湖北等疫情严重地区就业支持。建立农资点对点保障运输绿色通道，支持湖北省组织农业生产。对湖北高校及湖北籍2020届高校毕业生给予一次性求职创业补贴，湖北省各级事业单位可面向湖北高校及湖北籍高校毕业生开展专项招聘，高校毕业生基层服务项目向湖北省倾斜。做好湖北省疫情解除后的就业工作，加大资金、政策、项目倾斜，开展专场招聘和专项帮扶。维护就业公平，坚决纠正针对疫情严重地区劳动者的就业歧视。（发展改革委、教育部、工业和信息化部、财政部、人力资源社会保障部、农业农村部按职责分工负责）

五、完善职业培训和就业服务

（十七）大规模开展职业技能培训。加大失业人员、农民工等职业技能培训力度，实施农民工等重点群体专项培训，适当延长培训时间。对企业组织职工参加线上线下培训，组织新招用农民工、高校毕业生参加岗前培训的，给予

职业培训补贴。动态发布新职业,组织制定急需紧缺职业技能标准。(财政部、人力资源社会保障部按职责分工负责)

(十八)优化就业服务。2020 年 3 月底前开放线上失业登记。推进在线办理就业服务和补贴申领。持续开展线上招聘服务,发挥公共就业服务机构、高校就业指导机构、经营性人力资源服务机构作用,加大岗位信息、职业指导、网上面试等服务供给。对大龄和低技能劳动者,通过电话、短信等方式推送岗位信息,提供求职、应聘等专门服务。低风险地区可有序开展小型专项供需对接活动。优化用工指导服务,鼓励困难企业与职工协商采取调整薪酬、轮岗轮休、灵活安排工作时间等方式稳定岗位,依法规范裁员行为。(教育部、财政部、人力资源社会保障部、全国总工会、全国工商联按职责分工负责)

六、压实就业工作责任

(十九)强化组织领导。各地区各有关部门要在确保疫情防控到位的前提下,毫不放松抓紧抓实抓细稳就业各项工作。县级以上地方政府要加快建立由政府负责人牵头的就业工作领导机制,压实工作责任,细化实化扶持政策。各有关部门要同向发力,围绕稳就业需要,落实完善政策措施,形成工作合力。要健全公共就业服务体系,加强基层公共就业服务能力建设,提升基本公共就业服务水平。(各有关部门和单位、各省级人民政府按职责分工负责)

(二十)加强资金保障。加大就业补助资金和稳岗补贴投入力度。支持市县政府根据稳就业工作推进和政策实施需要,统筹用好就业创业、职业培训、风险储备等方面资金。失业保险基金结余大的地区,要加速稳岗返还、保生活政策落地见效。(财政部、人力资源社会保障部、各省级人民政府按职责分工负责)

(二十一)强化表扬激励。持续开展就业工作表扬激励,完善激励办法,对落实稳就业政策措施工作力度大、促进重点群体就业创业等任务完成较好的地方,及时予以资金支持等方面的表扬激励。(人力资源社会保障部、财政部牵头,各有关部门和单位、各省级人民政府按职责分工负责)

(二十二)加强督促落实。细化分解目标任务,在相关督查工作中将稳就业作为重要内容,重点督促政策服务落地及重点群体就业、资金保障落实等。对不履行促进就业职责,产生严重后果或造成恶劣社会影响的,依法依规严肃问责。完善劳动力调查,研究建立省级调查失业率按月统计发布制度,启动就业岗位调查,做好化解失业风险的政策储备和应对预案。(人力资源社会保障部、统计局牵头,各有关部门和单位、各省级人民政府按职责分工负责)

上述新增补贴政策,受理截止期限为 2020 年 12 月 31 日。各地区各有关部门要抓紧政策实施,发挥政策最大效应,工作中遇到的重要情况和重大问题及时报告国务院。

国务院部门规章

中华人民共和国外资保险公司管理条例实施细则

（2019年11月29日中国银行保险监督管理委员会令2019年第4号公布　自公布之日起施行　国司备字[2020001664]）

第一条　根据《中华人民共和国保险法》和《中华人民共和国外资保险公司管理条例》（以下简称《条例》），制定本细则。

第二条　《条例》所称外国保险公司，是指在中国境外注册、经营保险业务的保险公司。

第三条　外国保险公司与中国的公司、企业合资在中国境内设立经营人身保险业务的合资保险公司（以下简称合资寿险公司），其中外资比例不得超过公司总股本的51%。中国银行保险监督管理委员会（以下简称银保监会）另有规定的，适用其规定。

外国保险公司直接或者间接持有的合资寿险公司股份，不得超过前款规定的比例限制。

第四条　外资保险公司至少有1家经营正常的保险公司作为主要股东，进行股权变更的，变更后至少有1家经营正常的保险公司作为主要股东。

主要股东是指持股比例最大的股东，以及法律、行政法规、银保监会规定的其他对公司经营管理有重大影响的股东。股东与其关联方、一致行动人的持股比例合并计算。

第五条　外资保险公司主要股东应当承诺自取得股权之日起5年内不转让所持有的股权，并在外资保险公司章程中载明。

经银保监会批准进行风险处置的，银保监会责令依法转让的，涉及司法强制执行的，或者在同一控制人控制的不同主体之间转让股权等特殊情形除外。

第六条　外资保险公司主要股东拟减持股权或者退出中国市场的，应当履行股东义务，保证保险公司偿付能力符合监管要求。

第七条　外资保险公司的注册资本或者营运资金应当为实缴货币。

第八条 外国保险公司分公司成立后,外国保险公司不得以任何形式抽回营运资金。

第九条 《条例》第八条第一项所称设立申请前1年年末,是指申请日的上一个会计年度末。

第十条 《条例》第八条第五项所称其他审慎性条件,至少包括下列条件:

(一)法人治理结构合理;

(二)风险管理体系稳健;

(三)内部控制制度健全;

(四)管理信息系统有效;

(五)经营状况良好,无重大违法违规记录。

第十一条 申请人不能提供《条例》第九条第二项要求的营业执照(副本)的,可以提供营业执照的有效复印件或者有关主管当局出具的该申请人有权经营保险业务的书面证明。

第十二条 《条例》第九条第二项所称外国申请人所在国家或者地区有关主管当局对其符合偿付能力标准的证明,应当包括下列内容之一:

(一)在有关主管当局出具证明之日的上一个会计年度,该申请人的偿付能力符合该国家或者地区的监管要求;

(二)在有关主管当局出具证明之日的上一个会计年度中,该申请人没有不符合该国家或者地区偿付能力标准的记录。

第十三条 《条例》第九条第二项所称外国申请人所在国家或者地区有关主管当局对其申请的意见书,应当包括下列内容:

(一)该申请人申请在中国境内设立保险机构是否符合该国家或者地区的法律规定;

(二)是否同意该申请人的申请;

(三)在有关主管当局出具意见之日的前3年,该申请人受处罚的记录。

第十四条 《条例》第九条第三项所称年报,应当包括申请人在申请日的前3个会计年度的资产负债表、利润表和现金流量表。

前款所列报表应当附由申请人所在国家或者地区认可的会计师事务所或者审计师事务所出具的审计意见书。

第十五条 除法律、行政法规另有规定或者经国务院批准外,《条例》第九条第四项所称中国申请人应当符合《保险公司股权管理办法》等相关规定要求。

第十六条 拟设外资保险公司的筹建负责人应当具备下列条件:

(一)大专以上学历;

（二）从事保险或者相关工作2年以上；

（三）无违法犯罪记录。

第十七条 申请人根据《条例》第十一条规定申请延长筹建期的，应当在筹建期期满之日的前1个月以内向银保监会提交书面申请，并说明理由。

第十八条 《条例》第十一条第一项所称筹建报告，应当对该条其他各项的内容作出综述。

第十九条 《条例》第十一条第四项所称法定验资机构，是指符合银保监会要求的会计师事务所。

第二十条 《条例》第十一条第四项所称验资证明，应当包括下列内容：

（一）法定验资机构出具的验资报告；

（二）注册资本或者营运资金的银行原始入账凭证的复印件。

第二十一条 《条例》第十一条第五项所称主要负责人，是指拟设外国保险公司分公司的总经理。

对拟任外国保险公司分公司主要负责人的授权书，是指由外国保险公司董事长或者总经理签署的、对拟任外国保险公司分公司总经理的授权书。

授权书应当明确记载被授权人的权限范围。

第二十二条 《条例》第十一条第六项所称拟设公司的高级管理人员，应当符合银保监会规定的任职资格条件。

外国保险公司分公司的高级管理人员，应当具备保险公司总公司高级管理人员的任职资格条件。

第二十三条 《条例》第十一条第九项所称拟设公司的营业场所的资料，是指营业场所所有权或者使用权的证明文件。

《条例》第十一条第九项所称与业务有关的其他设施的资料，至少包括计算机设备配置、网络建设情况以及信息管理系统情况。

第二十四条 《条例》和本细则要求申请设立外资保险公司的外国保险公司提供的下列文件或者资料，应当真实有效：

（一）营业执照（副本）或者营业执照的有效复印件；

（二）对拟任外国保险公司分公司主要负责人的授权书；

（三）外国保险公司对其中国境内分公司承担税务、债务的责任担保书。

第二十五条 外资保险公司可以根据业务发展需要申请设立分支机构。

外国保险公司分公司只能在其所在省、自治区或者直辖市的行政辖区内开展业务，银保监会另有规定的除外。

合资保险公司、独资保险公司在其住所地以外的各省、自治区、直辖市开展业务的，应当设立分支机构。分支机构的设立和管理适用银保监会的有关规定。

第二十六条 外资保险公司及其分支机构的高级管理人员，其任职资格审核与管理，按照银保监会的有关规定执行，本细则另有规定的除外。

第二十七条 合资、独资财产保险公司因分立、合并或者公司章程规定的解散事由出现，申请解散的，应当报银保监会批准，并提交下列资料：

（一）公司董事长签署的申请书；

（二）公司股东会的决议；

（三）拟成立的清算组人员构成及清算方案；

（四）未了责任的处理方案。

第二十八条 经银保监会批准解散的合资、独资财产保险公司，应当自收到银保监会批准文件之日起，停止新的业务经营活动，向银保监会缴回经营保险业务许可证，并在15日内成立清算组。

第二十九条 清算组应当自成立后5日内将公司开始清算程序的情况书面通知市场监督管理、税务、人力资源社会保障等有关部门。

第三十条 清算组应当自成立之日起1个月内聘请符合银保监会要求的会计师事务所进行审计；自聘请之日起3个月内向银保监会提交审计报告。

第三十一条 清算组应当在每月10号前向银保监会报送有关债务清偿、资产处置等最新情况报告。

第三十二条 《条例》第二十八条所称报纸，是指具有一定影响的全国性报纸。

第三十三条 外国财产保险公司申请撤销其在中国境内分公司的，应当报银保监会批准，并提交下列资料：

（一）外国财产保险公司董事长或者总经理签署的申请书；

（二）拟成立的清算组人员构成及清算方案；

（三）未了责任的处理方案。

外国财产保险公司撤销其在中国境内分公司的具体程序，适用《条例》及本细则有关合资、外资财产保险公司申请解散的程序。

外国财产保险公司分公司的总公司解散、依法被撤销或者宣告破产的，外国财产保险公司分公司的清算及债务处理适用《条例》第三十条及本细则有关合资、独资财产保险公司解散的相应规定。

第三十四条 外资保险公司违反本细则有关规定的，由银保监会依据《中华人民共和国保险法》《条例》等法律、行政法规进行处罚。

第三十五条 《条例》及本细则要求提交、报送的文件、资料和书面报告，应当提供中文本，中外文本表述不一致的，以中文本的表述为准。

第三十六条 《条例》及本细则规定的期限，从有关资料送达银保监会之日起计算。申请人申请文件不全、需要补交资料的，期限应当从申请人的补交资料送达银保监会之日起重新计算。

本细则有关批准、报告期间的规定是指工作日。

第三十七条　对外资保险公司的管理，《条例》和本细则未作规定的，适用其他法律、行政法规与银保监会的有关规定。

外资再保险公司的设立适用《再保险公司设立规定》，《再保险公司设立规定》未作规定的，适用本细则。

第三十八条　香港特别行政区、澳门特别行政区和台湾地区的保险公司在内地（大陆）设立和营业的保险公司，比照适用《条例》和本细则；法律、行政法规或者行政协议另有规定的，适用其规定。

第三十九条　本细则自公布之日起施行。原中国保险监督管理委员会2004年5月13日发布的《中华人民共和国外资保险公司管理条例实施细则》（保监会令2004年第4号）同时废止。

伤残抚恤管理办法

（2007年7月31日民政部令第34号公布　根据2013年7月5日《民政部关于修改〈伤残抚恤管理办法〉的决定》第一次修订　根据2019年12月16日退役军人事务部令第1号第二次修订　国司备字［2020001678］）

第一章　总　　则

第一条　为了规范和加强退役军人事务部门管理的伤残抚恤工作，根据《军人抚恤优待条例》等法规，制定本办法。

第二条　本办法适用于符合下列情况的中国公民：

（一）在服役期间因战因公致残退出现役的军人，在服役期间因病评定了残疾等级退出现役的残疾军人；

（二）因战因公负伤时为行政编制的人民警察；

（三）因参战、参加军事演习、军事训练和执行军事勤务致残的预备役人员、民兵、民工以及其他人员；

（四）为维护社会治安同违法犯罪分子进行斗争致残的人员；

（五）为抢救和保护国家财产、人民生命财产致残的人员；

（六）法律、行政法规规定应当由退役军人事务部门负责伤残抚恤的其他人员。

前款所列第（三）、第（四）、第（五）项人员根据《工伤保险条例》应当认定视同工伤的，不再办理因战、因公伤残抚恤。

第三条 本办法第二条所列人员符合《军人抚恤优待条例》及有关政策中因战因公致残规定的，可以认定因战因公致残；个人对导致伤残的事件和行为负有过错责任的，以及其他不符合因战因公致残情形的，不得认定为因战因公致残。

第四条 伤残抚恤工作应当遵循公开、公平、公正的原则。县级人民政府退役军人事务部门应当公布有关评残程序和抚恤金标准。

第二章 残疾等级评定

第五条 评定残疾等级包括新办评定残疾等级、补办评定残疾等级、调整残疾等级。

新办评定残疾等级是指对本办法第二条第一款第（一）项以外的人员认定因战因公残疾性质，评定残疾等级。补办评定残疾等级是指对现役军人因战因公致残未能及时评定残疾等级，在退出现役后依据《军人抚恤优待条例》的规定，认定因战因公残疾性质、评定残疾等级。调整残疾等级是指对已经评定残疾等级，因原致残部位残疾情况变化与原评定的残疾等级明显不符的人员调整残疾等级级别，对达不到最低评残标准的可以取消其残疾等级。

属于新办评定残疾等级的，申请人应当在因战因公负伤或者被诊断、鉴定为职业病3年内提出申请；属于调整残疾等级的，应当在上一次评定残疾等级1年后提出申请。

第六条 申请人（精神病患者由其利害关系人帮助申请，下同）申请评定残疾等级，应当向所在单位提出书面申请。申请人所在单位应及时审查评定残疾等级申请，出具书面意见并加盖单位公章，连同相关材料一并报送户籍地县级人民政府退役军人事务部门审查。

没有工作单位的或者以原致残部位申请评定残疾等级的，可以直接向户籍地县级人民政府退役军人事务部门提出申请。

第七条 申请人申请评定残疾等级，应当提供以下真实确切材料：书面申请，身份证或者居民户口簿复印件，退役军人证（退役军人登记表）、人民警察证等证件复印件，本人近期二寸免冠彩色照片。

申请新办评定残疾等级，应当提交致残经过证明和医疗诊断证明。致残经过证明应包括相关职能部门提供的执行公务证明，交通事故责任认定书、调解协议书、民事判决书、医疗事故鉴定书等证明材料;抢救和保护国家财产、人民生命财产致残或者为维护社会治安同犯罪分子斗争致残证明;统一组织参战、参加军事演习、军事训练和执行军事勤务的证明材料。医疗诊断证明应包括加盖出具单位相关印章的门诊病历原件、住院病历复印件及相关检查报告。

申请补办评定残疾等级,应当提交因战因公致残档案记载或者原始医疗证明。档案记载是指本人档案中所在部队作出的涉及本人负伤原始情况、治疗情况及善后处理情况等确切书面记载。职业病致残需提供有直接从事该职业病相关工作经历的记载。医疗事故致残需提供军队后勤卫生机关出具的医疗事故鉴定结论。原始医疗证明是指原所在部队体系医院出具的能说明致残原因、残疾情况的病情诊断书、出院小结或者门诊病历原件、加盖出具单位相关印章的住院病历复印件。

申请调整残疾等级,应当提交近 6 个月内在二级甲等以上医院的就诊病历及医院检查报告、诊断结论等。

第八条 县级人民政府退役军人事务部门对报送的有关材料进行核对,对材料不全或者材料不符合法定形式的应当告知申请人补充材料。

县级人民政府退役军人事务部门经审查认为申请人符合因战因公负伤条件的,在报经设区的市级人民政府以上退役军人事务部门审核同意后,应当填写《残疾等级评定审批表》,并在受理之日起 20 个工作日内,签发《受理通知书》,通知本人到设区的市级人民政府以上退役军人事务部门指定的医疗卫生机构,对属于因战因公导致的残疾情况进行鉴定,由医疗卫生专家小组根据《军人残疾等级评定标准》,出具残疾等级医学鉴定意见。职业病的残疾情况鉴定由省级人民政府退役军人事务部门指定的承担职业病诊断的医疗卫生机构作出;精神病的残疾情况鉴定由省级人民政府退役军人事务部门指定的二级以上精神病专科医院作出。

县级人民政府退役军人事务部门依据医疗卫生专家小组出具的残疾等级医学鉴定意见对申请人拟定残疾等级,在《残疾等级评定审批表》上签署意见,加盖印章,连同其他申请材料,于收到医疗卫生专家小组签署意见之日起 20 个工作日内,一并报送设区的市级人民政府退役军人事务部门。

县级人民政府退役军人事务部门对本办法第二条第一款第(一)项人员,经审查认为不符合因战因公负伤条件的,或者经医疗卫生专家小组鉴定达不到补评或者调整残疾等级标准的,应当根据《军人抚恤优待条例》相关规定逐级上报省级人民政府退役军人事务部门。对本办法第二条第一款第(一)项以外的人员,经审查认为不符合因战因公负伤条件的,或者经医疗卫生专家小组鉴定达不到新评或者调整残疾等级标准的,应当填写《残疾等级评定结果告知书》,连同申请人提供的材料,退还申请人或者所在单位。

第九条 设区的市级人民政府退役军人事务部门对报送的材料审查后,在《残疾等级评定审批表》上签署意见,并加盖印章。

对符合条件的,于收到材料之日起20个工作日内,将上述材料报送省级人民政府退役军人事务部门。对不符合条件的,属于本办法第二条第一款第(一)项人员,根据《军人抚恤优待条例》相关规定上报省级人民政府退役军人事务部门;属于本办法第二条第一款第(一)项以外的人员,填写《残疾等级评定结果告知书》,连同申请人提供的材料,逐级退还申请人或者其所在单位。

第十条 省级人民政府退役军人事务部门对报送的材料初审后,认为符合条件的,逐级通知县级人民政府退役军人事务部门对申请人的评残情况进行公示。公示内容应当包括致残的时间、地点、原因、残疾情况(涉及隐私或者不宜公开的不公示)、拟定的残疾等级以及县级退役军人事务部门联系方式。公示应当在申请人工作单位所在地或者居住地进行,时间不少于7个工作日。县级人民政府退役军人事务部门应当对公示中反馈的意见进行核实并签署意见,逐级上报省级人民政府退役军人事务部门,对调整等级的应当将本人持有的伤残人员证一并上报。

省级人民政府退役军人事务部门应当对公示的意见进行审核,在《残疾等级评定审批表》上签署审批意见,加盖印章。对符合条件的,办理伤残人员证(调整等级的,在证件变更栏处填写新等级),于公示结束之日起60个工作日内逐级发给申请人或者其所在单位。对不符合条件的,填写《残疾等级评定结果告知书》,连同申请人提供的材料,于收到材料之日或者公示结束之日起60个工作日内逐级退还申请人或者其所在单位。

第十一条 申请人或者退役军人事务部门对医疗卫生专家小组作出的残疾等级医学鉴定意见有异议的,可以到省级人民政府退役军人事务部门指定的医疗卫生机构重新进行鉴定。

省级人民政府退役军人事务部门可以成立医疗卫生专家小组,对残疾情况与应当评定的残疾等级提出评定意见。

第十二条 伤残人员以军人、人民警察或者其他人员不同身份多次致残的,退役军人事务部门按上述顺序只发给一种证件,并在伤残证件变更栏上注明再次致残的时间和性质,以及合并评残后的等级和性质。

致残部位不能合并评残的,可以先对各部位分别评残。等级不同的,以重者定级;两项(含)以上等级相同的,只能晋升一级。

多次致残的伤残性质不同的,以等级重者定性。等级相同的,按因战、因公、因病的顺序定性。

第三章　伤残证件和档案管理

第十三条　伤残证件的发放种类：

（一）退役军人在服役期间因战因公因病致残的，发给《中华人民共和国残疾军人证》；

（二）人民警察因战因公致残的，发给《中华人民共和国伤残人民警察证》；

（三）退出国家综合性消防救援队伍的人员在职期间因战因公因病致残的，发给《中华人民共和国残疾消防救援人员证》；

（四）因参战、参加军事演习、军事训练和执行军事勤务致残的预备役人员、民兵、民工以及其他人员，发给《中华人民共和国伤残预备役人员、伤残民兵民工证》；

（五）其他人员因公致残的，发给《中华人民共和国因公伤残人员证》。

第十四条　伤残证件由国务院退役军人事务部门统一制作。证件的有效期：15周岁以下为5年，16－25周岁为10年，26－45周岁为20年，46周岁以上为长期。

第十五条　伤残证件有效期满或者损毁、遗失的，证件持有人应当到县级人民政府退役军人事务部门申请换发证件或者补发证件。伤残证件遗失的须本人登报声明作废。

县级人民政府退役军人事务部门经审查认为符合条件的，填写《伤残人员换证补证审批表》，连同照片逐级上报省级人民政府退役军人事务部门。省级人民政府退役军人事务部门将新办理的伤残证件逐级通过县级人民政府退役军人事务部门发给申请人。各级退役军人事务部门应当在20个工作日内完成本级需要办理的事项。

第十六条　伤残人员前往我国香港特别行政区、澳门特别行政区、台湾地区定居或者其他国家和地区定居前，应当向户籍地（或者原户籍地）县级人民政府退役军人事务部门提出申请，由户籍地（或者原户籍地）县级人民政府退役军人事务部门在变更栏内注明变更内容。对需要换发新证的，“身份证号”处填写定居地的居住证件号码。“户籍地”为国内抚恤关系所在地。

第十七条　伤残人员死亡的，其家属或者利害关系人应及时告知伤残人员户籍地县级人民政府退役军人事务部门，县级人民政府退役军人事务部门应当注销其伤残证件，并逐级上报省级人民政府退役军人事务部门备案。

第十八条　退役军人事务部门对申报和审批的各种材料、伤残证件应当有登记手续。送达的材料或者证件，均须挂号邮寄或者由申请人签收。

第十九条 县级人民政府退役军人事务部门应当建立伤残人员资料档案，一人一档，长期保存。

第四章 伤残抚恤关系转移

第二十条 残疾军人退役或者向政府移交，必须自军队办理了退役手续或者移交手续后60日内，向户籍迁入地的县级人民政府退役军人事务部门申请转入抚恤关系。退役军人事务部门必须进行审查、登记、备案。审查的材料有：《户口登记簿》、《残疾军人证》、军队相关部门监制的《军人残疾等级评定表》、《换领<中华人民共和国残疾军人证>申报审批表》、退役证件或者移交政府安置的相关证明。

县级人民政府退役军人事务部门应当对残疾军人残疾情况及有关材料进行审查，必要时可以复查鉴定残疾情况。认为符合条件的，将《残疾军人证》及有关材料逐级报送省级人民政府退役军人事务部门。省级人民政府退役军人事务部门审查无误的，在《残疾军人证》变更栏内填写新的户籍地、重新编号，并加盖印章，将《残疾军人证》逐级通过县级人民政府退役军人事务部门发还申请人。各级退役军人事务部门应当在20个工作日内完成本级需要办理的事项。如复查、鉴定残疾情况的可以适当延长工作日。

《军人残疾等级评定表》或者《换领〈中华人民共和国残疾军人证〉申报审批表》记载的残疾情况与残疾等级明显不符的，县级退役军人事务部门应当暂缓登记，逐级上报省级人民政府退役军人事务部门通知原审批机关更正，或者按复查鉴定的残疾情况重新评定残疾等级。伪造、变造《残疾军人证》和评残材料的，县级人民政府退役军人事务部门收回《残疾军人证》不予登记，并移交当地公安机关处理。

第二十一条 伤残人员跨省迁移户籍时，应同步转移伤残抚恤关系，迁出地的县级人民政府退役军人事务部门根据伤残人员申请及其伤残证件和迁入地户口簿，将伤残档案、迁入地户口簿复印件以及《伤残人员关系转移证明》，发送迁入地县级人民政府退役军人事务部门，并同时将此信息逐级上报本省级人民政府退役军人事务部门。

迁入地县级人民政府退役军人事务部门在收到上述材料和申请人提供的伤残证件后，逐级上报省级人民政府退役军人事务部门。省级人民政府退役军人事务部门在向迁出地省级人民政府退役军人事务部门核实无误后，在伤残证件变更栏内填写新的户籍地、重新编号，并加盖印章，逐级通过县级人民政府退役军人事务部门发还申请人。各级退役军人事务部门应当在 20 个工作日内完成本级需要办理的事项。

迁出地退役军人事务部门邮寄伤残档案时，应当将伤残证件及其军队或者地方相关的评残审批表或者换证表复印备查。

第二十二条 伤残人员本省、自治区、直辖市范围内迁移的有关手续，由省、自治区、直辖市人民政府退役军人事务部门规定。

第五章 抚恤金发放

第二十三条 伤残人员从被批准残疾等级评定后的下一个月起，由户籍地县级人民政府退役军人事务部门按照规定予以抚恤。伤残人员抚恤关系转移的，其当年的抚恤金由部队或者迁出地的退役军人事务部门负责发给，从下一年起由迁入地退役军人事务部门按当地标准发给。由于申请人原因造成抚恤金断发的，不再补发。

第二十四条 在境内异地（指非户籍地）居住的伤残人员或者前往我国香港特别行政区、澳门特别行政区、台湾地区定居或者其他国家和地区定居的伤残人员，经向其户籍地（或者原户籍地）县级人民政府退役军人事务部门申请并办理相关手续后，其伤残抚恤金可以委托他人代领，也可以委托其户籍地（或者原户籍地）县级人民政府退役军人事务部门存入其指定的金融机构账户，所需费用由本人负担。

第二十五条 伤残人员本人（或者其家属）每年应当与其户籍地（或者原户籍地）的县级人民政府退役军人事务部门联系一次，通过见面、人脸识别等方式确认伤残人员领取待遇资格。当年未联系和确认的，县级人民政府退役军人事务部门应当经过公告或者通知本人或者其家属及时联系、确认；经过公告或者通知本人或者其家属后 60 日内仍未联系、确认的，从下一个月起停发伤残抚恤金和相关待遇。

伤残人员（或者其家属）与其户籍地（或者原户籍地）退役军人事务部门重新确认伤残人员领取待遇资格后，从下一个月起恢复发放伤残抚恤金和享受相关待遇，停发的抚恤金不予补发。

第二十六条 伤残人员变更国籍、被取消残疾等级或者死亡的，从变更国籍、被取消残疾等级或者死亡后的下一个月起停发伤残抚恤金和相关待遇，其伤残人员证件自然失效。

第二十七条 有下列行为之一的，由县级人民政府退役军人事务部门给予警告，停止其享受的抚恤、优待，追回非法所得；构成犯罪的，依法追究刑事责任：

（一）伪造残情的；

（二）冒领抚恤金的；

（三）骗取医药费等费用的；

（四）出具假证明，伪造证件、印章骗取抚恤金和相关待遇的。

第二十八条　县级人民政府退役军人事务部门依据人民法院生效的法律文书、公安机关发布的通缉令或者国家有关规定，对具有中止抚恤、优待情形的伤残人员，决定中止抚恤、优待，并通知本人或者其家属、利害关系人。

第二十九条　中止抚恤的伤残人员在刑满释放并恢复政治权利、取消通缉或者符合国家有关规定后，经本人（精神病患者由其利害关系人）申请，并经县级退役军人事务部门审查符合条件的，从审核确认的下一个月起恢复抚恤和相关待遇，原停发的抚恤金不予补发。办理恢复抚恤手续应当提供下列材料：本人申请、户口登记簿、司法机关的相关证明。需要重新办证的，按照证件丢失规定办理。

第六章　附　　则

第三十条　本办法适用于中国人民武装警察部队。

第三十一条　因战因公致残的深化国防和军队改革期间部队现役干部转改的文职人员，因参加军事训练、非战争军事行动和作战支援保障任务致残的其他文职人员，因战因公致残消防救援人员、因病致残评定了残疾等级的消防救援人员，退出军队或国家综合性消防救援队伍后的伤残抚恤管理参照退出现役的残疾军人有关规定执行。

第三十二条　未列入行政编制的人民警察，参照本办法评定伤残等级，其伤残抚恤金由所在单位按规定发放。

第三十三条　省级人民政府退役军人事务部门可以根据本地实际情况，制定具体工作细则。

第三十四条　本办法自2007年8月1日起施行。

附件：1. 受理通知书

2. 残疾等级评定审批表

3. 残疾等级评定结果告知书

4. 伤残人员换证补证审批表

5. 伤残人员关系转移证明

6. 评定残疾情况公示书

附件1

受理通知书

__________：

你（单位）报来的《关于________同志（新办评定、补办评定、调整）残疾等级的请示》和相关材料，已于____年____月____日收悉。经审查，符合评定残疾等级申报有关规定，予以受理。

经办人：

________退役军人事务局（章）

____年____月____日

附件2

残疾等级评定审批表

<table>
<tr><td>姓　　名</td><td></td><td>性　　别</td><td></td><td>民族</td><td></td><td colspan="2" rowspan="3">照

片</td></tr>
<tr><td>出生年月</td><td></td><td>身份证号</td><td colspan="3"></td></tr>
<tr><td>入伍时间或者
参加工作时间</td><td></td><td>退伍（退
职）时间</td><td colspan="3"></td></tr>
<tr><td>残疾时单位</td><td colspan="4"></td><td colspan="2">现残疾等级</td><td></td></tr>
<tr><td>户 籍 地</td><td colspan="7"></td></tr>
<tr><td>致残时间、地点、
原因、部位</td><td colspan="7"></td></tr>
<tr><td>残情检查情况</td><td colspan="7">残疾情况：

（医院印章）
年　　月　　日</td></tr>
</table>

续表

医疗卫生专家小组意见（3人以上小组成员签字）	根据《军人残疾等级评定标准》第　　条第　　款和第　　条第　　款，建议（新办评定、补办评定、调整）为　　级。 签字： 年　　月　　日		
县级退役军人事务局意见	残疾性质： 申报等级： （盖章） 负责人签字：　　年　　月　　日		
地级退役军人事务局意见	残疾性质： 申报等级： （盖章） 负责人签字：　　年　　月　　日		
省级退役军人事务厅/局意见	残疾性质： 审批等级： （盖章） 负责人签字：　　年　　月　　日		
证书类别		证书编号	

注：

1.“入伍时间”、“退伍（退职）时间”，仅用于评定残疾军人时填写。

2.“现残疾等级”，仅用于调整残疾等级时填写（大写数字）。

3.“致残时单位”，评定残疾军人，填部队代号；评定伤残人民警察、残疾消防救援人员，填致残时单位；评定其他伤残人员，有单位就填，没有就不填。

4.如医疗卫生专家小组意见无法在本表填写，可另附体检表或体检报告。

附件 3

残疾等级评定结果告知书

__________：

按照《军人抚恤优待条例》《军人残疾等级评定标准》等政策文件，经鉴定，你的残疾等级评定结果如下：

□因没有因战因公致残的档案记载或者原始医疗证明，不予评定残疾等级；

□因残疾情况达不到《军人残疾等级评定标准》，不予评定残疾等级；

□因______________________，不予评定残疾等级；

□残疾情况与原定残疾等级相符，不予调整残疾等级；

□残疾情况发生明显变化，符合《军人残疾等级评定标准》第____条第____项，将残疾等级调整为____级；

□残疾情况明显减轻或消失，已经达不到最低等级评定标准，取消原定的残疾等级。

特此告知。

如今后原评残部位残疾情况发生变化，可提交近 6 个月内原定残疾等级与残疾情况明显不符的二级甲等以上医院的就诊病历、检查报告、诊断结论等，向户籍地县级人民政府退役军人事务局重新申请评定残疾等级。

______ 退役军人事务局（章）

年 月 日

附件 4

伤残人员换证补证审批表

<table>
<tr><td>姓 名</td><td></td><td>出生
年月</td><td></td><td>性 别</td><td></td><td rowspan="4">照
片
(2 寸)</td></tr>
<tr><td>入伍(参加
工作)时间</td><td></td><td>退伍(退
职)时间</td><td></td><td>证件遗失
损毁时间</td><td></td></tr>
<tr><td>残疾性质</td><td></td><td>残疾
等级</td><td></td><td>原伤残
证件号码</td><td></td></tr>
<tr><td>身份证号</td><td colspan="5"></td></tr>
<tr><td>家庭住址</td><td colspan="6"></td></tr>
<tr><td>户籍地址</td><td colspan="6"></td></tr>
<tr><td>证件遗失
损毁原因</td><td colspan="6"></td></tr>
<tr><td>证件遗失
登报声明
情况</td><td colspan="6"></td></tr>
<tr><td>县级退役
军人事务
局意见</td><td colspan="6">(盖章)
年　月　日</td></tr>
<tr><td>地级退役
军人事务
局意见</td><td colspan="6">(盖章)
年　月　日</td></tr>
<tr><td>省级退役
军人事务
厅/局意见</td><td colspan="6">(盖章)
年　月　日</td></tr>
</table>

附件5

伤残人员关系转移证明

________退役军人事务局：

兹有我县（市、区）________户籍已迁入贵县（市、区），根据《伤残抚恤管理办法》有关规定，现将其抚恤关系及档案转至你处，请予接收。

____年的抚恤金由我们发至年底，请你们从____年元月起发放抚恤金。

姓　　名			对象类别		
性　　别		身份证号		联系电话	
入伍（参加 工作）时间		退伍（退职） 时间		负伤时部队 或单位	
残疾等级		残疾性质		残疾证编号	
迁出地户籍			迁入地户籍		
迁出地县级 退役军人事 务局意见	（盖章） 承办人：　　年　月　日		迁入地县级 退役军人事 务局意见	（盖章） 承办人：　　年　月　日	
迁出地地级 退役军人事 务局意见	（盖章） 年　　月　　日		迁入地地级 退役军人事 务局意见	（盖章） 年　　月　　日	
迁出地省级 退役军人事 务厅/局意见	（盖章） 年　　月　　日		迁入地省级 退役军人事 务厅/局意见	（盖章） 年　　月　　日	

注："对象类别"填"残疾军人"、"伤残人民警察"……

附件 6

评定残疾情况公示书

根据《伤残抚恤管理办法》第十条第一款的规定，现将申请人评残有关情况公示如下，在公示期内，如有异议可通过信函、电话或直接到本局反映该申请人相关情况。

公示时间为 7 个工作日，从___年___月___日至___年___月___日。

<table>
<tr><td>姓　　名</td><td></td><td>性 别</td><td></td><td>出生年月</td><td></td></tr>
<tr><td>工作单位</td><td colspan="5"></td></tr>
<tr><td>住　　址</td><td colspan="5"></td></tr>
<tr><td>致残时间</td><td colspan="5"></td></tr>
<tr><td>致残地点</td><td colspan="5"></td></tr>
<tr><td>致残原因</td><td colspan="5"></td></tr>
<tr><td>残疾性质</td><td colspan="2"></td><td colspan="2">拟评残疾等级</td><td></td></tr>
<tr><td>残
疾
情
况</td><td colspan="5"></td></tr>
</table>

注：对涉及隐私或不宜公开的，不公示；公示期不计入审批办事时间。

________退役军人事务局(章)

年　　月　　日

(联系电话：　　　　　　　　地址：　　　　　　　　)

中华人民共和国外资银行管理条例实施细则

（2006 年 11 月 24 日中国银行业监督管理委员会令 2006 年第 6 号公布　根据 2015 年 7 月 1 日中国银行业监督管理委员会令 2015 年第 7 号第一次修订　根据 2019 年 12 月 18 日中国银行保险监督管理委员会令 2019 年第 6 号第二次修订　国司备字[2020001663]）

第一章　总　则

第一条　根据《中华人民共和国银行业监督管理法》、《中华人民共和国商业银行法》和《中华人民共和国外资银行管理条例》（以下简称《条例》），制定本细则。

第二条　《条例》所称国务院银行业监督管理机构是指中国银行保险监督管理委员会（以下简称银保监会），所称银行业监督管理机构是指银保监会及其派出机构。

第二章　设立与登记

第三条　《条例》和本细则所称审慎性条件，至少包括下列内容：

（一）具有良好的行业声誉和社会形象；

（二）具有良好的持续经营业绩，资产质量良好；

（三）管理层具有良好的专业素质和管理能力；

（四）具有健全的风险管理体系，能够有效控制各类风险；

（五）具有健全的内部控制制度和有效的管理信息系统；

（六）按照审慎会计原则编制财务会计报告，且会计师事务所对财务会计报告持无保留意见；

（七）无重大违法违规记录和因内部管理问题导致的重大案件；

（八）具有有效的人力资源管理制度，拥有高素质的专业人才；

（九）具有对中国境内机构活动进行管理、支持的经验和能力；

（十）具备有效的资本约束与资本补充机制；

（十一）具有健全的公司治理结构；

（十二）法律、行政法规和银保监会规定的其他审慎性条件。

本条第（九）项、第（十）项、第（十一）项仅适用于外商独资银行及其股东、中外合资银行及其股东以及外国银行。

第四条　《条例》第十一条所称主要股东，是指持有拟设中外合资银行资本总额或者股份总额50%以上，或者不持有资本总额或者股份总额50%以上，但依据拟设中外合资银行章程，符合下列情形的商业银行：

（一）持有拟设中外合资银行半数以上的表决权；

（二）有权控制拟设中外合资银行的财务和经营政策；

（三）有权任免拟设中外合资银行董事会或者类似权力机构的多数成员；

（四）在拟设中外合资银行董事会或者类似权力机构有半数以上投票权。

拟设中外合资银行的主要股东应当将拟设中外合资银行纳入其并表范围。

第五条　有下列情形之一的，不得作为拟设外商独资银行、中外合资银行的股东：

（一）公司治理结构与机制存在明显缺陷；

（二）股权关系复杂或者透明度低；

（三）关联企业众多，关联交易频繁或者异常；

（四）核心业务不突出或者经营范围涉及行业过多；

（五）现金流量波动受经济环境影响较大；

（六）资产负债率、财务杠杆率高于行业平均水平；

（七）以不符合法律、行政法规及监管规定的资金入股；

（八）代他人持有外商独资银行、中外合资银行股权；

（九）其他对拟设银行产生重大不利影响的情形。

第六条　外国银行已在中国境内设立外商独资银行或中外合资银行的，在设立外国银行分行时，除应当具备《条例》和本细则规定的相应条件外，其在中国境内已设外商独资银行或中外合资银行应当具备银保监会规定的审慎性条件。

外国银行已在中国境内设立外国银行分行的，在设立外商独资银行或中外合资银行时，除应当具备《条例》和本细则规定的相应条件外，其在中国境内已设外国银行分行应当具备银保监会规定的审慎性条件。

第七条　外国银行在中国境内增设分行，除应当具备《条例》第九条、第十二条规定的条件外，其在中国境内已设分行应当具备银保监会规定的审慎性条件。

外国银行在中国境内增设代表处，除应当具备《条例》第九条规定的条件外，其在中国境内已设代表处应当无重大违法违规记录。

第八条 外国银行向中国境内分行拨付的营运资金合并计算。外国银行在中国境内增设分行，如合并计算的营运资金满足最低限额及监管指标要求，该外国银行可以授权中国境内分行按法规规定向增设分行拨付营运资金。

第九条 外商独资银行、中外合资银行设立分行，应当具备银保监会规定的审慎性条件。

第十条 设立外资银行营业性机构，申请人应当自接到批准筹建通知书之日起15日内到拟设机构所在地银保监会派出机构领取开业申请表，开始筹建工作。

逾期未领取开业申请表的，自批准其筹建之日起1年内，银保监会及其派出机构不受理该申请人在中国境内同一城市设立营业性机构的申请。

第十一条 设立外资银行营业性机构，申请人在筹建期内应当完成下列工作：

（一）建立健全公司治理结构，并将公司治理结构说明报送所在地银保监会派出机构（仅限外商独资银行、中外合资银行）；

（二）建立内部控制制度，包括内部组织结构、授权授信、信贷资金管理、资金交易、会计核算、计算机信息管理系统的控制制度和操作规程，并将内控制度和操作规程报送所在地银保监会派出机构；

（三）配备符合业务发展需要的、适当数量的且已接受政策法规及业务知识等相关培训的业务人员，以满足对主要业务风险有效监控、业务分级审批和复查、关键岗位分工和相互牵制等要求；

（四）印制拟对外使用的重要业务凭证和单据，并将样本报送所在地银保监会派出机构；

（五）配备经有关部门认可的安全防范设施，并将有关说明报送所在地银保监会派出机构；

（六）应当聘请在中国境内依法设立的会计师事务所对其内部控制系统、会计系统、计算机系统等进行开业前审计，并将审计报告报送所在地银保监会派出机构。

第十二条 拟设外资银行营业性机构在筹建事项完成后，筹备组负责人应当向拟设机构所在地银保监会派出机构提出开业前验收。拟设机构所在地银保监会派出机构应当在10日内进行验收。验收合格的，应当发给验收合格意见书。验收不合格的，应当书面通知申请人，申请人可以自接到通知书之日起10日后向拟设机构所在地银保监会派出机构提出复验。

第十三条 经验收合格完成筹建工作的，申请人应当按照外资银行行政许可规章的规定向银保监会或拟设机构所在地银保监会派出机构提交开业申请资料。

第十四条 外资银行营业性机构获准开业后，应当按照有关规定领取金融许可证。

第十五条 外资银行营业性机构应当在规定的期限内开业。逾期未开业的，开业批准文件失效，由开业决定机关注销开业许可，收回其金融许可证，并予以公告。自开业批准文件失效之日起1年内，开业决定机关不受理该申请人在同一城市设立营业性机构的申请。

第十六条 外资银行营业性机构在开业前应当将开业日期书面报送所在地银保监会派出机构。外资银行营业性机构开业前应当予以公告。

第十七条 外国银行将其在中国境内的分行改制为由其总行单独出资的外商独资银行，应当符合《条例》和本细则有关设立外商独资银行的条件，并且具备在中国境内长期持续经营以及对拟设外商独资银行实施有效管理的能力。

第十八条 外国银行将其在中国境内的分行改制为由其总行单独出资的外商独资银行的，经银保监会批准，原外国银行分行的营运资金经合并验资可以转为外商独资银行的注册资本，也可以转回其总行。

第十九条 外国银行将其在中国境内的分行改制为由其总行单独出资的外商独资银行的，应当在拟设外商独资银行筹建期间、办理注册登记手续后予以公告。

第二十条 外国银行代表处应当在办理注册登记手续后予以公告。

外国银行代表处应当自所在地银保监会派出机构批准设立之日起6个月内迁入固定的办公场所，超出6个月后仍未迁入固定办公场所办公的，代表处设立批准决定失效。

第二十一条 外国银行代表处迁入固定办公场所后，应当向所在地银保监会派出机构报送下列资料：

（一）代表处基本情况登记表；

（二）外国企业常驻代表机构登记证复印件；

（三）内部管理制度，内容包括代表处的职责安排、内部分工以及内部报告制度等；

（四）办公场所的租赁合同或者产权证明复印件；

（五）配备办公设施以及租赁电信部门数据通讯线路的情况；

（六）公章、公文纸样本以及工作人员对外使用的名片样本；

（七）银保监会要求的其他资料。

第二十二条 外资银行营业性机构合并、分立后的注册资本或者营运资金、业务范围由银保监会重新批准。

第二十三条 外资银行营业性机构临时停业3日以上（含3日）6个月以下，应当及时向银保监会或所在地银保监会派出机构报告，说明临时停业时间、理由及停业期间安排。外资银行营业性机构临时停业的，应当在营业场所外公告，说明临时停业期间的安排。所在地银保监会派出机构应当及时将辖内外资银行营业性机构临时停业情况逐级报送银保监会。

第二十四条 临时停业期限届满或者导致临时停业的原因消除，临时停业机构应当复业。外资银行营业性机构应当在复业后5日内向银保监会或所在地银保监会派出机构报告。营业场所重新修建的，外资银行营业性机构应当向银保监会或所在地银保监会派出机构报送营业场所的租赁或者购买合同意向书的复印件、安全和消防合格情况的说明方可复业。

特殊情况需要延长临时停业期限的，应当按照本细则第二十三条规定重新办理。

第二十五条 外资银行营业性机构有《条例》第二十七条所列情形须变更金融许可证所载内容的，应当根据金融许可证管理的有关规定办理变更事宜。

需要验资的，外资银行营业性机构应当将在中国境内依法设立的会计师事务所出具的验资证明报送银保监会或所在地银保监会派出机构。需要验收的，外资银行营业性机构所在地银保监会派出机构应当进行验收。

外资银行营业性机构持银保监会或所在地银保监会派出机构的批准文件向市场监督管理部门办理变更登记，换领营业执照。

外资银行营业性机构有《条例》第二十七条第（一）项至第（三）项所列情形之一的，应当予以公告。公告应当自营业执照生效之日起30日内完成。

第二十六条 外国银行代表处发生更名、变更办公场所等变更事项，应当在办理变更工商登记手续后予以公告。

第三章 业务范围

第二十七条 《条例》第二十九条第一款第（四）项、第三十一条第一款第（四）项所称承销政府债券包括承销外国政府在中国境内发行的债券。

第二十八条 《条例》第二十九条第一款第（五）项、第三十一条第一款第（五）项所称买卖政府债券、金融债券，买卖股票以外的其他外币有价证券包括但不限于下列外汇投资业务：在中国境外发行的中国和外国政府债券、中国金融机构债券和中国非金融机构债券。

第二十九条 《条例》第二十九条第一款第（十三）项和第三十一条第一款第（十二）项所称资信调查和咨询服务是指与银行业务有关的资信调查和咨询服务。

第三十条 外资银行营业性机构经营下列业务，适用报告制：

（一）托管、存管、保管；

（二）财务顾问等咨询服务；

（三）代客境外理财；

（四）银保监会认可适用报告制的其他业务。

外资银行营业性机构应在开办第一款所列业务后5日内向银保监会或所在地银保监会派出机构报告，提交该项业务的展业计划、风险控制制度、操作规程和系统建设等情况的书面材料。

外资银行营业性机构经营第一款所列业务，依法应获得其他部门许可的，依照其规定办理。

第三十一条 外资银行营业性机构可以依法与母行集团开展境内外业务协作，发挥全球服务优势，为客户在境外发债、上市、并购、融资等活动提供综合金融服务。

外资银行营业性机构应明确自身在母行集团内提供业务协作服务的职责、利润分配机制，并于每年一季度末将上一年度与母行集团业务协作开展情况向银保监会或所在地银保监会派出机构报告。

第三十二条 外国银行分行经营《条例》第三十一条规定的外汇业务，营运资金应当不少于2亿元人民币或者等值的自由兑换货币。

第三十三条 外国银行分行经营《条例》第三十一条规定的外汇业务和人民币业务，营运资金应当不少于3亿元人民币或者等值的自由兑换货币，其中人民币营运资金应当不少于1亿元人民币，外汇营运资金应当不少于2亿元人民币等值的自由兑换货币。

外商独资银行分行、中外合资银行分行营运资金应当与业务规模相适应且拨付到位。

第三十四条 外国银行分行在开办存款业务时应当向客户声明本行存款是否投保存款保险。

第三十五条 外国银行分行改制的由其总行单独出资的外商独资银行可以承继原外国银行分行已经获准经营的全部业务。

第三十六条 外商独资银行、中外合资银行在获准的业务范围内授权其分支机构开展业务。

外国银行分行在获准的业务范围内授权其支行开展业务。

第三十七条 外国银行在中国境内设立多家分行的,如管理行已获准开办衍生产品交易业务,该管理行可以履行管理职责,在评估并确保中国境内其他拟开办衍生产品交易业务的分行满足条件的前提下,授权其开办衍生产品交易业务,并向管理行所在地银保监会派出机构报告。

经管理行授权开办衍生产品交易业务的分行应当满足银行业金融机构开办衍生产品交易业务的相关规定,向所在地银保监会派出机构报告,提供管理行出具的授权书以及开办衍生产品交易业务所需的材料后方可开办衍生产品交易业务。

第三十八条 外资银行营业性机构经营《条例》第二十九条或者第三十一条规定业务范围内的人民币业务,应当进行筹备,并在筹备期内完成以下工作:

(一)配备符合业务发展需要的、适当数量的业务人员;

(二)印制拟对外使用的重要业务凭证和单据;

(三)配备经有关部门认可的安全防范设施;

(四)建立人民币业务的内部控制制度和操作规程;

(五)外资银行营业性机构经营人民币业务需要增加注册资本或者营运资金的,应当聘请在中国境内依法设立的会计师事务所验资,并将验资证明报送所在地银保监会派出机构。

第三十九条 拟设外资银行营业性机构可在筹备开业的同时进行人民币业务的筹备,在提交开业申请时一并提交人民币业务筹备情况的说明。

外资银行营业性机构开业后拟经营人民币业务的,应当在完成人民币业务筹备后,向所在地银保监会派出机构提交人民币业务筹备情况的说明,并按程序办理营业执照变更事宜。

第四十条 外商独资银行分行、中外合资银行分行在其总行业务范围内经授权经营人民币业务。在开展业务前,应当进行筹备,并将总行对其经营人民币业务的授权书报送所在地银保监会派出机构。

第四十一条 外资银行营业性机构在经营人民币业务前,存在股东资质不合规等重大公司治理缺陷或其他重大违法违规情形的,应当在完成整改并经所在地银保监会派出机构认可后方可经营人民币业务。

第四十二条 外资银行营业性机构及其分支机构经营业务范围内的新产品,应当在经营业务后 5 日内向银保监会或所在地银保监会派出机构书面报告,内容包括新产品介绍、风险特点、内部控制制度和操作规程等。

第四十三条 外资银行营业性机构可以按照有关规定开办同业业务。

第四章 任职资格管理

第四十四条 外资银行的董事、高级管理人员、首席代表在银保监会或者所在地银保监会派出机构核准其任职资格前不得履职。

第四十五条 拟任人有下列情形之一的，不得担任外资银行的董事、高级管理人员和首席代表：

（一）有故意或者重大过失犯罪记录的；

（二）有违反社会公德的不良行为，造成恶劣影响的；

（三）对曾任职机构违法违规经营活动或者重大损失负有个人责任或者直接领导责任，情节严重的；

（四）担任或者曾任被接管、撤销、宣告破产或者吊销营业执照的机构的董事或者高级管理人员的，但能够证明本人对曾任职机构被接管、撤销、宣告破产或者吊销营业执照不负有个人责任的除外；

（五）因违反职业道德、操守或者工作严重失职，造成重大损失或者恶劣影响的；

（六）指使、参与所任职机构不配合依法监管或者案件查处的；

（七）被取消终身的董事和高级管理人员任职资格，或者受到监管机构或者其他金融管理部门处罚累计达到两次以上的；

（八）本人或者配偶负有数额较大的债务且到期未偿还的，包括但不限于在该外资银行的逾期贷款；

（九）存在其他所任职务与拟任职务有明显利益冲突，或者明显分散其履职时间和精力的情形；

（十）不具备本办法规定的任职资格条件，采取不正当手段以获得任职资格核准的；

（十一）法律、行政法规、部门规章规定的不得担任金融机构董事、高级管理人员或者首席代表的；

（十二）银保监会认定的其他情形。

第四十六条 外资银行董事、高级管理人员、首席代表须经任职资格核准的，按照外资银行行政许可规章的规定执行。

第四十七条 拟任人在中国境内的银行业金融机构担任过董事、高级管理人员和首席代表的，银保监会或者所在地银保监会派出机构在核准其任职资格前，可以根据需要征求拟任人原任职机构监管机构的意见。

拟任人原任职机构监管机构应当及时提供反馈意见。

第四十八条 外资银行递交任职资格核准申请资料后，银保监会以及所在地银保监会派出机构可以约见拟任人进行任职前谈话。

第四十九条 银保监会直接监管的外资银行营业性机构董事长、行长离岗连续1个月以上的，应当向银保监会书面报告；其他外资银行营业性机构董事长、行长、分行行长、支行行长、外国银行代表处首席代表离岗连续1个月以上的，应当向所在地银保监会派出机构书面报告。外资银行在提交上述报告的同时，应指定专人代行其职，代为履职时间不得超过6个月。外资银行应当在6个月内选聘符合任职资格条件的人员正式任职。

第五十条 外资银行董事、高级管理人员和首席代表存在下列情形之一的，银保监会及其派出机构可以视情节轻重，取消其一定期限直至终身的任职资格：

（一）被依法追究刑事责任的；

（二）拒绝、干扰、阻挠或者严重影响银保监会及其派出机构依法监管的；

（三）因内部管理与控制制度不健全或者执行监督不力，造成所任职机构重大财产损失，或者导致重大金融犯罪案件发生的；

（四）因严重违法违规经营、内控制度不健全或者长期经营管理不善，造成所任职机构被接管、兼并或者被宣告破产的；

（五）因长期经营管理不善，造成所任职机构严重亏损的；

（六）对已任职的外资银行董事、高级管理人员、首席代表，银保监会及其派出机构发现其任职前有违法、违规或者其他不宜担任所任职务的行为的；

（七）银保监会认定的其他情形。

第五章 监督管理

第五十一条 外资银行营业性机构应当建立与其业务发展相适应的内部控制制度和业务操作规程，并于每年3月末前将内部控制制度和业务操作规程的修订内容报送银保监会或所在地银保监会派出机构。

第五十二条 外商独资银行、中外合资银行应当设置独立的风险管理部门、合规管理部门和内部审计部门。

外国银行分行应当指定专门部门或者人员负责合规工作。

第五十三条 外资银行营业性机构结束内部审计后，应当及时将内审报告报送银保监会或所在地银保监会派出机构，银保监会或所在地银保监会派出机构可以采取适当方式与外资银行营业性机构的内审人员沟通。

第五十四条 外资银行营业性机构应当建立贷款风险分类制度，并将贷款风险分类标准与银保监会规定的分类标准的对应关系报送银保监会或所在地银保监会派出机构。

第五十五条 《条例》第四十条所称资产负债比例管理的规定是指《中华人民共和国商业银行法》第三十九条的规定。

外商独资银行、中外合资银行有关资产负债比例的计算方法执行银行业监管报表指标体系的规定。

第五十六条 外商独资银行、中外合资银行应当建立关联交易管理制度，关联交易必须符合商业原则，交易条件不得优于与非关联方进行交易的条件。

银保监会及其派出机构按照商业银行关联交易有关管理办法的规定对关联方及关联交易进行认定。

第五十七条 外资银行营业性机构应当制定与业务外包相关的政策和管理制度，包括业务外包的决策程序、对外包方的评价和管理、控制银行信息保密性和安全性的措施和应急计划等。

外资银行营业性机构在开展外包活动时，应当定期向银保监会或所在地银保监会派出机构递交外包活动的评估报告。

外资银行营业性机构在开展外包活动时如遇到对业务经营、客户信息安全、声誉等产生重大影响事件，应当及时向银保监会或所在地银保监会派出机构报告。

第五十八条 《条例》第四十四条所称外国银行分行应当按照规定持有一定比例的生息资产是指外国银行分行应按不低于公众负债额的5%持有银保监会指定的生息资产。当外国银行分行持有的银保监会指定的生息资产余额达到营运资金的30%时可以不再增持，但银保监会及其派出机构根据外国银行分行风险状况另有要求的除外。

第一款所称银保监会指定的生息资产包括中国财政部发行的国债、中国人民银行发行的票据、中国政策性银行和开发性银行发行的金融债、在指定机构的1个月以上（含1个月）的定期同业存款，以及银保监会指定的其他资产。上述各项资产不包括已进行质押或者采取其他影响资产支配权处理方式的资产。

第一款所称的公众负债指外国银行分行的各项存款、同业存放（不含境外金融机构存放）、同业拆入（不含从境外金融机构拆入），以及银保监会指定的其他负债。

第二款所称的指定机构是指在中国境内设立的、经营稳健且具有一定实力的、非关联的中资商业银行、外商独资银行、中外合资银行。外国银行分行以定期同业存款形式存在的生息资产应当存放在3家或3家以下指定机构。

外国银行分行应当每日计算并保持规定的生息资产比例，按照外国银行在中国境内分行合并考核。

外国银行分行管理行应当每月向所在地银保监会派出机构报告在中国境内分行持有银保监会指定的生息资产的存在情况。报告内容包括定期同业存款的存放银行、金额、期限和利率，其他生息资产的金额、形式和到期日等。

第五十九条 《条例》第四十五条所称营运资金加准备金等项之和是指营运资金、未分配利润和贷款损失一般准备之和，所称风险资产是指按照有关加权风险资产的规定计算的表内、表外加权风险资产。

《条例》第四十五条所规定的比例，按照外国银行在中国境内分行合并计算，按季末余额考核。外国银行分行管理行应当每季向所在地银保监会派出机构报告。

第六十条 外国银行分行的流动性资产包括现金、黄金、在中国人民银行存款、存放同业、1 个月内到期的拆放同业、1 个月内到期的借出同业、1 个月内到期的境外联行往来及附属机构往来的资产方净额、1 个月内到期的应收利息及其他应收款、1 个月内到期的贷款、1 个月内到期的债券投资、在国内外二级市场上可随时变现的其他债券投资、其他 1 个月内可变现的资产。上述各项资产中应当扣除预计不可收回的部分。生息资产中用于满足本细则第五十八条最低监管要求的部分不计入流动性资产。

外国银行分行的流动性负债包括活期存款、1 个月内到期的定期存款、同业存放、1 个月内到期的同业拆入、1 个月内到期的借入同业、1 个月内到期的境外联行往来及附属机构往来的负债方净额、1 个月内到期的应付利息及其他应付款、其他 1 个月内到期的负债。冻结存款不计入流动性负债。

外国银行分行应当每日计算并保持《条例》第四十六条规定的流动性比例，按照外国银行在中国境内分行合并考核。外国银行分行管理行应当每月向所在地银保监会派出机构报告。

第六十一条 《条例》第四十七条所称境内本外币资产余额、境内本外币负债余额按照以下方法计算：

境内本外币资产余额＝本外币资产总额－境外联行往来（资产）－境外附属机构往来（资产）－境外贷款－存放境外同业－拆放境外同业－买入境外返售资产－境外投资－其他境外资产。

下列投资不列入境外投资：购买在中国境外发行的中国政府债券、中国金融机构债券和中国非金融机构的债券。

境内本外币负债余额＝本外币负债总额－境外联行往来（负债）－境外附属机构往来（负债）－境外存款－境外同业存放－境外同业拆入－卖出境外回

购款项－其他境外负债。

《条例》第四十七条的规定按照外国银行在中国境内分行合并考核。

第六十二条 外资银行营业性机构不得虚列、多列、少列资产、负债和所有者权益。

第六十三条 在中国境内设立 2 家及 2 家以上外国银行分行的，应当由外国银行总行或者经授权的地区总部指定其中 1 家分行作为管理行，统筹负责中国境内业务的管理以及中国境内所有分行的合并财务信息和综合信息的报送工作。

外国银行或者经授权的地区总部应当指定管理行行长负责中国境内业务的管理工作，并指定合规负责人负责中国境内业务的合规工作。

第六十四条 外资银行营业性机构应当按照银保监会的规定，每季度末将跨境大额资金流动和资产转移情况报送银保监会或所在地银保监会派出机构。

第六十五条 外资银行营业性机构由总行或者联行转入信贷资产，应当在转入信贷资产后 5 日内向银保监会或所在地银保监会派出机构报告，提交关于转入信贷资产的金额、期限、分类及担保等情况的书面材料。

第六十六条 外国银行分行有下列情形之一的，应当向该分行或者管理行所在地银保监会派出机构报告：

（一）外国银行分行未分配利润与本年度纯损益之和为负数，且该负数绝对值与贷款损失准备尚未提足部分之和超过营运资金 30% 的，应当每季度末报告；

（二）外国银行分行对所有大客户的授信余额超过其营运资金 8 倍的，应当每季度末报告，大客户是指授信余额超过外国银行分行营运资金 10% 的客户，该指标按照外国银行在中国境内分行季末余额合并计算；

（三）外国银行分行境外联行及附属机构往来的资产方余额超过境外联行及附属机构往来的负债方余额与营运资金之和的，应当每月末报告，该指标按照外国银行在中国境内分行合并计算；

（四）银保监会认定的其他情形。

第六十七条 银保监会及其派出机构对外资银行营业性机构采取的特别监管措施包括以下内容：

（一）约见有关负责人进行警诫谈话；

（二）责令限期就有关问题报送书面报告；

（三）对资金流出境外采取限制性措施；

（四）责令暂停部分业务或者暂停受理经营新业务的申请；

（五）责令出具保证书；

（六）对有关风险监管指标提出特别要求；

（七）要求保持一定比例的经银保监会认可的资产；

（八）责令限期补充资本金或者营运资金；

（九）责令限期撤换董事或者高级管理人员；

（十）暂停受理增设机构的申请；

（十一）对利润分配和利润汇出境外采取限制性措施；

（十二）派驻特别监管人员，对日常经营管理进行监督指导；

（十三）提高有关监管报告与报表的报送频度；

（十四）银保监会采取的其他特别监管措施。

第六十八条 外国银行在中国境内同时设有外商独资银行（或中外合资银行）和外国银行分行的，应当明确各自的功能定位与治理架构，避免利益冲突，建立管理、业务、人员和信息等风险隔离机制，确保各自的机构名称、产品和对外营业场所有所区分，实行自主管理和自主经营。

第六十九条 外资银行营业性机构应当向银保监会或所在地银保监会派出机构及时报告下列重大事项：

（一）财务状况和经营活动出现重大问题；

（二）经营策略的重大调整；

（三）除不可抗力原因外，外资银行营业性机构在法定节假日以外的日期暂停营业2日以内，应当向银保监会或所在地银保监会派出机构书面报告；

（四）外商独资银行、中外合资银行的重要董事会决议；

（五）外国银行分行的总行、外商独资银行或者中外合资银行股东的章程、注册资本和注册地址的变更；

（六）外国银行分行的总行、外商独资银行或者中外合资银行股东的合并、分立等重组事项以及董事长或者行长（首席执行官、总经理）的变更；

（七）外国银行分行的总行、外商独资银行或者中外合资银行股东的财务状况和经营活动出现重大问题；

（八）外国银行分行的总行、外商独资银行或者中外合资银行股东发生重大案件；

（九）外国银行分行的总行、外商独资银行或者中外合资银行外方股东所在国家或者地区以及其他海外分支机构所在国家或者地区金融监管当局对其实施的重大监管措施；

（十）外国银行分行的总行、外商独资银行或者中外合资银行外方股东所在国家或者地区金融监管法规和金融监管体系的重大变化；

（十一）银保监会要求报告的其他事项。

第七十条　外国银行代表处应当及时向所在地银保监会派出机构报告其所代表的外国银行发生的下列重大事项：

（一）章程、注册资本或者注册地址变更；

（二）外国银行的合并、分立等重组事项以及董事长或者行长（首席执行官、总经理）变更；

（三）财务状况或者经营活动出现重大问题；

（四）发生重大案件；

（五）所在国家或者地区金融监管当局对其实施的重大监管措施；

（六）其他对外国银行经营产生重大影响的事项。

第七十一条　非外资银行在中国境内机构正式员工，在该机构连续工作超过20日或者在90日内累计工作超过30日的，外资银行应当向银保监会或所在地银保监会派出机构报告。

第七十二条　外商独资银行、中外合资银行和在中国境内设立2家及2家以上分行的外国银行，应当在每个会计年度结束后聘请在中国境内依法设立的会计师事务所对该机构在中国境内所有营业性机构进行并表或者合并审计，并在会计年度结束后4个月内将审计报告和管理建议书报送银保监会或外商独资银行、中外合资银行总行或者管理行所在地银保监会派出机构。

外国银行分行应当在每个会计年度结束后聘请在中国境内依法设立的会计师事务所进行审计，并在会计年度结束后4个月内将审计报告和管理建议书报送所在地银保监会派出机构。

第七十三条　外资银行营业性机构聘请在中国境内依法设立的会计师事务所进行年度或者其他项目审计1个月前，应当将会计师事务所及其参加审计的注册会计师的基本资料报送银保监会或所在地银保监会派出机构。

第七十四条　外商独资银行、中外合资银行的年度审计应当包括以下内容：资本充足情况、资产质量、公司治理情况、内部控制情况、盈利情况、流动性和市场风险管理情况等。

外国银行分行的年度审计应当包括以下内容：财务报告、风险管理、营运控制、合规经营情况和资产质量等。

第七十五条　银保监会及其派出机构在必要时可以指定会计师事务所对外资银行营业性机构的经营状况、财务状况、风险状况、内部控制制度及执行情况等进行审计。

第七十六条　银保监会及其派出机构可以要求外资银行营业性机构更换专业技能和独立性达不到监管要求的会计师事务所。

第七十七条　外商独资银行、中外合资银行应当在会计年度结束后6个月内向银保监会或其总行所在地银保监会派出机构报送外商独资银行及其股东、中外合资银行及其股东的年报。

外国银行分行及外国银行代表处应当在其总行会计年度结束后6个月内向所在地银保监会派出机构报送其总行的年报。

第七十八条　外国银行代表处应当于每年2月末前按照银保监会规定的格式向所在地银保监会派出机构报送上年度工作报告和本年度工作计划。

第七十九条　外国银行代表处应当具备独立的办公场所、办公设施和专职工作人员。

第八十条　外国银行代表处应当配备合理数量的工作人员，工作人员的职务应当符合代表处工作职责。

第八十一条　外国银行代表处应当建立会计账簿，真实反映财务收支情况，其成本以及费用开支应当符合代表处工作职责。

外国银行代表处不得使用其他企业、组织或者个人的账户。

第八十二条　外国银行代表处不得在其电脑系统中使用与代表处工作职责不符的业务处理系统。

第八十三条　本细则要求报送的资料，除年报外，凡用外文书写的，应当附有中文译本。外资银行营业性机构的内部控制制度、业务操作规程、业务凭证样本应当附有中文译本；其他业务档案和管理档案相关文件如监管人员认为有必要的，也应当附有中文译本。特殊情况下，银保监会及其派出机构可以要求有关中文译本经外国银行分行的总行、外商独资银行或者中外合资银行的外方股东所在国家或者地区认可的机构公证，并且经中国驻该国使馆、领馆认证。

第八十四条　外资银行应当遵守反洗钱和反恐怖融资相关法律法规。

第六章　终止与清算

第八十五条　《条例》第五十八条所称自行终止包括下列情形：

（一）外商独资银行、中外合资银行章程规定的营业期限届满或者其他解散事由出现的；

（二）外商独资银行、中外合资银行股东会决定解散的；

（三）外商独资银行、中外合资银行因合并或者分立需要解散的；

（四）外国银行、外商独资银行、中外合资银行关闭在中国境内分行的。

第八十六条　自银保监会批准外商独资银行、中外合资银行解散或者外国银行、外商独资银行、中外合资银行关闭在中国境内分行的决定生效之日起，被批准解散、关闭的机构应当立即停止经营活动，交回金融许可证，并在15日内成立清算组。

第八十七条 清算组成员包括行长（总经理）、会计主管、中国注册会计师以及银保监会指定的其他人员。外商独资银行、中外合资银行清算组还应当包括股东代表和董事长。清算组成员应当报经银保监会或所在地银保监会派出机构同意。

第八十八条 清算组应当书面通知市场监督管理部门、税务机关、人力资源社会保障部门等有关部门。

第八十九条 外商独资银行、中外合资银行自行解散或者外商独资银行、中外合资银行和外国银行关闭其在中国境内分行涉及的其他清算事宜按照《中华人民共和国公司法》的有关规定执行。

第九十条 银保监会或其派出机构负责监督被解散或者关闭的外资银行营业性机构及其分支机构解散与清算过程。重大事项和清算结果应逐级报至银保监会。

第九十一条 清算组应当自成立之日起30日内聘请在中国境内依法设立的会计师事务所进行审计，自聘请之日起60日内向银保监会或所在地银保监会派出机构报送审计报告。

第九十二条 解散或者关闭清算过程中涉及外汇审批或者核准事项的，应当经国家外汇管理局及其分局批准。

第九十三条 清算组在清偿债务过程中，应当在支付清算费用、所欠职工工资和劳动保险费后，优先支付个人储蓄存款的本金和利息。

第九十四条 清算组应当在每月10号前向银保监会或所在地银保监会派出机构报送有关债务清偿、资产处置、贷款清收、销户等情况的报告。

第九十五条 外国银行分行完成清算后，应当在提取生息资产5日前向所在地银保监会派出机构报告，提交清算完成情况的报告、税务注销证明等书面材料。

第九十六条 清算工作结束后，清算组应当制作清算报告，报送银保监会或所在地银保监会派出机构确认，报送市场监督管理部门申请注销工商登记，并予以公告。清算组应当将公告内容在公告日3日前书面报至银保监会或所在地银保监会派出机构。

第九十七条 清算后的会计档案及业务资料依照有关规定处理。

第九十八条 自外国银行分行清算结束之日起2年内，银保监会及其派出机构不受理该外国银行在中国境内同一城市设立营业性机构的申请。

第九十九条 外商独资银行、中外合资银行有违法违规经营、经营管理不善等情形，不予撤销将严重危害金融秩序、损害社会公众利益的，由银保监会依法予以撤销。

银保监会责令关闭外国银行分行的，按照《中华人民共和国公司法》的有关规定执行。

第一百条 外商独资银行、中外合资银行因不能支付到期债务，自愿或者应其债权人要求申请破产，或者因解散而清算，清算组在清理财产、编制资产负债表和财产清单后，发现外商独资银行、中外合资银行财产不足清偿债务须申请破产的，经银保监会批准，应当立即向人民法院申请宣告破产。外商独资银行、中外合资银行经人民法院裁定宣告破产后，清算组应当将清算事务移交给人民法院。

第一百零一条 外国银行将其在中国境内的分行改制为由其总行单独出资的外商独资银行的，原外国银行分行应当在外商独资银行开业后交回金融许可证，并依法向市场监督管理部门办理注销登记。

第一百零二条 经批准关闭的代表处应当在依法办理注销登记手续后15日内予以公告，并将公告内容报送所在地银保监会派出机构。

第七章 附 则

第一百零三条 本细则中的“日”指工作日。

第一百零四条 银保监会对直接监管的外资银行承担监管主体责任，并指导派出机构开展外资银行监管工作。

第一百零五条 外资银行违反本细则的，银保监会按照《条例》和其他有关规定对其进行处罚。

关于修改《非上市公众公司监督管理办法》的决定

（2019年12月20日中国证券监督管理委员会令第161号公布 自公布之日起施行 国司备字[2020001625]）

一、第四条修改为：“公众公司公开转让股票应当在全国中小企业股份转让系统（以下简称全国股转系统）进行，公开转让的公众公司股票应当在中国证券登记结算公司集中登记存管。”

二、第五条第二款修改为：“公众公司发行优先股、可转换公司债券等证券品种，应当遵守法律、行政法规和中国证券监督管理委员会（以下简称中国证监会）的相关规定。”

三、第十条第二款修改为：“股东大会的提案审议应当符合规定程序，保障股东的知情权、参与权、质询权和表决权；董事会应当在职权范围和股东大会授权范围内对审议事项作出决议，不得代替股东大会对超出董事会职权范围和授权范围的事项进行决议。”

四、第十三条增加一款，作为第二款：“关联交易不得损害公众公司利益。”

五、第十四条增加两款，分别作为第二款、第三款。第二款为：“公众公司股东、实际控制人、董事、监事及高级管理人员不得实施侵占公司资产、利益输送等损害公众公司利益的行为。”第三款为：“未经董事会或股东大会批准或授权，公众公司不得对外提供担保。”

六、增加一条，作为第二十条：“股票公开转让的科技创新公司存在特别表决权股份的，应当在公司章程中规定以下事项：（一）特别表决权股份的持有人资格；（二）特别表决权股份拥有的表决权数量与普通股份拥有的表决权数量的比例安排；（三）持有人所持特别表决权股份能够参与表决的股东大会事项范围；（四）特别表决权股份锁定安排及转让限制；（五）特别表决权股份与普通股份的转换情形；（六）其他事项。

全国股转系统应对存在特别表决权股份的公司表决权差异的设置、存续、调整、信息披露和投资者保护等事项制定具体规定。”

七、第二十条修改为第二十一条，修改为“公司及其他信息披露义务人应当按照法律、行政法规和中国证监会的规定履行信息披露义务，所披露的信息应当真实、准确、完整，不得有虚假记载、误导性陈述或者重大遗漏。公司及其他信息披露义务人应当及时、公平地向所有投资者披露信息。

公司的董事、监事、高级管理人员应当忠实、勤勉地履行职责，保证公司披露信息的真实、准确、完整。”

八、第二十一条修改为第二十二条，修改为：“信息披露文件主要包括公开转让说明书、定向转让说明书、定向发行说明书、发行情况报告书、公开发行说明书、定期报告和临时报告等。具体的内容与格式、编制规则及披露要求，由中国证监会另行制定。”

九、第二十二条修改为第二十三条，第一款修改为：“股票公开转让与定向发行的公众公司应当报送年度报告、中期报告，并予公告。年度报告中的财务会计报告应当经符合《证券法》规定的会计师事务所审计。”第二款修改为“股票向特定对象转让导致股东累计超过200人的公众公司,应当报送年度报告,并予公告。年度报告中的财务会计报告应当经会计师事务所审计。”

十、第二十五条修改为第二十六条,修改为:“发生可能对股票价格产生较大影响的重大事件,投资者尚未得知时,公众公司应当立即将有关该重大事件的情况向中国证监会和全国股转系统报送临时报告,并予以公告,说明事件的起因、目前的状态和可能产生的后果。”

十一、增加一条,作为第二十七条:“中国证监会对公众公司实行差异化信息披露管理,具体规定由中国证监会另行制定。”

十二、第二十六条修改为第二十八条,修改为:“公众公司实施并购重组的,相关信息披露义务人应当依法严格履行公告义务。

参与并购重组的相关单位和人员,应当及时、准确地向公众公司通报有关信息,配合公众公司真实、准确、完整地进行披露,在并购重组的信息依法披露前负有保密义务,禁止利用该信息进行内幕交易。”

十三、第二十九条修改为第三十一条,第一款修改为:“公司及其他信息披露义务人依法披露的信息,应当在符合《证券法》规定的信息披露平台公布。公司及其他信息披露义务人可在公司网站或者其他公众媒体上刊登依本办法必须披露的信息,但披露的内容应当完全一致,且不得早于在上述信息披露平台披露的时间。”第二款修改为“股票向特定对象转让导致股东累计超过200人的公众公司可以在公司章程中约定其他信息披露方式;在《证券法》规定的信息披露平台披露相关信息的,应当符合本条第一款的要求。”

十四、第三十二条修改为第三十四条,第三款修改为:“股票向特定对象转让应当以非公开方式协议转让。申请股票挂牌公开转让的,按照本办法第三十五条、第三十六条的规定办理。”

十五、第三十三条修改为第三十五条,第一款修改为“公司申请其股票挂牌公开转让的,董事会应当依法就股票挂牌公开转让的具体方案作出决议,并提请股东大会批准,股东大会决议必须经出席会议的股东所持表决权的2/3以上通过。”第二款修改为“董事会和股东大会决议中还应当包括以下内容:(一)按照中国证监会的相关规定修改公司章程;(二)按照法律、行政法规和公司章程的规定建立健全公司治理机制;(三)履行信息披露义务,按照相关规定披露公开转让说明书、年度报告、中期报告及其他信息披露内容。”增加一款作为第三款:“公司申请其股票挂牌公开转让时,可以按照本办法第五章规定申请发行股票。”

十六、第三十四条修改为第三十六条,第一款修改为:“股东人数超过200人的公司申请其股票挂牌公开转让,应当按照中国证监会有关规定制作公开转让的申请文件,申请文件应当包括但不限于:公开转让说明书、律师事务所出具的法律意见书、符合《证券法》规定的会计师事务所出具的审计报告、证券公司出具的推荐文件、全国股转系统的自律监管意见。公司持申请文件向中国证监会申请核准。”

十七、第三十六条修改为第三十七条,修改为:“股东人数未超过200人的公司申请其股票挂牌公开转让,中国证监会豁免核准,由全国股转系统进行审查。”

十八、增加一条,作为第四十条:“申请股票挂牌公开转让的公司应当聘请证券公司推荐其股票挂牌公开转让。证券公司应当对所推荐的股票公开转让的公众公司进行持续督导,督促公司诚实守信、及时履行信息披露义务、完善公司治理、提高规范运作水平。

股票公开转让的公众公司应当配合证券公司持续督导工作,接受证券公司的指导和督促。”

十九、第三十八条修改为第四十一条,修改为:“本办法施行前股东人数超过200人的股份有限公司,符合条件的,可以申请在全国股转系统挂牌公开转让股票、首次公开发行并在证券交易所上市。”

二十、第三十九条修改为第四十二条,第一款修改为:“本办法所称定向发行包括股份有限公司向特定对象发行股票导致股东累计超过200人,以及公众公司向特定对象发行股票两种情形。”第三款修改为“股票未公开转让的公司确定发行对象时,符合本条第二款第(三)项规定的投资者合计不得超过35名。”

二十一、第四十条修改为第四十三条,第二款修改为:“公司应当与发行对象签订包含风险揭示条款的认购协议,发行过程中不得采取公开路演、询价等方式。”

二十二、第四十一条修改为第四十四条,增加一款作为第二款:“股东大会就股票发行作出的决议,至少应当包括下列事项:(一)本次发行股票的种类和数量(数量上限);(二)发行对象或范围、现有股东优先认购安排;(三)定价方式或发行价格(区间);(四)限售情况;(五)募集资金用途;(六)决议的有效期;(七)对董事会办理本次发行具体事宜的授权;(八)发行前滚存利润的分配方案;(九)其他必须明确的事项。”原第二款调整为第三款,修改为“申请向特定对象发行股票导致股东累计超过200人的股份有限公司,董事会和股东大会决议中还应当包括以下内容:(一)按照中国证监会的相关规定修改公司章程;(二)按照法律、行政法规和公司章程的规定建立健全公司治理机制;(三)履行信息披露义务,按照相关规定披露定向发行说明书、发行情况报告书、年度报告、中期报告及其他信息披露内容。”

二十三、增加一条,作为第四十五条:“董事会、股东大会决议确定具体发行对象的,董事、股东参与认购或者与认购对象存在关联关系的,应当回避表决。

出席董事会的无关联关系董事人数不足三人的,应将该事项提交公司股东大会审议。”

二十四、第四十二条修改为第四十六条,修改为:“公司应当按照中国证监会有关规定制作定向发行的申请文件,申请文件应当包括但不限于:定向发行说明书、律师事务所出具的法律意见书、符合《证券法》规定的会计师事务所出具的审计报告、证券公司出具的推荐文件。”

二十五、增加一条,作为第四十七条:“股票公开转让的公众公司向公司前十名股东、实际控制人、董事、监事、高级管理人员及核心员工定向发行股票,连续 12 个月内发行的股份未超过公司总股本 10% 且融资总额不超过 2000 万元的,无需提供证券公司出具的推荐文件以及律师事务所出具的法律意见书。

按照前款规定发行股票的,董事会决议中应当明确发行对象、发行价格和发行数量,且公司不得存在以下情形:(一)认购人以非现金资产认购的;(二)发行股票导致公司控制权发生变动的;(三)本次发行中存在特殊投资条款安排的;(四)公司或其控股股东、实际控制人、董事、监事、高级管理人员最近 12 个月内被中国证监会给予行政处罚或采取监管措施、被全国股转系统采取纪律处分的。”

二十六、第四十五条修改为第四十八条,修改为:“向特定对象发行股票后股东累计超过 200 人的公司,应当持申请文件向中国证监会申请核准。股票公开转让的公众公司提交的申请文件还应当包括全国股转系统的自律监管意见。

股票公开转让的公众公司向特定对象发行股票后股东累计不超过 200 人的,中国证监会豁免核准,由全国股转系统自律管理。”

二十七、增加一条,作为第五十四条:“股票公开转让的公众公司可以向全国股转系统不特定合格投资者公开发行股票(以下简称公开发行)。

前款所称的不特定合格投资者应当符合投资者适当性管理规定。”

二十八、增加一条,作为第五十五条:“公司申请公开发行,应当符合以下条件:(一)具备健全且运行良好的组织机构;(二)具有持续盈利能力,财务状况良好,最近 3 年财务会计文件无虚假记载;(三)依法规范经营,最近 3 年内,公司及其控股股东、实际控制人不存在贪污、贿赂、侵占财产、挪用财产或者破坏社会主义市场经济秩序的刑事犯罪,不存在欺诈发行、重大信息披露违法或者其他涉及国家安全、公共安全、生态安全、生产安全、公众健康安全等领域的重大违法行为，最近12个月内未受到中国证监会行政处罚。”

二十九、增加一条，作为第五十六条：“公司董事会应当依法就本次股票发行的具体方案、本次募集资金使用的可行性及其他必须明确的事项作出决议，并提请股东大会批准。公司股东大会就本次股票发行作出的决议，至少应当包括下列事项：（一）本次公开发行股票的种类和数量；（二）发行对象的范围；（三）定价方式、发行价格（区间）或发行底价；（四）募集资金用途；（五）决议的有效期；（六）对董事会办理本次发行具体事宜的授权；（七）发行前滚存利润的分配方案；（八）其他必须明确的事项。”

三十、增加一条，作为第五十七条：“股东大会就公开发行股票事项作出决议，必须经出席会议的股东所持表决权的2/3以上通过。公司股东人数超过200人的，应当对出席会议的持股比例在10%以下的股东表决情况单独计票并予以披露。

公司就公开发行股票事项召开股东大会，应当提供网络投票的方式，公司还可以通过其他方式为股东参加股东大会提供便利。”

三十一、增加一条，作为第五十八条：“公司应当按照中国证监会有关规定制作公开发行的申请文件，申请文件应当包括但不限于：公开发行说明书、律师事务所出具的法律意见书、符合《证券法》规定的会计师事务所出具的审计报告、保荐人出具的股票发行保荐书、全国股转系统的自律监管意见。公司持申请文件向中国证监会申请核准。”

三十二、增加一条，作为第五十九条：“中国证监会受理申请文件后，依法对公开发行条件、信息披露等进行审核，在20个工作日内作出核准、中止审核、终止审核、不予核准的决定。”

三十三、增加一条，作为第六十条：“公开发行股票，应当聘请具有保荐资格的机构担任保荐人，其保荐业务适用《证券发行上市保荐业务管理办法》（以下简称《保荐办法》）相关规定，本办法另有规定的除外。”

三十四、增加一条，作为第六十一条：“尚未盈利或者已在股票发行申请文件中充分分析并揭示相关风险的公司申请公开发行股票，在公开发行股票当年即亏损的，其保荐人不适用《保荐办法》第六十七条相关责任。”

三十五、增加一条，作为第六十二条：“保荐人应当按照中国证监会和全国股转系统的规定制作、报送和披露发行保荐书、回复意见等相关文件，遵守中国证监会和全国股转系统的规定，配合中国证监会和全国股转系统工作，自提交保荐文件之日起，保荐机构及其保荐代表人应承担相应的责任。

全国股转系统应当根据《保荐办法》和本办法制定全国股转系统股票发行

保荐业务规则，并报中国证监会批准。”

三十六、增加一条，作为第六十三条：“保荐人持续督导期间为公开发行完成后当年剩余时间及其后 2 个完整会计年度。”

三十七、增加一条，作为第六十四条：“公司公开发行股票，应当聘请具有证券承销业务资格的证券公司承销，按照《证券法》有关规定签订承销协议，确定采取代销或包销方式。

申请公开发行股票公司的高级管理人员、核心员工可以参与战略配售。

公司在全国股转系统公开发行股票、证券公司承销在全国股转系统公开发行的股票以及投资者认购在全国股转系统公开发行的股票，适用本办法。”

三十八、增加一条，作为第六十五条：“公司、承销机构及相关人员不得存在以下行为：（一）泄露询价或定价信息；（二）以任何方式操纵发行定价；（三）夸大宣传，或以虚假广告等不正当手段诱导、误导投资者；（四）向投资者提供除公开发行意向书等公开信息以外的公司信息；（五）以提供透支、回扣或者中国证监会认定的其他不正当手段诱使他人申购股票；（六）以代持、信托持股等方式谋取不正当利益或向其他相关利益主体输送利益；（七）直接或通过其利益相关方向参与申购的投资者提供财务资助或者补偿；（八）以自有资金或者变相通过自有资金参与网下配售；（九）与投资者互相串通，协商报价和配售；（十）收取投资者回扣或其他相关利益；（十一）中国证监会规定的其他情形。”

三十九、增加一条，作为第六十六条：“公司公开发行股票，可以与主承销商自主协商直接定价，也可以通过合格投资者网上竞价，或者网下询价等方式确定股票发行价格和发行对象。公司和主承销商应当在公开发行说明书和发行公告中披露本次发行股票采用的定价方式。

发行价格可以参考公司股票的市场价格（如有）、同行业可比公司的市盈率或市净率等。如果发行价格明显偏离股票市场价格，公司应当对定价依据及定价方式、定价的合理性作出充分说明并披露，主承销商应当对本次发行价格的合理性、相关定价依据和定价方法的合理性，是否损害现有股东利益等发表意见。”

四十、增加一条，作为第六十七条：“公司通过网下询价方式确定股票发行价格和发行对象的，询价对象应当是经中国证券业协会注册的网下投资者。

公司和主承销商可以根据全国股转系统和中国证券业协会相关自律规则的规定，设置网下投资者的具体条件，并在发行公告中预先披露。”

四十一、增加一条，作为第六十八条：“全国股转系统应当根据本办法制定全国股转系统股票发行承销业务规则，并报中国证监会批准。”

四十二、增加一条，作为第六十九条：“股票公开发行的申请经中国证监会核准后，公司与主承销商应当及时向全国股转系统报送发行与承销方案，并向中国证监会备案。”

四十三、第五十条修改为第七十一条，修改为“中国证监会依法履行对公司股票转让、股票发行、信息披露的监管职责，有权对公司、证券公司、证券服务机构等采取《证券法》规定的有关措施。”

四十四、第五十一条修改为第七十二条，第一款修改为“全国股转系统应当发挥自律管理作用，对股票公开转让的公众公司及相关信息披露义务人披露信息进行监督，督促其依法及时、准确地披露信息。发现股票公开转让的公众公司及相关信息披露义务人有违反法律、行政法规和中国证监会相关规定的行为，应当向中国证监会报告，并采取自律管理措施。”增加两款，第二款为“全国股转系统对股票发行承销过程实施自律管理。发现异常情形或者涉嫌违法违规的，中国证监会可以要求全国股转系统对相关事项进行调查处理，或者直接责令公司、证券公司暂停或中止发行。”第三款为“全国股转系统可以依据相关规则对股票公开转让的公众公司进行检查。”

四十五、第五十二条修改为第七十三条，第一款修改为“中国证券业协会应当发挥自律管理作用，对从事公司股票转让和股票发行业务的证券公司进行监督，督促其勤勉尽责地履行尽职调查和督导职责。发现证券公司有违反法律、行政法规和中国证监会相关规定的行为，应当向中国证监会报告，并采取自律管理措施。”增加一款作为第二款：“中国证券业协会应当建立对承销商询价、定价、配售行为和询价投资者报价行为的自律管理制度，并加强相关行为的监督检查，发现违规情形的，应当及时采取自律管理措施。”

四十六、第五十四条修改为第七十五条，第一款修改为：“证券公司在从事股票转让、股票发行等业务活动中，应当按照中国证监会的有关规定勤勉尽责地进行尽职调查，规范履行内核程序，认真编制相关文件，并持续督导所推荐公司及时履行信息披露义务、完善公司治理。”增加一款作为第二款：“证券公司承销公众公司股票，应当依据本办法以及中国证监会、中国证券登记结算公司和中国证券业协会有关风险控制和内部控制等相关规定，制定严格的风险管理制度和内部控制制度，加强定价和配售过程管理，落实承销责任。为股票发行出具相关文件的证券服务机构和人员，应当按照行业公认的业务标准和道德规范，严格履行法定职责，对其所出具文件的真实性、准确性和完整性承担责任。”

四十七、第五十五条修改为第七十六条，修改为：“证券服务机构为公司的股票转让、股票发行等活动出具审计报告、资产评估报告或者法律意见书等文件的，应当严格履行法定职责，遵循勤勉尽责和诚实信用原则，对公司的主体资格、股本情况、规范运作、财务状况、公司治理、信息披露等内容的真实性、准确性、完整性进行充分的核查和验证，并保证其出具的文件不存在虚假记载、误导性陈述或者重大遗漏。”

四十八、第五十六条修改为第七十七条，修改为：“中国证监会依法对公司及其他信息披露义务人、证券公司、证券服务机构进行监督检查或者调查，被检查或者调查对象有义务提供相关文件资料。对于发现问题的单位和个人，中国证监会可以采取责令改正、监管谈话、责令公开说明、出具警示函等监管措施，并记入诚信档案；涉嫌违法、犯罪的，应当立案调查或者移送司法机关。”

四十九、第五十七条修改为第七十八条，第一款修改为：“公司在其公告的股票挂牌公开转让、股票发行文件中隐瞒重要事实或者编造重要虚假内容的，除依照《证券法》有关规定进行处罚外，中国证监会可以采取终止审核并自确认之日起在 36 个月内不受理公司的股票转让和股票发行申请的监管措施。”增加一款作为第二款：“公司擅自改动已提交的股票转让、股票发行申请文件的，或发生重大事项未及时报告或者未及时披露的，中国证监会可视情节轻重，采取责令改正、监管谈话、出具警示函、终止审核并自确认之日起在 12 个月内不受理公司的股票转让和股票发行申请的监管措施。”

五十、第五十八条修改为第八十条，修改为：“公司未依照本办法第三十四条、第三十六条、第四十八条、第五十八条规定，擅自转让或者发行股票的，依照《证券法》有关规定进行处罚。”

五十一、增加一条，作为第八十一条：“公众公司违反本办法第十三条、第十四条规定的，中国证监会可以责令改正，对相关责任主体给予警告，单处或者并处 3 万元以下的罚款。”

五十二、第六十条修改为第八十二条，修改为：“公司及其他信息披露义务人未按照规定披露信息，或者所披露的信息有虚假记载、误导性陈述或者重大遗漏的，依照《证券法》有关规定进行处罚。”

五十三、第六十三条修改为第八十四条，修改为“公众公司内幕信息知情人或非法获取内幕信息的人，在对公众公司股票价格有重大影响的信息公开前，泄露该信息、买卖或者建议他人买卖该股票的，依照《证券法》有关规定进行处罚。”

五十四、增加一条，作为第八十五条：“股票公开转让的公众公司及其股东、实际控制人未按本办法规定配合证券公司、证券服务机构尽职调查、持续督导等工作的，中国证监会可以采取责令改正、监管谈话、出具警示函等监管措施，并记入诚信档案。”

五十五、增加一条，作为第八十六条：“证券公司及其工作人员未按本办法规定履行持续督导责任，情节严重的，中国证监会可以采取责令改正、监管谈话、出具警示函等监管措施。”

五十六、增加一条，作为第八十八条：“证券公司、证券服务机构擅自改动已提交的股票转让、股票发行申请文件的，或发生重大事项未及时报告或者未及时披露的，中国证监会可视情节轻重，采取责令改正、监管谈话、出具警示函、12 个月内不接受相关单位及其负责人员出具的与公众公司股票转让、股票发行有关的文件等监管措施。”

五十七、增加一条，作为第八十九条：“证券公司及其直接负责的主管人员和其他责任人员在承销证券过程中，违反本办法第六十五条规定的，中国证监会可以视情节轻重采取责令改正、监管谈话、出具警示函、责令公开说明、认定为不适当人选等监管措施，或者采取市场禁入措施，并记入诚信档案；情节严重的，还可以采取 3 个月至 12 个月暂不受理其证券承销业务有关文件的监管措施；依法应予行政处罚的，依照《证券法》有关规定予以处罚。”

五十八、第六十四条修改为第九十条，删除第一款。

五十九、增加一条，作为第九十一条：“注册在境内的境外上市公司在境内定向发行股份、将境内股份在全国股转系统挂牌公开转让，按照本办法相关规定执行。”

六十、第六十五条修改为第九十二条，修改为：“本办法施行前股东人数超过 200 人的股份有限公司，不在全国股转系统挂牌公开转让股票或证券交易所上市的，应当按相关要求规范后申请纳入非上市公众公司监管。”

六十一、增加一条，作为第九十三条，修改为：“公司发行优先股、可转换公司债券的，应当符合中国证监会和全国股转系统的有关规定，普通股、优先股、可转换公司债券持有人数合并计算，并按照本办法第五章有关规定办理。”

本决定自公布之日起施行。

《非上市公众公司监督管理办法》根据本决定作相应的修改并对条文顺序作相应调整，重新公布。

非上市公众公司监督管理办法

（2012 年 9 月 28 日中国证券监督管理委员会令第 85 号公布　根据 2013 年 12 月 26 日中国证券监督管理委员会《关于修改〈非上市公众公司监督管理办法〉的决定》第一次修订　根据 2019 年 12 月 20 日中国证券监督管理委员会《关于修改〈非上市公众公司监督管理办法〉的决定》第二次修订）

第一章　总　　则

第一条　为了规范非上市公众公司股票转让和发行行为，保护投资者合法权益，维护社会公共利益，根据《证券法》、《公司法》及相关法律法规的规定，制定本办法。

第二条　本办法所称非上市公众公司（以下简称公众公司）是指有下列情形之一且其股票未在证券交易所上市交易的股份有限公司：

（一）股票向特定对象发行或者转让导致股东累计超过 200 人；

（二）股票公开转让。

第三条　公众公司应当按照法律、行政法规、本办法和公司章程的规定，做到股权明晰，合法规范经营，公司治理机制健全，履行信息披露义务。

第四条　公众公司公开转让股票应当在全国中小企业股份转让系统（以下简称全国股转系统）进行，公开转让的公众公司股票应当在中国证券登记结算公司集中登记存管。

第五条　公众公司可以依法进行股权融资、债权融资、资产重组等。

公众公司发行优先股、可转换公司债券等证券品种，应当遵守法律、行政法规和中国证券监督管理委员会（以下简称中国证监会）的相关规定。

第六条　为公司出具专项文件的证券公司、律师事务所、会计师事务所及其他证券服务机构，应当勤勉尽责、诚实守信，认真履行审慎核查义务，按照依法制定的业务规则、行业执业规范和职业道德准则发表专业意见，保证所出具文件的真实性、准确性和完整性，并接受中国证监会的监管。

第二章　公司治理

第七条　公众公司应当依法制定公司章程。

中国证监会依法对公众公司章程必备条款作出具体规定，规范公司章程的制定和修改。

第八条 公众公司应当建立兼顾公司特点和公司治理机制基本要求的股东大会、董事会、监事会制度，明晰职责和议事规则。

第九条 公众公司的治理结构应当确保所有股东，特别是中小股东充分行使法律、行政法规和公司章程规定的合法权利。

股东对法律、行政法规和公司章程规定的公司重大事项，享有知情权和参与权。

公众公司应当建立健全投资者关系管理，保护投资者的合法权益。

第十条 公众公司股东大会、董事会、监事会的召集、提案审议、通知时间、召开程序、授权委托、表决和决议等应当符合法律、行政法规和公司章程的规定；会议记录应当完整并安全保存。

股东大会的提案审议应当符合规定程序，保障股东的知情权、参与权、质询权和表决权；董事会应当在职权范围和股东大会授权范围内对审议事项作出决议，不得代替股东大会对超出董事会职权范围和授权范围的事项进行决议。

第十一条 公众公司董事会应当对公司的治理机制是否给所有的股东提供合适的保护和平等权利等情况进行充分讨论、评估。

第十二条 公众公司应当强化内部管理，按照相关规定建立会计核算体系、财务管理和风险控制等制度，确保公司财务报告真实可靠及行为合法合规。

第十三条 公众公司进行关联交易应当遵循平等、自愿、等价、有偿的原则，保证交易公平、公允，维护公司的合法权益，根据法律、行政法规、中国证监会的规定和公司章程，履行相应的审议程序。

关联交易不得损害公众公司利益。

第十四条 公众公司应当采取有效措施防止股东及其关联方以各种形式占用或者转移公司的资金、资产及其他资源。

公众公司股东、实际控制人、董事、监事及高级管理人员不得实施侵占公司资产、利益输送等损害公众公司利益的行为。

未经董事会或股东大会批准或授权，公众公司不得对外提供担保。

第十五条 公众公司实施并购重组行为，应当按照法律、行政法规、中国证监会的规定和公司章程，履行相应的决策程序并聘请证券公司和相关证券服务机构出具专业意见。

任何单位和个人不得利用并购重组损害公众公司及其股东的合法权益。

第十六条 进行公众公司收购，收购人或者其实际控制人应当具有健全的公司治理机制和良好的诚信记录。收购人不得以任何形式从被收购公司获得财务资助，不得利用收购活动损害被收购公司及其股东的合法权益。

在公众公司收购中，收购人持有的被收购公司的股份，在收购完成后12个月内不得转让。

第十七条 公众公司实施重大资产重组，重组的相关资产应当权属清晰、定价公允，重组后的公众公司治理机制健全，不得损害公众公司和股东的合法权益。

第十八条 公众公司应当按照法律的规定，同时结合公司的实际情况在章程中约定建立表决权回避制度。

第十九条 公众公司应当在章程中约定纠纷解决机制。股东有权按照法律、行政法规和公司章程的规定，通过仲裁、民事诉讼或者其他法律手段保护其合法权益。

第二十条 股票公开转让的科技创新公司存在特别表决权股份的，应当在公司章程中规定以下事项：

（一）特别表决权股份的持有人资格；

（二）特别表决权股份拥有的表决权数量与普通股份拥有的表决权数量的比例安排；

（三）持有人所持特别表决权股份能够参与表决的股东大会事项范围；

（四）特别表决权股份锁定安排及转让限制；

（五）特别表决权股份与普通股份的转换情形；

（六）其他事项。

全国股转系统应对存在特别表决权股份的公司表决权差异的设置、存续、调整、信息披露和投资者保护等事项制定具体规定。

第三章 信息披露

第二十一条 公司及其他信息披露义务人应当按照法律、行政法规和中国证监会的规定履行信息披露义务，所披露的信息应当真实、准确、完整，不得有虚假记载、误导性陈述或者重大遗漏。公司及其他信息披露义务人应当及时、公平地向所有投资者披露信息。

公司的董事、监事、高级管理人员应当忠实、勤勉地履行职责，保证公司披露信息的真实、准确、完整。

第二十二条 信息披露文件主要包括公开转让说明书、定向转让说明书、定向发行说明书、发行情况报告书、公开发行说明书、定期报告和临时报告等。具体的内容与格式、编制规则及披露要求，由中国证监会另行制定。

第二十三条 股票公开转让与定向发行的公众公司应当报送年度报告、中期报告，并予公告。年度报告中的财务会计报告应当经符合《证券法》规定的会计师事务所审计。

股票向特定对象转让导致股东累计超过200人的公众公司，应当报送年度报告，并予公告。年度报告中的财务会计报告应当经会计师事务所审计。

第二十四条 公众公司董事、高级管理人员应当对定期报告签署书面确认意见；对报告内容有异议的，应当单独陈述理由，并与定期报告同时披露。公众公司不得以董事、高级管理人员对定期报告内容有异议为由不按时披露定期报告。

公众公司监事会应当对董事会编制的定期报告进行审核并提出书面审核意见，说明董事会对定期报告的编制和审核程序是否符合法律、行政法规、中国证监会的规定和公司章程，报告的内容是否能够真实、准确、完整地反映公司实际情况。

第二十五条 证券公司、律师事务所、会计师事务所及其他证券服务机构出具的文件和其他有关的重要文件应当作为备查文件，予以披露。

第二十六条 发生可能对股票价格产生较大影响的重大事件，投资者尚未得知时，公众公司应当立即将有关该重大事件的情况向中国证监会和全国股转系统报送临时报告，并予以公告，说明事件的起因、目前的状态和可能产生的后果。

第二十七条 中国证监会对公众公司实行差异化信息披露管理，具体规定由中国证监会另行制定。

第二十八条 公众公司实施并购重组的，相关信息披露义务人应当依法严格履行公告义务。

参与并购重组的相关单位和人员，应当及时、准确地向公众公司通报有关信息，配合公众公司真实、准确、完整地进行披露，在并购重组的信息依法披露前负有保密义务，禁止利用该信息进行内幕交易。

第二十九条 公众公司应当制定信息披露事务管理制度并指定具有相关专业知识的人员负责信息披露事务。

第三十条 除监事会公告外，公众公司披露的信息应当以董事会公告的形式发布。董事、监事、高级管理人员非经董事会书面授权，不得对外发布未披露的信息。

第三十一条 公司及其他信息披露义务人依法披露的信息，应当在符合

《证券法》规定的信息披露平台公布。公司及其他信息披露义务人可在公司网站或者其他公众媒体上刊登依本办法必须披露的信息，但披露的内容应当完全一致，且不得早于在上述信息披露平台披露的时间。

股票向特定对象转让导致股东累计超过 200 人的公众公司可以在公司章程中约定其他信息披露方式；在《证券法》规定的信息披露平台披露相关信息的，应当符合本条第一款的要求。

第三十二条 公司及其他信息披露义务人应当将信息披露公告文稿和相关备查文件置备于公司住所供社会公众查阅。

第三十三条 公司应当配合为其提供服务的证券公司及律师事务所、会计师事务所等证券服务机构的工作，按要求提供所需资料，不得要求证券公司、证券服务机构出具与客观事实不符的文件或者阻碍其工作。

第四章 股票转让

第三十四条 股票向特定对象转让导致股东累计超过 200 人的股份有限公司，应当自上述行为发生之日起 3 个月内，按照中国证监会有关规定制作申请文件，申请文件应当包括但不限于：定向转让说明书、律师事务所出具的法律意见书、会计师事务所出具的审计报告。股份有限公司持申请文件向中国证监会申请核准。在提交申请文件前，股份有限公司应当将相关情况通知所有股东。

在 3 个月内股东人数降至 200 人以内的，可以不提出申请。

股票向特定对象转让应当以非公开方式协议转让。申请股票挂牌公开转让的，按照本办法第三十五条、第三十六条的规定办理。

第三十五条 公司申请其股票挂牌公开转让的，董事会应当依法就股票挂牌公开转让的具体方案作出决议，并提请股东大会批准，股东大会决议必须经出席会议的股东所持表决权的 2/3 以上通过。

董事会和股东大会决议中还应当包括以下内容：

（一）按照中国证监会的相关规定修改公司章程；

（二）按照法律、行政法规和公司章程的规定建立健全公司治理机制；

（三）履行信息披露义务，按照相关规定披露公开转让说明书、年度报告、中期报告及其他信息披露内容。

公司申请其股票挂牌公开转让时，可以按照本办法第五章规定申请发行股票。

第三十六条 股东人数超过 200 人的公司申请其股票挂牌公开转让，应当按照中国证监会有关规定制作公开转让的申请文件，申请文件应当包括但不限于：公开转让说明书、律师事务所出具的法律意见书、符合《证券法》规定的会计师事务所出具的审计报告、证券公司出具的推荐文件、全国股转系统的自律监管意见。公司持申请文件向中国证监会申请核准。

公开转让说明书应当在公开转让前披露。

第三十七条 股东人数未超过200人的公司申请其股票挂牌公开转让，中国证监会豁免核准，由全国股转系统进行审查。

第三十八条 中国证监会受理申请文件后，依法对公司治理和信息披露进行审核，在20个工作日内作出核准、中止审核、终止审核、不予核准的决定。

第三十九条 公司及其董事、监事、高级管理人员，应当对公开转让说明书、定向转让说明书签署书面确认意见，保证所披露的信息真实、准确、完整。

第四十条 申请股票挂牌公开转让的公司应当聘请证券公司推荐其股票挂牌公开转让。证券公司应当对所推荐的股票公开转让的公众公司进行持续督导，督促公司诚实守信、及时履行信息披露义务、完善公司治理、提高规范运作水平。

股票公开转让的公众公司应当配合证券公司持续督导工作，接受证券公司的指导和督促。

第四十一条 本办法施行前股东人数超过200人的股份有限公司，符合条件的，可以申请在全国股转系统挂牌公开转让股票、首次公开发行并在证券交易所上市。

第五章 定向发行

第四十二条 本办法所称定向发行包括股份有限公司向特定对象发行股票导致股东累计超过200人，以及公众公司向特定对象发行股票两种情形。

前款所称特定对象的范围包括下列机构或者自然人：

（一）公司股东；

（二）公司的董事、监事、高级管理人员、核心员工；

（三）符合投资者适当性管理规定的自然人投资者、法人投资者及其他经济组织。

股票未公开转让的公司确定发行对象时，符合本条第二款第（三）项规定的投资者合计不得超过35名。

核心员工的认定，应当由公司董事会提名，并向全体员工公示和征求意见，由监事会发表明确意见后，经股东大会审议批准。

投资者适当性管理规定由中国证监会另行制定。

第四十三条 公司应当对发行对象的身份进行确认，有充分理由确信发行对象符合本办法和公司的相关规定。

公司应当与发行对象签订包含风险揭示条款的认购协议，发行过程中不得采取公开路演、询价等方式。

第四十四条 公司董事会应当依法就本次股票发行的具体方案作出决议，并提请股东大会批准，股东大会决议必须经出席会议的股东所持表决权的2/3以上通过。

股东大会就股票发行作出的决议，至少应当包括下列事项：

（一）本次发行股票的种类和数量（数量上限）；

（二）发行对象或范围、现有股东优先认购安排；

（三）定价方式或发行价格（区间）；

（四）限售情况；

（五）募集资金用途；

（六）决议的有效期；

（七）对董事会办理本次发行具体事宜的授权；

（八）发行前滚存利润的分配方案；

（九）其他必须明确的事项。

申请向特定对象发行股票导致股东累计超过200人的股份有限公司，董事会和股东大会决议中还应当包括以下内容：

（一）按照中国证监会的相关规定修改公司章程；

（二）按照法律、行政法规和公司章程的规定建立健全公司治理机制；

（三）履行信息披露义务，按照相关规定披露定向发行说明书、发行情况报告书、年度报告、中期报告及其他信息披露内容。

第四十五条 董事会、股东大会决议确定具体发行对象的，董事、股东参与认购或者与认购对象存在关联关系的，应当回避表决。

出席董事会的无关联关系董事人数不足三人的，应将该事项提交公司股东大会审议。

第四十六条 公司应当按照中国证监会有关规定制作定向发行的申请文件，申请文件应当包括但不限于：定向发行说明书、律师事务所出具的法律意见书、符合《证券法》规定的会计师事务所出具的审计报告、证券公司出具的推荐文件。

第四十七条 股票公开转让的公众公司向公司前十名股东、实际控制人、董事、监事、高级管理人员及核心员工定向发行股票，连续12个月内发行的股份未超过公司总股本10%且融资总额不超过2000万元的,无需提供证券公司出具的推荐文件以及律师事务所出具的法律意见书。

按照前款规定发行股票的,董事会决议中应当明确发行对象、发行价格和发行数量,且公司不得存在以下情形:

(一)认购人以非现金资产认购的;

(二)发行股票导致公司控制权发生变动的;

(三)本次发行中存在特殊投资条款安排的;

(四)公司或其控股股东、实际控制人、董事、监事、高级管理人员最近12个月内被中国证监会给予行政处罚或采取监管措施、被全国股转系统采取纪律处分的。

第四十八条 向特定对象发行股票后股东累计超过200人的公司,应当持申请文件向中国证监会申请核准。股票公开转让的公众公司提交的申请文件还应当包括全国股转系统的自律监管意见。

股票公开转让的公众公司向特定对象发行股票后股东累计不超过200人的,中国证监会豁免核准,由全国股转系统自律管理。

第四十九条 中国证监会受理申请文件后,依法对公司治理和信息披露以及发行对象情况进行审核,在20个工作日内作出核准、中止审核、终止审核、不予核准的决定。

第五十条 公司申请定向发行股票,可申请一次核准,分期发行。自中国证监会予以核准之日起,公司应当在3个月内首期发行,剩余数量应当在12个月内发行完毕。超过核准文件限定的有效期未发行的,须重新经中国证监会核准后方可发行。首期发行数量应当不少于总发行数量的50%,剩余各期发行的数量由公司自行确定,每期发行后5个工作日内将发行情况报中国证监会备案。

第五十一条 股票发行结束后,公众公司应当按照中国证监会的有关要求编制并披露发行情况报告书。申请分期发行的公众公司应在每期发行后按照中国证监会的有关要求进行披露,并在全部发行结束或者超过核准文件有效期后按照中国证监会的有关要求编制并披露发行情况报告书。

豁免向中国证监会申请核准定向发行的公众公司,应当在发行结束后按照中国证监会的有关要求编制并披露发行情况报告书。

第五十二条 公司及其董事、监事、高级管理人员,应当对定向发行说明书、发行情况报告书签署书面确认意见,保证所披露的信息真实、准确、完整。

第五十三条 公众公司定向发行股份购买资产的,按照本章有关规定办理。

第六章　向不特定合格投资者公开发行

第五十四条　股票公开转让的公众公司可以向全国股转系统不特定合格投资者公开发行股票(以下简称公开发行)。

前款所称的不特定合格投资者应当符合投资者适当性管理规定。

第五十五条　公司申请公开发行,应当符合以下条件:

(一)具备健全且运行良好的组织机构;

(二)具有持续盈利能力,财务状况良好,最近3年财务会计文件无虚假记载;

(三)依法规范经营,最近3年内,公司及其控股股东、实际控制人不存在贪污、贿赂、侵占财产、挪用财产或者破坏社会主义市场经济秩序的刑事犯罪,不存在欺诈发行、重大信息披露违法或者其他涉及国家安全、公共安全、生态安全、生产安全、公众健康安全等领域的重大违法行为,最近12个月内未受到中国证监会行政处罚。

第五十六条　公司董事会应当依法就本次股票发行的具体方案、本次募集资金使用的可行性及其他必须明确的事项作出决议,并提请股东大会批准。公司股东大会就本次股票发行作出的决议,至少应当包括下列事项:

(一)本次公开发行股票的种类和数量;

(二)发行对象的范围;

(三)定价方式、发行价格(区间)或发行底价;

(四)募集资金用途;

(五)决议的有效期;

(六)对董事会办理本次发行具体事宜的授权;

(七)发行前滚存利润的分配方案;

(八)其他必须明确的事项。

第五十七条　股东大会就公开发行股票事项作出决议,必须经出席会议的股东所持表决权的2/3以上通过。公司股东人数超过200人的,应当对出席会议的持股比例在10%以下的股东表决情况单独计票并予以披露。

公司就公开发行股票事项召开股东大会,应当提供网络投票的方式,公司还可以通过其他方式为股东参加股东大会提供便利。

第五十八条　公司应当按照中国证监会有关规定制作公开发行的申请文件,申请文件应当包括但不限于:公开发行说明书、律师事务所出具的法律意见书、符合《证券法》规定的会计师事务所出具的审计报告、保荐人出具的股票发行保荐书、全国股转系统的自律监管意见。公司持申请文件向中国证监会申请核准。

第五十九条 中国证监会受理申请文件后，依法对公开发行条件、信息披露等进行审核，在20个工作日内作出核准、中止审核、终止审核、不予核准的决定。

第六十条 公开发行股票，应当聘请具有保荐资格的机构担任保荐人，其保荐业务适用《证券发行上市保荐业务管理办法》（以下简称《保荐办法》）相关规定，本办法另有规定的除外。

第六十一条 尚未盈利或者已在股票发行申请文件中充分分析并揭示相关风险的公司申请公开发行股票，在公开发行股票当年即亏损的，其保荐人不适用《保荐办法》第六十七条相关责任。

第六十二条 保荐人应当按照中国证监会和全国股转系统的规定制作、报送和披露发行保荐书、回复意见等相关文件，遵守中国证监会和全国股转系统的规定，配合中国证监会和全国股转系统工作，自提交保荐文件之日起，保荐机构及其保荐代表人应承担相应的责任。

全国股转系统应当根据《保荐办法》和本办法制定全国股转系统股票发行保荐业务规则，并报中国证监会批准。

第六十三条 保荐人持续督导期间为公开发行完成后当年剩余时间及其后2个完整会计年度。

第六十四条 公司公开发行股票，应当聘请具有证券承销业务资格的证券公司承销，按照《证券法》有关规定签订承销协议，确定采取代销或包销方式。

申请公开发行股票公司的高级管理人员、核心员工可以参与战略配售。

公司在全国股转系统公开发行股票、证券公司承销在全国股转系统公开发行的股票以及投资者认购在全国股转系统公开发行的股票，适用本办法。

第六十五条 公司、承销机构及相关人员不得存在以下行为：

（一）泄露询价或定价信息；

（二）以任何方式操纵发行定价；

（三）夸大宣传，或以虚假广告等不正当手段诱导、误导投资者；

（四）向投资者提供除公开发行意向书等公开信息以外的公司信息；

（五）以提供透支、回扣或者中国证监会认定的其他不正当手段诱使他人申购股票；

（六）以代持、信托持股等方式谋取不正当利益或向其他相关利益主体输送利益；

（七）直接或通过其利益相关方向参与申购的投资者提供财务资助或者补偿；

（八）以自有资金或者变相通过自有资金参与网下配售；

（九）与投资者互相串通，协商报价和配售；

（十）收取投资者回扣或其他相关利益；

（十一）中国证监会规定的其他情形。

第六十六条 公司公开发行股票，可以与主承销商自主协商直接定价，也可以通过合格投资者网上竞价，或者网下询价等方式确定股票发行价格和发行对象。公司和主承销商应当在公开发行说明书和发行公告中披露本次发行股票采用的定价方式。

发行价格可以参考公司股票的市场价格（如有）、同行业可比公司的市盈率或市净率等。如果发行价格明显偏离股票市场价格，公司应当对定价依据及定价方式、定价的合理性作出充分说明并披露，主承销商应当对本次发行价格的合理性、相关定价依据和定价方法的合理性，是否损害现有股东利益等发表意见。

第六十七条 公司通过网下询价方式确定股票发行价格和发行对象的，询价对象应当是经中国证券业协会注册的网下投资者。

公司和主承销商可以根据全国股转系统和中国证券业协会相关自律规则的规定，设置网下投资者的具体条件，并在发行公告中预先披露。

第六十八条 全国股转系统应当根据本办法制定全国股转系统股票发行承销业务规则，并报中国证监会批准。

第六十九条 股票公开发行的申请经中国证监会核准后，公司与主承销商应当及时向全国股转系统报送发行与承销方案，并向中国证监会备案。

第七章 监督管理

第七十条 中国证监会会同国务院有关部门、地方人民政府，依照法律法规和国务院有关规定，各司其职，分工协作，对公众公司进行持续监管，防范风险，维护证券市场秩序。

第七十一条 中国证监会依法履行对公司股票转让、股票发行、信息披露的监管职责，有权对公司、证券公司、证券服务机构等采取《证券法》规定的有关措施。

第七十二条 全国股转系统应当发挥自律管理作用，对股票公开转让的公众公司及相关信息披露义务人披露信息进行监督，督促其依法及时、准确地披露信息。发现股票公开转让的公众公司及相关信息披露义务人有违反法律、行政法规和中国证监会相关规定的行为,应当向中国证监会报告,并采取自律管理措施。

全国股转系统对股票发行承销过程实施自律管理。发现异常情形或者涉嫌违法违规的,中国证监会可以要求全国股转系统对相关事项进行调查处理,或者直接责令公司、证券公司暂停或中止发行。

全国股转系统可以依据相关规则对股票公开转让的公众公司进行检查。

第七十三条 中国证券业协会应当发挥自律管理作用,对从事公司股票转让和股票发行业务的证券公司进行监督,督促其勤勉尽责地履行尽职调查和督导职责。发现证券公司有违反法律、行政法规和中国证监会相关规定的行为,应当向中国证监会报告,并采取自律管理措施。

中国证券业协会应当建立对承销商询价、定价、配售行为和询价投资者报价行为的自律管理制度,并加强相关行为的监督检查,发现违规情形的,应当及时采取自律管理措施。

第七十四条 中国证监会可以要求公司及其他信息披露义务人或者其董事、监事、高级管理人员对有关信息披露问题作出解释、说明或者提供相关资料,并要求公司提供证券公司或者证券服务机构的专业意见。

中国证监会对证券公司和证券服务机构出具文件的真实性、准确性、完整性有疑义的,可以要求相关机构作出解释、补充,并调阅其工作底稿。

第七十五条 证券公司在从事股票转让、股票发行等业务活动中,应当按照中国证监会的有关规定勤勉尽责地进行尽职调查,规范履行内核程序,认真编制相关文件,并持续督导所推荐公司及时履行信息披露义务、完善公司治理。

证券公司承销公众公司股票,应当依据本办法以及中国证监会、中国证券登记结算公司和中国证券业协会有关风险控制和内部控制等相关规定,制定严格的风险管理制度和内部控制制度,加强定价和配售过程管理,落实承销责任。为股票发行出具相关文件的证券服务机构和人员,应当按照行业公认的业务标准和道德规范,严格履行法定职责,对其所出具文件的真实性、准确性和完整性承担责任。

第七十六条 证券服务机构为公司的股票转让、股票发行等活动出具审计报告、资产评估报告或者法律意见书等文件的,应当严格履行法定职责,遵循勤勉尽责和诚实信用原则,对公司的主体资格、股本情况、规范运作、财务状况、公司治理、信息披露等内容的真实性、准确性、完整性进行充分的核查和验证,并保证其出具的文件不存在虚假记载、误导性陈述或者重大遗漏。

第七十七条 中国证监会依法对公司及其他信息披露义务人、证券公司、证券服务机构进行监督检查或者调查,被检查或者调查对象有义务提供相关文件资料。对于发现问题的单位和个人,中国证监会可以采取责令改正、监管谈话、责令公开说明、出具警示函等监管措施,并记入诚信档案;涉嫌违法、犯罪的,应当立案调查或者移送司法机关。

第八章 法律责任

第七十八条 公司在其公告的股票挂牌公开转让、股票发行文件中隐瞒重要事实或者编造重要虚假内容的,除依照《证券法》有关规定进行处罚外,中国证监会可以采取终止审核并自确认之日起在36个月内不受理公司的股票转让和股票发行申请的监管措施。

公司擅自改动已提交的股票转让、股票发行申请文件的,或发生重大事项未及时报告或者未及时披露的,中国证监会可视情节轻重,采取责令改正、监管谈话、出具警示函、终止审核并自确认之日起在12个月内不受理公司的股票转让和股票发行申请的监管措施。

第七十九条 公司向不符合本办法规定条件的投资者发行股票的,中国证监会可以责令改正,并可以自确认之日起在36个月内不受理其申请。

第八十条 公司未依照本办法第三十四条、第三十六条、第四十八条、第五十八条规定,擅自转让或者发行股票的,依照《证券法》有关规定进行处罚。

第八十一条 公众公司违反本办法第十三条、第十四条规定的,中国证监会可以责令改正,对相关责任主体给予警告,单处或者并处3万元以下的罚款。

第八十二条 公司及其他信息披露义务人未按照规定披露信息,或者所披露的信息有虚假记载、误导性陈述或者重大遗漏的,依照《证券法》有关规定进行处罚。

第八十三条 信息披露义务人及其董事、监事、高级管理人员,公司控股股东、实际控制人,为信息披露义务人出具专项文件的证券公司、证券服务机构及其工作人员,违反《证券法》、行政法规和中国证监会相关规定的,中国证监会可以采取责令改正、监管谈话、出具警示函、认定为不适当人选等监管措施,并记入诚信档案;情节严重的,中国证监会可以对有关责任人员采取证券市场禁入的措施。

第八十四条 公众公司内幕信息知情人或非法获取内幕信息的人,在对公众公司股票价格有重大影响的信息公开前,泄露该信息、买卖或者建议他人买卖该股票的,依照《证券法》有关规定进行处罚。

第八十五条 股票公开转让的公众公司及其股东、实际控制人未按本办法规定配合证券公司、证券服务机构尽职调查、持续督导等工作的,中国证监会可以采取责令改正、监管谈话、出具警示函等监管措施,并记入诚信档案。

第八十六条 证券公司及其工作人员未按本办法规定履行持续督导责任,情节严重的,中国证监会可以采取责令改正、监管谈话、出具警示函等监管措施。

第八十七条 证券公司、证券服务机构出具的文件有虚假记载、误导性陈述或者重大遗漏的,除依照《证券法》及相关法律法规的规定处罚外,中国证监会可视情节轻重,自确认之日起采取3个月至12个月内不接受该机构出具的相关专项文件,36个月内不接受相关签字人员出具的专项文件的监管措施。

第八十八条 证券公司、证券服务机构擅自改动已提交的股票转让、股票发行申请文件的,或发生重大事项未及时报告或者未及时披露的,中国证监会可视情节轻重,采取责令改正、监管谈话、出具警示函、12个月内不接受相关单位及其负责人员出具的与公众公司股票转让、股票发行有关的文件等监管措施。

第八十九条 证券公司及其直接负责的主管人员和其他责任人员在承销证券过程中,违反本办法第六十五条规定的,中国证监会可以视情节轻重采取责令改正、监管谈话、出具警示函、责令公开说明、认定为不适当人选等监管措施,或者采取市场禁入措施,并记入诚信档案;情节严重的,还可以采取3个月至12个月暂不受理其证券承销业务有关文件的监管措施;依法应予行政处罚的,依照《证券法》有关规定予以处罚。

第九章 附 则

第九十条 公众公司申请在证券交易所上市的,应当遵守中国证监会和证券交易所的相关规定。

第九十一条 注册在境内的境外上市公司在境内定向发行股份、将境内股份在全国股转系统挂牌公开转让,按照本办法相关规定执行。

第九十二条 本办法施行前股东人数超过200人的股份有限公司,不在全国股转系统挂牌公开转让股票或证券交易所上市的,应当按相关要求规范后申请纳入非上市公众公司监管。

第九十三条 公司发行优先股、可转换公司债券的,应当符合中国证监会和全国股转系统的有关规定,普通股、优先股、可转换公司债券持有人数合并计算，并按照本办法第五章有关规定办理。

第九十四条 本办法所称股份有限公司是指首次申请股票转让或定向发行的股份有限公司；所称公司包括非上市公众公司和首次申请股票转让或定向发行的股份有限公司。

第九十五条 本办法自2013年1月1日起施行。

非上市公众公司信息披露管理办法

（2019年12月20日中国证券监督管理委员会令第162号公布 自公布之日起施行 国司备字［2020001626］）

第一章 总 则

第一条 为了规范非上市公众公司有关信息披露行为，保护投资者合法权益，维护市场秩序和社会公众利益，根据《公司法》《证券法》《国务院关于全国中小企业股份转让系统有关问题的决定》《非上市公众公司监督管理办法》（证监会令第161号）等有关法律法规的规定，制定本办法。

第二条 本办法适用于股票在全国中小企业股份转让系统（以下简称全国股转系统）挂牌公开转让的非上市公众公司（以下简称挂牌公司）定期报告和临时报告信息披露有关行为。

第三条 挂牌公司披露的信息，应当真实、准确、完整，简明清晰，通俗易懂，不得有虚假记载、误导性陈述或重大遗漏。

在境外市场发行股票及其他证券品种并上市的挂牌公司在境外市场披露的信息，应当同时在全国股转系统披露。

第四条 根据挂牌公司发展阶段、公众化程度以及风险状况等因素，充分考虑投资者需求，以全国股转系统精选层、创新层、基础层分层为基础，实施挂牌公司差异化的信息披露制度。

第五条 挂牌公司的董事、监事、高级管理人员应当忠实、勤勉地履行职责，保证公司及时、公平地披露信息，所披露的信息真实、准确、完整。

第六条 在内幕信息依法披露前，任何知情人不得公开或者泄露该信息，不得利用该信息进行交易。

第七条 挂牌公司依法披露的信息，应当在符合《证券法》规定的信息披露平台发布。挂牌公司在公司网站或者其他公众媒体发布信息的时间不得先于上述信息披露平台。

挂牌公司应当将披露的信息同时置备于公司住所、全国股转系统，供社会公众查阅。

信息披露文件应当采用中文文本。同时采用外文文本的，挂牌公司应当保证两种文本的内容一致。两种文本发生歧义时，以中文文本为准。

第八条 中国证券监督管理委员会（以下简称中国证监会）根据《证券法》等法律法规以及本办法的规定，对挂牌公司信息披露有关各方的行为进行监督管理，并且可以结合市场分层对挂牌公司信息披露实施分类监管。

全国中小企业股份转让系统有限责任公司（以下简称全国股转公司）对挂牌公司信息披露有关行为实施自律管理，强化监管问询，督促挂牌公司及时、准确地披露信息。

第九条 除依法或者按照本办法及有关自律规则需要披露的信息外，挂牌公司可以自愿披露与投资者作出价值判断和投资决策有关的信息，但不得与依法或者按照本办法及有关自律规则披露的信息相冲突，不得误导投资者。

挂牌公司应当保持信息披露的持续性和一致性，避免选择性披露，不得利用自愿披露信息不当影响公司股票及其他证券品种交易价格。自愿披露具有一定预测性质信息的，应当明确预测的依据，并提示可能出现的不确定性和风险。

第十条 由于国家秘密、商业秘密等特殊原因导致本办法规定的某些信息确实不便披露的，挂牌公司可以不予披露，但应当在相关定期报告、临时报告中说明未按照规定进行披露的原因。中国证监会、全国股转公司认为需要披露的，挂牌公司应当披露。

第二章 定期报告

第十一条 挂牌公司定期报告包括年度报告、中期报告和季度报告。精选层挂牌公司应当披露年度报告、中期报告和季度报告。创新层、基础层挂牌公司应当披露年度报告和中期报告。

凡是对投资者作出投资决策有重大影响的信息，均应当在定期报告中披露。

第十二条 年度报告应当在每个会计年度结束之日起四个月内，中期报告应当在每个会计年度的上半年结束之日起两个月内，季度报告应当在每个会计年度第三个月、第九个月结束之日起一个月内编制完成并披露。

第一季度季度报告的披露时间不得早于上一年度年度报告的披露时间。

第十三条 年度报告中的财务会计报告应当经符合《证券法》规定的会计

师事务所审计。

精选层挂牌公司审计业务签字注册会计师应当定期轮换，具体由全国股转公司规定。

第十四条 挂牌公司年度报告应当记载以下内容：

（一）公司基本情况；

（二）主要会计数据和财务指标；

（三）管理层讨论与分析；

（四）公司股票、债券发行及变动情况，报告期末股票、债券总额、股东总数，公司前十大股东持股情况；

（五）控股股东及实际控制人情况；

（六）董事、监事、高级管理人员、核心员工任职及持股情况；

（七）报告期内发生的重大事件及对公司的影响；

（八）公司募集资金使用情况（如有）；

（九）利润分配情况；

（十）公司治理及内部控制情况；

（十一）财务会计报告和审计报告全文；

（十二）中国证监会规定的其他事项。

第十五条 挂牌公司中期报告应当记载以下内容：

（一）公司基本情况；

（二）主要会计数据和财务指标；

（三）公司股票、债券发行及变动情况，报告期末股东总数，公司前十大股东持股情况；

（四）控股股东及实际控制人发生变化的情况；

（五）报告期内重大诉讼、仲裁等重大事件及对公司的影响；

（六）公司募集资金使用情况（如有）；

（七）财务会计报告；

（八）中国证监会规定的其他事项。

第十六条 挂牌公司季度报告应当记载以下内容：

（一）公司基本情况；

（二）主要会计数据和财务指标；

（三）中国证监会规定的其他事项。

第十七条 除本办法第十四条规定的事项外，精选层挂牌公司还应当在年度报告中结合所属行业特点充分披露行业经营信息以及可能对公司核心竞争力、经营活动和未来发展产生重大不利影响的风险因素。

精选层挂牌公司尚未盈利的,应当在年度报告中充分披露尚未盈利的原因,以及对公司生产经营的影响。

第十八条 挂牌公司存在特别表决权股份的,应当在年度报告中披露特别表决权股份的持有和变化情况,以及相关投资者合法权益保护措施的实施情况。

第十九条 挂牌公司股东大会实行累积投票制和网络投票安排的,应当在年度报告中披露累积投票制和网络投票安排的实施情况。

第二十条 挂牌公司董事、高级管理人员应当对定期报告签署书面确认意见。

监事会应当对董事会编制的定期报告进行审核并提出书面审核意见,说明董事会的编制和审核程序是否符合法律、行政法规和中国证监会、全国股转公司的规定,报告的内容是否真实、准确、完整地反映挂牌公司的实际情况。监事应当签署书面确认意见。

挂牌公司董事、监事和高级管理人员无法保证定期报告内容的真实性、准确性、完整性或者有异议的,应当在书面确认意见中发表意见并陈述理由,挂牌公司应当披露。挂牌公司不予披露的,董事、监事和高级管理人员可以直接申请披露。

第二十一条 定期报告披露前出现业绩泄露,或者出现业绩传闻且公司股票及其他证券品种交易出现异常波动的,挂牌公司应当及时披露本报告期相关财务数据。

第二十二条 精选层挂牌公司预计不能在会计年度结束之日起两个月内披露年度报告的,应当在该会计年度结束之日起两个月内披露本报告期主要财务数据。

精选层挂牌公司预计经营业绩发生亏损、扭亏为盈或者发生大幅变动的,应当及时进行业绩预告。

第二十三条 定期报告中的财务会计报告被出具非标准审计意见的,挂牌公司董事会应当针对该审计意见涉及事项作出专项说明。

第二十四条 挂牌公司未在规定期限内披露定期报告的,全国股转公司根据自律规则予以处理,情节严重的,应当提请中国证监会立案稽查。

精选层挂牌公司未在规定期限内披露年度报告和中期报告的,中国证监会应当立案稽查。

第三章 临时报告

第二十五条 发生可能对挂牌公司股票及其他证券品种交易价格产生较

大影响,或者对投资者作出投资决策有较大影响的重大事件,投资者尚未得知时,挂牌公司应当立即将有关该重大事件的情况向中国证监会和全国股转公司报送临时报告,并予公告,说明事件的起因、目前的状态和可能产生的影响。

前款所称重大事件包括:

(一)公司的经营方针和经营范围的重大变化;

(二)公司的重大投资行为,公司在一年内购买、出售重大资产超过公司资产总额百分之三十,或者公司营业用主要资产的抵押、质押、出售或者报废一次超过该资产的百分之三十;

(三)公司订立重要合同,提供重大担保或者从事关联交易,可能对公司的资产、负债、权益和经营成果产生重要影响;

(四)公司发生重大债务和未能清偿到期重大债务的违约情况;

(五)公司发生重大亏损或者重大损失;

(六)公司生产经营的外部条件发生的重大变化;

(七)公司的董事、三分之一以上监事或者经理发生变动,董事长或者经理无法履行职责;

(八)持有公司百分之五以上股份的股东或者实际控制人,其持有股份或者控制公司的情况发生较大变化,公司的实际控制人及其控制的其他企业从事与公司相同或者相似业务的情况发生较大变化;

(九)公司分配股利、增资的计划,公司股权结构的重要变化,公司减资、合并、分立、解散及申请破产的决定,或者依法进入破产程序、被责令关闭;

(十)涉及公司的重大诉讼、仲裁,股东大会、董事会决议被依法撤销或者宣告无效;

(十一)公司涉嫌违法违规被有权机关调查,或者受到刑事处罚、重大行政处罚;公司控股股东、实际控制人、董事、监事、高级管理人员涉嫌违法违纪被有权机关调查、采取留置措施或强制措施,或者受到刑事处罚、重大行政处罚;

(十二)获得大额政府补贴等可能对公司资产、负债、权益或者经营成果产生重大影响的额外收益;

(十三)公司董事会就拟在其他证券交易场所上市、股权激励方案、股份回购方案作出决议;

(十四)公司主要资产被查封、扣押、冻结;

(十五)公司丧失重要生产资质、许可、特许经营权,或者主要业务陷入停顿;

(十六)法院裁决禁止控股股东转让其所持股份;任一股东所持公司百分之五以上股份被质押、冻结、司法拍卖、托管、设定信托或者被依法限制表决权;

（十七）变更会计政策、会计估计（法律、行政法规或者国家统一会计制度要求的除外）；

（十八）因前期已披露的信息存在差错、未按规定披露或者虚假记载，被有关机关责令改正或者经董事会决定进行更正；

（十九）中国证监会规定的其他事项。

挂牌公司的控股股东或者实际控制人对重大事件的发生、进展产生较大影响的，应当及时将其知悉的有关情况书面告知挂牌公司，并配合挂牌公司履行信息披露义务。

第二十六条 挂牌公司应当在最先发生的以下任一时点，及时履行重大事件的信息披露义务：

（一）董事会或者监事会就该重大事件形成决议时；

（二）有关各方就该重大事件签署意向书或者协议时；

（三）董事、监事或者高级管理人员知悉或者应当知悉该重大事件发生时。

挂牌公司筹划的重大事项存在较大不确定性，立即披露可能会损害公司利益或者误导投资者，且有关内幕信息知情人已书面承诺保密的，公司可以暂不披露，但最迟应当在该重大事项形成最终决议、签署最终协议、交易确定能够达成时对外披露。

相关信息确实难以保密、已经泄露或者出现市场传闻，导致公司股票及其他证券品种交易价格发生大幅波动的，公司应当立即披露相关筹划和进展情况。

第二十七条 挂牌公司披露重大事件后，已披露的重大事件出现可能对投资者决策或者挂牌公司股票及其他证券品种交易价格产生较大影响的进展或者变化的，应当及时披露进展或者变化情况、可能产生的影响。

第二十八条 挂牌公司控股子公司发生本办法第二十五条规定的重大事件，可能对投资者决策或者公司股票及其他证券品种交易价格产生较大影响的，挂牌公司应当履行信息披露义务。

挂牌公司参股公司发生可能对投资者决策或者挂牌公司股票及其他证券品种交易价格产生较大影响的事件，挂牌公司应当履行信息披露义务。

第二十九条 挂牌公司股票及其他证券品种交易被中国证监会或者全国股转公司认定为异常波动的，挂牌公司应当及时了解造成交易异常波动的影响因素，并于次一交易日开盘前披露。

第三十条 媒体传播的消息可能或者已经对投资者决策或者挂牌公司股票及其他证券品种交易价格产生较大影响的，挂牌公司应当及时了解情况，发布相应澄清公告。

第四章 信息披露事务管理

第三十一条 挂牌公司应当制定信息披露事务管理制度，经董事会审议通过并披露。信息披露事务管理制度应当包括：

（一）明确挂牌公司应当披露的信息，确定披露标准；

（二）未公开信息的传递、审核、披露流程；

（三）信息披露事务负责人在信息披露中的职责；

（四）董事和董事会、监事和监事会、高级管理人员等的报告、审议和披露的职责；

（五）董事、监事、高级管理人员履行职责的记录和保管制度；

（六）未公开信息的保密措施，内幕信息知情人的范围和保密责任；

（七）财务管理和会计核算的内部控制及监督机制；

（八）对外发布信息的申请、审核、发布流程；与投资者、证券服务机构、媒体等的信息沟通与制度；

（九）信息披露相关文件、资料的档案管理；

（十）涉及子公司的信息披露事务管理和报告制度；

（十一）未按规定披露信息的责任追究机制，对违反规定人员的处理措施。

信息披露事务负责人是指挂牌公司董事会秘书或者挂牌公司指定负责信息披露事务的人员。

精选层、创新层挂牌公司应当设立董事会秘书。基础层挂牌公司可以设立董事会秘书，不设立董事会秘书的，应当指定一名高级管理人员兼任信息披露事务负责人。董事会秘书为公司高级管理人员，其选任、履职应当符合中国证监会、全国股转公司的有关规定。

精选层挂牌公司应当设立信息披露事务管理部门，协助董事会秘书管理信息披露事务。

第三十二条 挂牌公司董事长、经理、信息披露事务负责人，应当对公司临时报告信息披露的真实性、准确性、完整性承担主要责任。

挂牌公司董事长、经理、财务负责人应对公司财务报告的真实性、准确性、完整性承担主要责任。

第三十三条 挂牌公司董事、监事、高级管理人员应当关注信息披露文件的编制情况，保证定期报告、临时报告在规定期限内披露，配合挂牌公司履行信息披露义务。

第三十四条 挂牌公司应当制定定期报告的编制、审议、公告程序。经理、财务负责人、信息披露事务负责人及相关人员应当及时编制定期报告草案，提请董事会审议；信息披露事务负责人负责送达董事审阅；董事长负责召集和主持董事会会议审议定期报告；监事会负责审核董事会编制的定期报告；信息披露事务负责人负责组织定期报告的公告工作。

第三十五条 挂牌公司应当制定重大事件的报告、传递、审核、披露程序。董事、监事、高级管理人员知悉重大事件发生时，应当按照公司规定立即履行报告义务；董事长在接到报告后，应当立即向董事会报告，并敦促信息披露事务负责人组织临时报告的披露工作。

第三十六条 挂牌公司通过业绩说明会、分析师会议、路演、接受投资者调研等形式就公司的经营情况、财务情况及其他事件与任何机构和个人进行沟通的，不得提供内幕信息。

第三十七条 董事应当了解并持续关注公司生产经营情况、财务状况和公司已经发生或者可能发生的重大事件及其影响，主动调查、获取决策所需的资料。

第三十八条 监事应当对公司董事、高级管理人员履行信息披露职责的行为进行监督；关注公司信息披露情况，发现信息披露存在违法违规问题的，应当进行调查并提出处理建议。

第三十九条 高级管理人员应当及时向董事会报告有关公司经营或者财务方面出现的重大事件、已披露的事件的进展或者变化情况及其他相关信息。

第四十条 信息披露事务负责人负责组织和协调挂牌公司信息披露事务，汇集挂牌公司应当披露的信息并报告董事会，持续关注媒体对公司的报道并主动求证报道的真实情况，办理公司信息对外公布等相关事宜。

信息披露事务负责人有权参加股东大会、董事会会议、监事会会议和高级管理人员相关会议，有权了解公司的财务和经营情况，查阅涉及信息披露事宜的所有文件。挂牌公司应当为信息披露事务负责人履行职责提供便利条件，财务负责人应当配合信息披露事务负责人在财务信息披露方面的相关工作。

第四十一条 挂牌公司的股东、实际控制人不得滥用其股东权利、支配地位指使挂牌公司不按规定履行信息披露义务或者披露有虚假记载、误导性陈述或者重大遗漏的信息，不得要求挂牌公司向其提供内幕信息。

挂牌公司的股东、实际控制人发生以下事件时，应当及时告知公司，并配合挂牌公司履行信息披露义务。

（一）持有公司百分之五以上股份的股东或者实际控制人，其持有股份或者控制公司的情况发生较大变化，公司的实际控制人及其控制的其他企业从事与公司相同或者相似业务的情况发生较大变化；

（二）法院裁决禁止控股股东转让其所持股份，任一股东所持公司百分之五以上股份被质押、冻结、司法拍卖、托管、设定信托或者被依法限制表决权；

（三）拟对挂牌公司进行重大资产或者业务重组；

（四）中国证监会规定的其他情形。

通过接受委托或者信托等方式持有挂牌公司百分之五以上股份的股东或者实际控制人，应当及时将委托人情况告知挂牌公司，配合挂牌公司履行信息披露义务。

应当披露的信息依法披露前，相关信息已在媒体上传播或者公司股票及其他证券品种出现交易异常情况的，股东或者实际控制人应当及时、准确地向挂牌公司作出书面报告，并配合挂牌公司及时、准确地披露。

第四十二条　挂牌公司董事、监事、高级管理人员、持股百分之五以上的股东及其一致行动人、实际控制人应当及时向挂牌公司董事会报送挂牌公司关联方名单、关联关系及变化情况的说明。挂牌公司应当履行关联交易的审议程序，并严格执行关联交易回避表决制度。交易各方不得通过隐瞒关联关系或者采取其他手段，规避挂牌公司信息披露义务和关联交易审议程序。

第四十三条　为挂牌公司提供持续督导服务的主办券商应持续关注挂牌公司业务经营、公司治理、财务等方面的重大变化，指导、督促挂牌公司规范履行信息披露义务。挂牌公司应当配合主办券商持续督导工作，提供必要材料，为主办券商开展持续督导工作提供便利条件。

持续督导期间内，发现挂牌公司拟披露的信息或已披露信息存在错误、遗漏或者误导的，或者发现存在应当披露而未披露事项的，主办券商应当要求挂牌公司进行更正或补充。挂牌公司拒不更正、补充的，主办券商应当及时发布风险揭示公告并报告全国股转公司，情节严重的，应同时报告挂牌公司注册地中国证监会派出机构。

主办券商持续督导业务有关具体规定由全国股转公司制定。

第四十四条　为挂牌公司履行信息披露义务出具专项文件的证券服务机构，应当勤勉尽责、诚实守信，认真履行审慎核查义务，按照依法制定的业务规定、行业执业规范、监管规则和道德准则发表意见，保证所出具文件的真实性、准确性和完整性。

挂牌公司应当配合为其提供服务的证券服务机构的工作，按要求提供与其执业相关的材料，不得要求证券服务机构出具与客观事实不符的文件或阻碍其工作。

证券服务机构在为信息披露出具专项文件时，发现挂牌公司提供的材料有虚假记载、误导性陈述、重大遗漏的，应当要求其补充、纠正。挂牌公司拒不补充、纠正的,证券服务机构应报告全国股转公司,情节严重的,应同时报告挂牌公司注册地中国证监会派出机构。

第四十五条 挂牌公司解聘会计师事务所的,应当在董事会决议后及时通知会计师事务所,公司股东大会就解聘会计师事务所进行表决时,应当允许会计师事务所陈述意见。股东大会作出解聘、更换会计师事务所决议的,挂牌公司应当在披露时说明更换的具体原因和会计师事务所的陈述意见。

第四十六条 任何机构和个人不得非法获取、提供、传播挂牌公司的内幕信息,不得利用所获取的内幕信息买卖或者建议他人买卖公司股票或其他证券品种,不得在投资价值分析报告、研究报告等文件中使用内幕信息。

第四十七条 媒体应当客观、真实地报道涉及挂牌公司的情况,发挥舆论监督作用。

任何机构和个人不得提供、传播虚假或者误导投资者的挂牌公司信息。

违反前两款规定,给投资者造成损失的,依法承担赔偿责任。

第五章 监督管理

第四十八条 中国证监会依法对挂牌公司、主办券商和证券服务机构进行检查,挂牌公司、主办券商和证券服务机构应当予以配合。

中国证监会可以要求挂牌公司及其股东、实际控制人,或者其董事、监事、高级管理人员对有关信息披露问题作出解释、说明或者提供相关资料,或要求挂牌公司提供主办券商或者证券服务机构的专业意见。

中国证监会可以要求主办券商、证券服务机构对挂牌公司有关信息披露问题进行核查,并出具专项意见。中国证监会对主办券商和证券服务机构出具文件的真实性、准确性、完整性有疑义的,可以要求相关机构作出解释、补充,并调阅其工作底稿。

第四十九条 挂牌公司及其董事、监事、高级管理人员,挂牌公司的股东、实际控制人及其董事、监事、高级管理人员违反本办法的,中国证监会可以采取以下措施:

(一)责令改正;

(二)监管谈话;

(三)责令公开说明;

(四)出具警示函;

(五)认定为不适当人选;

(六)依法可以采取的其他监管措施。

第五十条 主办券商及其人员履行持续督导等义务，未勤勉尽责情节严重的，中国证监会可以采取责令改正、监管谈话、出具警示函及依法可以采取的其他监管措施。

第五十一条 为挂牌公司履行信息披露义务出具专项文件的证券服务机构及其人员，违反《证券法》、行政法规和中国证监会的规定，中国证监会可以采取责令改正、监管谈话、出具警示函及依法可以采取的其他监管措施。

第五十二条 全国股转公司可以依据自律规则及挂牌协议的规定对挂牌公司、主办券商、证券服务机构进行核查、检查，要求挂牌公司及其董事、监事、高级管理人员、股东、实际控制人，主办券商、证券服务机构对有关信息披露问题作出说明，发现问题应当按照有关规定处理，涉嫌违法的及时移送中国证监会。

第五十三条 挂牌公司、主办券商、证券服务机构及其人员违反信息披露有关自律规则的，全国股转公司可以对相关责任主体采取以下自律监管措施：

(一)约见谈话；

(二)要求提交书面承诺；

(三)出具警示函；

(四)责令改正；

(五)全国股转公司规定的其他监管措施。

情节严重的，全国股转公司可以对相关责任主体给予通报批评、公开谴责等纪律处分措施。

第六章 法律责任

第五十四条 挂牌公司未按规定履行信息披露义务，或者所披露的信息有虚假记载、误导性陈述或者重大遗漏的，中国证监会依照《证券法》有关规定处罚。

挂牌公司的控股股东、实际控制人指使从事前款行为的，或知晓前款行为而未及时制止、纠正的，中国证监会可以依照前款规定处罚。

第五十五条 挂牌公司及其董事、监事、高级管理人员、股东及其一致行动人、实际控制人，主办券商、证券服务机构未按照本办法规定履行报告义务，或者报送的报告有虚假记载、误导性陈述或者重大遗漏的，中国证监会依照《证券法》有关规定处罚。

第五十六条 挂牌公司通过隐瞒关联关系或者采取其他手段，规避信息披露、报告义务的，中国证监会依照《证券法》有关规定处罚。

第五十七条 为挂牌公司履行信息披露义务出具专项文件的证券服务机构及其人员,违反《证券法》、行政法规和中国证监会的规定,应当给予行政处罚的,中国证监会依照《证券法》有关规定处罚。

第五十八条 任何机构和个人泄露挂牌公司内幕信息,或者利用内幕信息买卖股票及其他证券品种,中国证监会依照《证券法》有关规定处罚。

第五十九条 任何机构和个人编制、传播虚假信息扰乱证券市场;媒体传播挂牌公司信息不真实、不客观的,中国证监会依照《证券法》有关规定处罚。

在股票及其他证券品种交易活动中作出虚假陈述或者信息误导的,中国证监会依照《证券法》有关规定处罚。

第六十条 挂牌公司未按本办法规定制定挂牌公司信息披露事务管理制度的,中国证监会可以采取责令改正的监管措施。拒不改正的,可以给予警告或者三万元以下罚款。

第六十一条 挂牌公司股东、实际控制人未依法配合挂牌公司履行信息披露义务的,或者非法要求挂牌公司提供内幕信息的,中国证监会可以采取责令改正的监管措施。拒不改正的,可以给予警告或者三万元以下罚款。

第六十二条 相关责任主体违反本办法,存在主动消除或者减轻危害后果等情形的,依法从轻或者减轻处罚。

违法行为轻微并及时纠正,没有造成危害后果的,不予处罚。

第六十三条 相关责任主体违反本办法的规定,情节严重的,中国证监会可以采取证券市场禁入的措施。

第六十四条 违反本办法,涉嫌犯罪的,依法移送司法机关,追究刑事责任。

第七章 附 则

第六十五条 本办法下列用语具有如下含义:

(一)主办券商,是指依据《全国中小企业股份转让系统有限责任公司管理暂行办法》规定在全国股转系统从事相关业务的证券公司。

(二)证券服务机构,是指为挂牌公司履行信息披露义务出具专项文件的会计师事务所、资产评估机构、律师事务所、财务顾问机构、资信评级机构等。

(三)及时,是指自起算日起或者触及披露时点的两个交易日内。

(四)挂牌公司的关联交易,是指挂牌公司或者其控股子公司与挂牌公司关联方之间发生的转移资源或者义务的事项。

关联方包括关联法人和关联自然人。

具有以下情形之一的法人或其他组织，为挂牌公司的关联法人：

1. 直接或者间接地控制挂牌公司的法人或其他组织；

2. 由前项所述法人直接或者间接控制的除挂牌公司及其控股子公司以外的法人或其他组织；

3. 关联自然人直接或者间接控制的、或者担任董事、高级管理人员的，除挂牌公司及其控股子公司以外的法人或其他组织；

4. 直接或间接持有挂牌公司百分之五以上股份的法人或其他组织；

5. 在过去十二个月内或者根据相关协议安排在未来十二个月内，存在上述情形之一的；

6. 中国证监会、全国股转公司或者挂牌公司根据实质重于形式的原则认定的其他与挂牌公司有特殊关系，可能或者已经造成挂牌公司对其利益倾斜的法人或其他组织。

具有以下情形之一的自然人，为挂牌公司的关联自然人：

1. 直接或间接持有挂牌公司百分之五以上股份的自然人；

2. 挂牌公司董事、监事及高级管理人员；

3. 直接或者间接地控制挂牌公司的法人的董事、监事及高级管理人员；

4. 上述第1、2项所述人士的关系密切的家庭成员，包括配偶、父母、年满十八周岁的子女及其配偶、兄弟姐妹及其配偶，配偶的父母、兄弟姐妹，子女配偶的父母；

5. 在过去十二个月内或者根据相关协议安排在未来十二个月内，存在上述情形之一的；

6. 中国证监会、全国股转公司或者挂牌公司根据实质重于形式的原则认定的其他与挂牌公司有特殊关系，可能或者已经造成挂牌公司对其利益倾斜的自然人。

第六十六条 股票不在全国股转系统公开转让的非上市公众公司有关信息披露行为按照《非上市公众公司监督管理办法》的相关规定执行。

第六十七条 中国证监会对特殊行业公司信息披露有特别规定的，适用其规定。

第六十八条 本办法自公布之日起施行。

中国银保监会现场检查办法(试行)

(2019年12月24日中国银行保险监督管理委员会令2019年第7号公布　自2020年1月28日起施行　国司备字[2020001668])

第一章　总　　则

第一条　为全面贯彻落实党中央、国务院对金融工作的决策部署,加强对银行业和保险业的监督管理,规范现场检查行为,提升现场检查质效,促进行业健康发展,根据《中华人民共和国银行业监督管理法》《中华人民共和国保险法》《中华人民共和国商业银行法》等有关法律法规,制定本办法。

第二条　本办法所称现场检查,是指中国银行保险监督管理委员会(以下简称"银保监会")及其派出机构依法对银行业和保险业机构经营管理情况进行监督检查的行政执法行为。

第三条　现场检查是银保监会及其派出机构监督管理的重要组成部分,通过发挥查错纠弊、校验核实、评价指导、警示威慑等作用,督促银行业和保险业机构贯彻落实国家宏观政策及监管政策,提高经营管理水平、合法稳健经营,落实银行业和保险业机构风险防控的主体责任,维护银行业和保险业安全,更好服务实体经济发展。

第四条　银保监会及其派出机构开展现场检查应当依照法律、行政法规、规章和规范性文件确定的职责、权限和程序进行。

第五条　银保监会及其派出机构和实施现场检查的人员(以下简称检查人员)应当依法检查,文明执法,严格落实中央八项规定精神,遵守保密和廉政纪律。银保监会及其派出机构应当加强现场检查纪律和廉政制度建设,加强对检查人员廉洁履职情况的监督。

第六条　银保监会及其派出机构依法开展现场检查,被查机构及其工作人员应当配合,保证提供的有关文件资料及相关情况真实、准确、完整、及时。对于被查机构及其工作人员存在不配合检查、不如实反映情况或拒绝、阻碍检查等行为的,银保监会及其派出机构可以根据情节轻重,对相关机构和个人依法采取监管措施和行政处罚。

检查期间,被查机构应当为现场检查工作提供必要的办公条件和工作保障。

被查机构及其工作人员未经银保监会及其派出机构同意,不得将检查情况和相关信息向外透露。

第七条 本办法所指现场检查包括常规检查、临时检查和稽核调查等。

常规检查是纳入年度现场检查计划的检查。按检查范围可以分为风险管理及内控有效性等综合性检查,对某些业务领域或区域进行的专项检查,对被查机构以往现场检查中发现的重大问题整改落实情况进行的后续检查。

临时检查是在年度现场检查计划之外,根据重大工作部署或临时工作任务开展的检查。

稽核调查是适用简化现场检查流程对特定事项进行专门调查的活动。

第八条 银保监会及其派出机构应当建立和完善现场检查管理信息系统,实现检查资源共享,提高现场检查效率。

第九条 银保监会及其派出机构应当严格按照法律法规规定的程序编制现场检查项目经费预算,强化预算管理,合规使用检查费用。

第十条 银保监会及其派出机构应当配备与检查任务相适应的检查力量,加强现场检查专业人才培养,建立完善随机检查人员名录库,细化人才的专业领域,提升现场检查水平,将现场检查作为培养银行业和保险业监管队伍和提高监管能力的重要途径。

第十一条 银保监会各部门、各派出机构在现场检查工作中应当加强沟通协调,建立有效的现场检查联动机制。

第二章 职责分工

第十二条 根据监管职责划分,银保监会及其派出机构现场检查工作实行分级立项、分级实施,按照"谁立项、谁组织、谁负责"的工作机制,开展现场检查。

第十三条 银保监会负责统筹全系统现场检查工作,根据监管职责划分,组织对相关银行业和保险业机构的现场检查,组织全系统重大专项检查、临时检查和稽核调查,对派出机构的现场检查进行统筹指导和考核评价。

第十四条 各派出机构负责统筹辖内现场检查工作,根据监管职责划分,组织对辖内银行业和保险业机构的现场检查,完成上级部门部署的现场检查任务,对下级部门的现场检查工作进行指导、考核和评价。

第十五条 根据需要,银保监会可以对银保监局监管的机构、银保监局可以对辖内银保监分局监管的机构直接开展现场检查。

第十六条 银保监会及其派出机构现场检查部门负责现场检查的归口管理。

银保监会及其派出机构承担现场检查任务的部门负责现场检查的立项和组织实施，提出整改、采取监管措施和行政处罚的建议，通过约谈、后续检查和稽核调查等方式对被查机构整改情况进行评价，并就现场检查情况及时与相关部门进行沟通。

银保监会及其派出机构的其他机构监管和功能监管等部门积极配合开展现场检查工作，负责提出现场检查立项建议，加强信息共享，提供现场检查所需的数据、资料和相关信息。

第十七条 银保监会及其派出机构应当加强与政府相关部门的工作联动，沟通检查情况，依法共享检查信息，积极探索利用征信信息、工商登记信息、纳税信息等外部数据辅助现场检查工作。配合建立跨部门双随机联合抽查工作机制，必要时可以联合其他部门开展对银行业和保险业机构相关业务领域的现场检查。

第十八条 银保监会及其派出机构应当根据监管备忘录等合作协议规定和对等原则，开展对中资银行业和保险业机构境外机构及业务的检查，并加强与境外监管机构的沟通协作，配合境外监管机构做好外资银行业和保险业机构境内机构及业务的检查。

第三章 立项管理

第十九条 根据监管职责划分，银保监会及其派出机构实行分级立项。银保监会及其派出机构应当加强现场检查立项管理，根据银行业和保险业机构的依法合规情况、评级情况、系统重要性程度、风险状况和以往检查情况等，结合随机检查对象名录库及随机抽查事项清单，确定现场检查的频率、范围，确保检查项目科学、合理、可行。未经立项审批程序，不得开展现场检查。

第二十条 银保监会现场检查部门应当在征求机构监管、功能监管等部门以及各银保监局意见基础上，结合检查资源情况，制定年度现场检查计划，报委务会议或专题主席会议审议决定，由银保监会主要负责人签发。各银保监局制定辖内的年度现场检查计划，按相关规定向银保监会报告。

第二十一条 银保监会按年度制定现场检查计划，现场检查计划一经确定原则上不作更改。列入年度计划的个别项目确需调整的，应当说明调整意见及理由，每年中期集中调整一次。调整时，对于银保监会负责的项目，应当经银保监会负责人审批；对于派出机构负责的项目，应当经银保监局负责人审批同意后，按要求向银保监会报告。

第二十二条 经银保监会或银保监局主要负责人批准，银保监会或银保监局可以立项开展临时检查。各银保监局应当在临时立项后10个工作日内，将立项情况向银保监会报告。银保监会相关部门针对重大风险隐患或重大突发事件拟按照现场检查流程开展的检查，原则上应当按照职责分工和分级立项要求，会签相应的现场检查部门。

第二十三条 稽核调查可以纳入年度现场检查计划，也可以适用临时检查立项程序。

第四章 检查流程

第二十四条 现场检查工作分为检查准备、检查实施、检查报告、检查处理和检查档案整理五个阶段。

第二十五条 银保监会及其派出机构组织实施现场检查可以采取以下方式：

（一）由立项单位组织实施；

（二）由上级部门部署下级部门实施；

（三）对专业性强的领域，可以要求银行业和保险业机构选聘符合条件的第三方机构进行检查，并将检查结果报告监管部门；

（四）必要时可以按照相关程序，聘请资信良好、符合条件的会计师事务所等第三方机构参与检查工作，具体办法由银保监会另行制定；

（五）采用符合法律法规及规章规定的其他方式实施。

第二十六条 银保监会及其派出机构依法组织实施现场检查时，检查人员不得少于二人，并应当出示执法证或工作证等合法证件和检查通知书。检查人员少于二人或未出示合法证件和检查通知书的，被检查单位和个人有权拒绝检查。

第二十七条 存在影响或者可能影响依法公正履行职责情况的，现场检查人员应当按照履职回避的相关规定予以回避，并且不得参加相关事项的讨论、审核和决定，不得以任何方式对相关事项施加影响。被查机构认为检查人员与其存在利害关系的，有权申请检查人员回避。

第二十八条 银保监会及其派出机构应当在实施现场检查前组成检查组，根据检查任务，结合检查人员业务专长，合理配备检查人员。检查组实行组长负责制。检查组组长在检查组成员中确定主查人，负责现场检查工作的具体组织和实施。

第二十九条 检查组根据检查项目需要，开展查前调查，收集被查机构检查领域的有关信息，主要包括被查机构内外部审计报告及其对内外部检查和审计的整改和处罚情况，被查机构的业务开展情况、经营管理状况，监管部门掌握的被查机构的情况等，并进行检查分析和模型分析，制定检查方案，做好查前培训。

第三十条 检查组应当提前或进场时向被查机构发出书面检查通知，组织召开进点会谈，并向被查机构提出配合检查工作的要求。同时由检查组组长或负责人宣布现场检查工作纪律和有关规定，告知被查机构对检查人员履行监管职责和执行工作纪律、廉政纪律情况进行监督。

第三十一条 检查人员应当按要求做好工作记录、检查取证、事实确认和问题定性。

第三十二条 检查过程中，应当加强质量控制，做到检查事实清楚、问题定性准确、责任认定明晰、定性依据充分、取证合法合规。

第三十三条 检查组通过事实确认书、检查事实与评价等方式，就检查过程中发现的问题与被查机构充分交换意见，被查机构应当及时认真反馈意见。承担现场检查任务的部门应当与相关部门加强对检查情况的沟通。

第三十四条 检查结束后，检查组应当制作现场检查工作报告，并向被查机构出具现场检查意见书。必要时，可以将检查意见告知被查机构的上级管理部门或被查机构的董事会、监事会、高级管理层或主要股东等。

第三十五条 检查人员应当按照相关规定认真收集、整理检查资料，将记录检查过程、反映检查结果、证实检查结论的各类文件、数据、资料等纳入检查档案范围。

第三十六条 稽核调查参照一般现场检查程序，根据工作要求和实际情况，可以简化流程，可以不与调查对象交换意见，可以不出具检查意见书，以调查报告作为稽核调查的成果。调查过程中如发现涉及需要采取监管措施或行政处罚的事项，应当按照相关要求收集证据，依程序进行处理。

第三十七条 对于有特殊需要的现场检查项目，经检查组组长确定，可以适当简化检查程序，包括但不限于不进行查前培训、不组织进点会谈等。

第五章 检查方式

第三十八条 检查过程中，检查人员有权查阅与检查事项有关的文件资料和信息系统、查看经营管理场所、采集数据信息、测试有关系统设备设施、访谈或询问相关人员，并可以根据需要，收集原件、原物，进行复制、记录、录音、录像、照相等。对可能被转移、隐匿或者毁损的文件、资料，可以按照有关法律法规进行封存。

根据工作需要,可以采取线上检查、函询稽核等新型检查方法。线上检查是运用信息技术和网络技术分析筛查疑点业务和机构并实施的穿透式检查。函询稽核是对重大风险或问题通过下发质询函等方式检查核实的活动。

第三十九条 银保监会及其派出机构应当持续完善检查分析系统,充分运用信息技术手段,开展检查分析,实施现场检查,提高现场检查质效。银行业和保险业机构应当按照银保监会及其派出机构要求,加强数据治理,按照监管数据标准要求,完成检查分析系统所需数据整理、报送等工作,保证相关数据的全面、真实、准确、规范和及时。银保监会及其派出机构应当加强对银行业和保险业机构信息科技外包服务等工作的监督检查。

第四十条 检查人员可以就检查事项约谈银行业和保险业机构外聘审计机构人员,了解审计情况。银行业和保险业机构外聘审计机构时,应当在相关合同或协议中明确外聘审计人员有配合银保监会及其派出机构检查的责任。对外聘审计机构审计结果严重失实、存在严重舞弊行为等问题的,银保监会及其派出机构可以要求被查机构立即评估该外审机构的适当性。

第四十一条 必要时,银保监会及其派出机构可以要求银行业和保险业机构内审部门对特定项目进行检查。内审部门应当按照监管要求实施检查、形成报告报送监管部门。银保监会及其派出机构应当加强检查指导,对检查实行质量控制和评价。

第四十二条 检查过程中,为查清事实,检查组需向除被查机构以外的其他银行业和保险业机构了解情况的,可以要求相关机构予以配合。经银保监会承担现场检查任务部门的负责人批准,检查人员可以向相关银行业和保险业机构了解情况,也可以委托相关机构所在地银保监局或检查组予以协助。涉及跨银保监局辖区的协查事项,经银保监局负责人批准,可以发函要求相关机构所在地银保监局予以协助。银保监局辖内的协查事项,由各银保监局自行确定相关程序和要求。协查人员负责调取相关资料,查明相关情况,检查责任由检查组承担。

第四十三条 银保监会及其派出机构依法对银行业和保险业机构进行检查时,为了查清涉嫌违法行为,可以根据《中华人民共和国银行业监督管理法》第四十二条、《中华人民共和国保险法》第一百五十四条的规定对与涉嫌违法事项有关的单位和个人进行调查。

第四十四条 银保监会及其派出机构行使相关调查权应当符合以下条件:

(一)在检查中已获取银行业和保险业机构或相关人员涉嫌违法的初步证据;

（二）相关调查权行使对象限于与涉嫌违法事项有关的单位和个人。

第四十五条 与涉嫌违法事项有关的单位和个人包括与涉嫌违法行为有直接关系的民事主体，也包括没有参与违法行为，但掌握违法行为情况的单位和个人。主要指：

（一）银行业和保险业机构的股东、实际控制人、关联方、一致行动人及最终受益人等；

（二）银行业和保险业机构的客户及其交易对手等；

（三）为银行业和保险业机构提供产品和服务的企业、市场中介机构和专业人士等；

（四）通过协议、合作、关联关系等途径扩大对银行业和保险业机构的控制比例或巩固其控制地位的自然人、法人或其他组织；

（五）其他与银行业和保险业机构涉嫌违法事项有关的单位和个人。

第四十六条 调查人员依法开展相关调查时，被调查单位和个人应当配合，如实说明有关情况，并提供有关文件、资料，不得拒绝、阻碍和隐瞒。阻碍银保监会及其派出机构工作人员依法执行调查任务的，由银保监会及其派出机构提请公安机关依法给予治安管理处罚，涉嫌构成犯罪的，依法移送司法监察机关等部门。

第六章 检查处理

第四十七条 银保监会及其派出机构可以将现场检查情况通报被查机构的上级部门或主要股东，可以与被查机构的董事、监事、高级管理人员进行监管谈话，要求其就检查发现的问题作出说明和承诺，也可以对相关责任人进行谈话提醒、批评教育或者责令书面检查等。

第四十八条 对于检查中发现的问题，银保监会及其派出机构应当在检查意见书中责令被查机构限期改正。被查机构应当在规定时间内提交整改报告。

第四十九条 对于被查机构在现场检查前反馈的自查情况中主动发现并及时纠正相关问题，符合《中华人民共和国行政处罚法》第二十七条规定的相关情形的，应当依法提出从轻、减轻或不予行政处罚的意见建议。

第五十条 银保监会及其派出机构在检查中发现被查机构存在违反法律法规、审慎经营规则和偿付能力监管规则等情形的，应当依法采取《中华人民共和国银行业监督管理法》《中华人民共和国保险法》规定的监管措施。

第五十一条 银保监会及其派出机构应当对现场检查中发现涉及行政处

罚的违法违规行为及时启动行政处罚立案调查程序，按照《中华人民共和国银行业监督管理法》《中华人民共和国保险法》及银保监会行政处罚有关规定办理。

第五十二条 立案前现场检查中已经依法取得的证据材料，符合行政处罚证据要求的可以作为认定违法、违规事实的证据。审查过程中确需补充证据材料的，应当按照有关规定开展补充立案调查。

第五十三条 银保监会及其派出机构在现场检查中发现银行业和保险业机构及其工作人员、客户以及其他相关组织、个人涉嫌犯罪的，应当根据有关规定，依法向司法监察机关等部门移送。

第五十四条 检查结束后，承担现场检查任务的部门应当将现场检查意见书及时抄送机构监管部门及其他相关部门。机构监管部门应当根据检查意见，督促被查机构落实整改要求。必要时，可以设立一定的整改观察期。

第五十五条 承担现场检查任务的部门负责对被查机构整改情况进行评价。评价过程中，可以查阅被查机构的整改报告、要求被查机构补充相关材料、约谈被查机构相关人员、听取机构监管部门等相关部门意见，必要时可以通过后续检查、稽核调查等方式进行。

第五十六条 被查机构未按要求整改的，银保监会及其派出机构可以根据《中华人民共和国银行业监督管理法》《中华人民共和国保险法》规定采取进一步监管措施或进行行政处罚。

第五十七条 银保监会及其派出机构应当加强对检查情况和整改情况的统计分析，建立现场检查信息反馈和共享机制。对于检查中发现的普遍性、典型性风险和问题，应当及时采取监管通报、风险提示等措施；对于检查中发现的系统性风险苗头，应当及时专题上报；对于检查中发现的监管机制和制度存在的问题，应当及时提出修订和完善监管机制与制度的建议。

第五十八条 银保监会及其派出机构应当将现场检查发现的情况和问题，在被查机构的监管评级和风险评估中反映，必要时相应调整被查机构的监管评级和风险评估，并依照相关规定在市场准入工作中予以考虑。

第五十九条 银保监会及其派出机构有权按照规定披露相关检查情况，但涉及国家秘密、商业秘密、个人隐私以及公布后可能危及国家安全、公共安全、经济安全和社会稳定的除外。

第七章 考核评价

第六十条 银保监会及其派出机构应当建立现场检查工作质量控制和考

核评价机制,对检查立项的科学性、检查实施的合规性、检查成果的有效性以及现场检查人员的履职尽责情况等进行质量控制和考核评价。

第六十一条 银保监会及其派出机构可以建立现场检查正向激励机制,对于检查能力突出、查实重大违法违规问题、发现重大案件或重大风险隐患的检查人员,可以给予表彰奖励。

第六十二条 银保监会及其派出机构应当按照权责一致、宽严适度、教育与惩戒相结合的原则,完善现场检查工作问责和免责机制。对于在现场检查工作中不依法合规履职的,应当在查清事实的基础上依照有关法律法规及银保监会履职问责有关规定,对相关检查人员予以问责。对于有证据表明检查人员已履职尽责的,免除检查人员的责任。

第六十三条 对于滥用职权、徇私舞弊、玩忽职守、泄露所知悉的被查机构商业秘密等严重违反现场检查纪律的人员,依法给予纪律处分;涉嫌构成犯罪的,依法移送司法监察机关等部门。

第八章 附 则

第六十四条 银保监会及其派出机构根据日常监管需要,开展的信访举报和投诉核查、监管走访、现场调查、核查、督查或调研等活动,不属于本办法规定的现场检查,具体办法由银保监会另行制定。

第六十五条 本办法所称银行业和保险业机构,包括:

(一)在中华人民共和国境内依法设立的政策性银行和商业银行、农村信用社等吸收公众存款的金融机构、外国银行在华代表处;

(二)在中华人民共和国境内依法设立的保险集团(控股)公司、保险机构、保险资产管理机构、保险中介机构、外国保险公司驻华代表处;

(三)在中华人民共和国境内依法设立的信托机构、金融资产管理公司、企业集团财务公司、金融租赁公司、汽车金融公司、消费金融公司、货币经纪公司以及经银保监会及其派出机构批准设立的其他非银行金融机构;

(四)经银保监会及其派出机构批准在境外设立的金融机构。

第六十六条 银保监会可以依照本办法制定现场检查规程及相关实施细则。各派出机构可以依照本办法制定辖内现场检查实施细则。

第六十七条 本办法由银保监会负责解释。

第六十八条 本办法自 2020 年 1 月 28 日起施行。《中国银监会现场检查暂行办法》同时废止。本办法施行前有关规定与本办法不一致的,以本办法为准。

银行保险违法行为举报处理办法

（2019 年 12 月 25 日中国银行保险监督管理委员会令 2019 年第 8 号公布　自 2020 年 3 月 1 日起施行　国司备字[2020001671]）

第一条　为规范中国银行保险监督管理委员会及派出机构（以下统称银行保险监督管理机构）对银行保险违法行为举报处理工作，维护经济金融秩序，根据《中华人民共和国银行业监督管理法》《中华人民共和国商业银行法》《中华人民共和国保险法》等有关法律、行政法规，制定本办法。

第二条　自然人、法人或者其他组织（以下简称举报人），对被举报人违反相关银行保险监管法律、行政法规、部门规章和其他规范性文件的行为向银行保险监督管理机构举报，请求银行保险监督管理机构依法履行查处职责，银行保险监督管理机构对该举报的处理，适用本办法。

本办法所称被举报人，包括银行业金融机构及从业人员，保险机构、保险中介机构及从业人员，银行保险监督管理机构负责监管的其他主体，以及涉嫌非法设立银行业金融机构、保险机构、保险中介机构和非法经营银行业务、保险业务、保险中介业务的自然人、法人或者其他组织。

第三条　举报处理工作应当遵循统一领导、属地管理、分级负责的原则。

银行保险监督管理机构应当明确举报处理工作的管理部门和承办部门，分别负责对举报处理工作进行管理和办理。

第四条　银行保险监督管理机构应当遵循依法、公正、及时的原则，建立健全举报处理工作机制。

第五条　银行保险监督管理机构应当在官方网站公开受理举报的通信地址、联系电话、举报受理范围等信息。

第六条　银行保险监督管理机构对被举报人违法行为的管辖，根据银行保险监督管理机构对被举报人的直接监管职权管辖范围确定。

不同银行保险监督管理机构对同一举报事项的管辖权有争议的，报请共同的上级机构确定。

第七条　举报分为实名举报和匿名举报。在举报时提供本人真实姓名（名称）、有效身份信息和有效联系方式、身份证复印件等信息并签字（盖章）的，为实名举报。

对举报人采取书面邮寄方式向银行保险监督管理机构提出举报的，银行保险监督管理机构应当依据书面举报材料进行处理。对采取面谈方式提出举报的，银行保险监督管理机构应当予以记录并经其本人签字确认后提交。对采取电话方式提出举报的，举报人应当补充提交书面举报材料。拒绝签字确认或补充提交书面材料的，视为匿名举报。

五名以上举报人拟采取面谈方式共同提出举报的，应当推选一至二名代表。

对于实名举报，银行保险监督管理机构需按本办法要求，履行相关告知程序。对于匿名举报，银行保险监督管理机构根据举报内容及举报人提供的相关证明材料等情况依法进行处理，不受本办法规定的期限限制，也不履行本办法规定的相关告知程序。

第八条 举报同时符合下列条件的，予以受理：

（一）举报事项属于本机构的监管职责范围；

（二）有明确的被举报人；

（三）有被举报人违反相关银行保险监管法律、行政法规、部门规章和其他规范性文件行为的具体事实及相关的证明材料。

第九条 有下列情形之一的，银行保险监督管理机构不予受理：

（一）不符合本办法第八条规定的受理条件的；

（二）已经受理的举报，举报人在处理期间再次举报，且举报内容无新的事实、证明材料的；

（三）已经办结的举报，举报人再次举报，且举报内容无新的事实、证明材料的；

（四）已经或依法应当通过诉讼、仲裁、行政复议等法定途径予以解决的；

（五）反映的被举报人银行保险违法行为已由其他银行保险监督管理机构依法处理，或已由本机构通过举报以外的途径发现并依法处理的；

（六）已经或者依法应当由其他国家机关处理的；

（七）其他依法不应当受理的情形。

银行保险监督管理机构经审核认为举报材料中部分事项或诉求属于受理范围，部分事项或诉求不属于受理范围的，可作部分受理，并书面告知举报人。

银行保险监督管理机构在受理举报材料后发现存在本条所列情形的，可作出撤销举报材料受理的决定，并书面告知举报人。

第十条 银行保险监督管理机构应当在收到举报之日起 15 日内审查决定是否受理，并书面告知举报人。

举报材料不符合本办法第八条第二项、第三项规定，或举报人提供的身份信息等材料不符合实名举报的要求的，银行保险监督管理机构可以要求举报人在合理期限内补充提供有关材料。受理审查时限自收到完整材料之日起计算。举报人无正当理由逾期未补充提供符合本办法第八条第二项、第三项规定的举报材料的，视为放弃举报。举报人无正当理由逾期未补充提供符合实名举报要求的身份信息等材料的，视为匿名举报。

第十一条 对于不属于本机构负责处理，但属于其他银行保险监督管理机构负责处理的举报，应当在收到举报之日起15日内转交其他有职责的单位，同时将举报转交情形告知举报人。

接受转交举报的银行保险监督管理机构，应当在收到转交举报之日起15日内审查决定是否受理，并书面告知举报人。

对于不属于银行保险监督管理机构负责处理的举报，应当在收到举报之日起15日内书面告知举报人向有权机关提出。

第十二条 银行保险监督管理机构应当在受理后及时开展对举报的调查工作。自受理之日起60日内，对被举报的违法行为作出书面调查意见，并及时书面告知举报人，但不得泄露国家秘密、商业秘密和个人隐私。举报人在办理期限内针对已经受理的同一举报事项提出新的事实、证明材料和理由，并需要查证的，或多个举报人就同一事项提出举报的，可以合并处理。举报办理期限自收到新材料之日起重新计算，并书面告知举报人。法律、行政法规另有规定的，从其规定。

银行保险监督管理机构决定或协调组织开展鉴定以及需要其他行政机关进行协查等工作的，所需时间不计入前款规定的期限。

银行保险监督管理机构依法对被举报的违法行为进行调查后，如发现存在违法违规行为，但无法在受理之日起60日内作出行政处罚、监管强制措施等决定的，在书面调查意见中应当告知举报人将依法予以处理。

在本条规定的60日期限内发现情况复杂，需要延长调查期限的，经批准可以适当延期，一般不超过30日，并应当书面告知举报人。

上级机构可以将本机构受理的举报事项交由下级机构调查。接受交办的下级机构应当及时向上级机构反馈有关情况。

第十三条 在举报调查期限内，举报人主动提出撤回举报申请的，视为放弃举报。银行保险监督管理机构不再将调查处理情况告知举报人。

第十四条 被举报人应当配合银行保险监督管理机构调查，如实提供相关材料。

第十五条 银行保险监督管理机构及其工作人员在举报处理工作中，应当依法对举报人的个人隐私及举报材料中需要保密的内容或有关情况履行必要的保密义务，未经批准，不得随意对外泄露。

银行保险监督管理机构工作人员与举报事项、举报人或者被举报人有直接利害关系的，应当回避。

第十六条 举报人提出举报，应当实事求是，遵守法律、行政法规、部门规章，对所提供材料内容的真实性负责。举报人捏造、歪曲事实，诬告陷害他人的，依法承担法律责任。

第十七条 中国银行保险监督管理委员会建立举报处理工作年度报告制度，各省级派出机构应当于每年4月30日前向中国银行保险监督管理委员会报告上一年度举报处理工作情况。

各派出机构发生重大举报事项的，应当及时向上一级机构报告。

第十八条 对有重大社会影响的银行保险违法行为举报典型案例，银行保险监督管理机构可以向社会公布，但涉及国家秘密、商业秘密和个人隐私的除外。

第十九条 银行保险监督管理机构可以使用举报处理专用章办理本办法规定的举报事项。

第二十条 对银行保险违法违规问题的举报，相关法律、行政法规和国务院文件有专门规定的，按相关规定处理。

第二十一条 本办法所称"日"为自然日。

本办法所称"书面告知"，包括纸质告知以及通过平台短信等电子信息形式进行的告知。

第二十二条 各省级派出机构可以根据本办法制定实施细则。

第二十三条 本办法由中国银行保险监督管理委员会负责解释。

第二十四条 本办法自2020年3月1日起施行。《保险违法行为举报处理工作办法》和《保险消费投诉处理管理办法》同时废止。原中国银监会、原中国保监会以前发布的规定与本办法不一致的，以本办法为准。

中国银保监会农村中小银行机构行政许可事项实施办法

（2019年12月26日中国银行保险监督管理委员会令2019年第9号公布　自公布之日起施行　国司备字[2020001665]）

第一章　总　　则

第一条 为规范银保监会及其派出机构农村中小银行机构行政许可行

为，明确行政许可事项、条件、程序和期限，保护申请人合法权益，根据《中华人民共和国银行业监督管理法》《中华人民共和国商业银行法》和《中华人民共和国行政许可法》等法律、行政法规及国务院有关决定，制定本办法。

第二条 本办法所称农村中小银行机构包括：农村商业银行、农村合作银行、农村信用社、村镇银行、贷款公司、农村资金互助社以及经银保监会批准设立的其他农村中小银行机构。

第三条 银保监会及其派出机构依照银保监会行政许可实施程序相关规定和本办法，对农村中小银行机构实施行政许可。

第四条 农村中小银行机构以下事项须经银保监会及其派出机构行政许可：机构设立，机构变更，机构终止，调整业务范围和增加业务品种，董事（理事）和高级管理人员任职资格，以及法律、行政法规规定和国务院决定的其他行政许可事项。

行政许可中应当按照《银行业金融机构反洗钱和反恐怖融资管理办法》进行反洗钱和反恐怖融资审查，对不符合条件的，不予批准。

第五条 申请人应当按照银保监会行政许可事项申请材料目录及格式要求相关规定提交申请材料。

第二章 法人机构设立

第一节 农村商业银行设立

第六条 设立农村商业银行应当符合以下条件：

（一）有符合《中华人民共和国公司法》《中华人民共和国商业银行法》和银保监会有关规定的章程；

（二）在农村商业银行、农村合作银行、农村信用社基础上组建；

（三）注册资本为实缴资本，最低限额为5000万元人民币；

（四）有符合任职资格条件的董事、高级管理人员和熟悉银行业务的合格从业人员；

（五）有健全的组织机构和管理制度；

（六）有与业务经营相适应的营业场所、安全防范措施和其他设施。

第七条 设立农村商业银行，还应符合其他审慎性条件，至少包括：

（一）具有良好的公司治理结构；

（二）具有清晰的农村金融发展战略和成熟的农村金融商业模式；

（三）具有健全的风险管理体系，能有效控制各类风险；

（四）具备有效的资本约束与资本补充机制；

（五）具有科学有效的人力资源管理制度，拥有高素质的专业人才；

（六）建立与业务经营相适应的信息科技架构，具有支撑业务经营的必要、安全且合规的信息科技系统，具备保障信息科技系统有效安全运行的技术与措施；

（七）最近1年无严重违法违规行为和因内部管理问题导致的重大案件，或者相关违法违规及内部管理问题已整改到位并经银保监会或其派出机构认可；

（八）主要审慎监管指标符合监管要求；

（九）所有者权益大于等于股本（即经过清产核资与整体资产评估，且考虑置换不良资产及历年亏损挂账等因素，拟组建机构合并计算所有者权益剔除股本后大于或等于零）；

（十）银保监会规章规定的其他审慎性条件。

第八条 设立农村商业银行应有符合条件的发起人，发起人包括：自然人、境内非金融机构、境内银行业金融机构、境内非银行金融机构、境外银行和银保监会认可的其他发起人。

本办法所称境内银行业金融机构指在中华人民共和国境内依法设立的商业银行、农村信用社等吸收公众存款的金融机构以及政策性银行。

第九条 自然人作为发起人，应符合以下条件：

（一）具有完全民事行为能力的中国公民；

（二）有良好的社会声誉和诚信记录，无犯罪记录；

（三）入股资金为自有资金，不得以委托资金、债务资金等非自有资金入股；

（四）银保监会规章规定的其他审慎性条件。

第十条 单个自然人及其近亲属合计投资入股比例不得超过农村商业银行股本总额的2%。职工自然人合计投资入股比例不得超过农村商业银行股本总额的20%。

第十一条 境内非金融机构作为发起人，应符合以下条件：

（一）依法设立，具有法人资格；

（二）具有良好的公司治理结构或有效的组织管理方式；

（三）具有良好的社会声誉、诚信记录和纳税记录，能按期足额偿还金融机构的贷款本金和利息；

（四）具有较长的发展期和稳定的经营状况；

（五）具有较强的经营管理能力和资金实力；

（六）最近2年内无重大违法违规行为；

（七）财务状况良好，最近2个会计年度连续盈利；如取得控股权，应最近3个会计年度连续盈利；

（八）年终分配后，净资产不低于全部资产的30%（合并会计报表口径）；如取得控股权，年终分配后净资产应不低于全部资产的40%（合并会计报表口径）；

（九）权益性投资余额不超过本企业净资产的50%（含本次投资金额，合并会计报表口径）；如取得控股权，权益性投资余额应不超过本企业净资产的40%（含本次投资金额，合并会计报表口径）；

（十）入股资金为自有资金，不得以委托资金、债务资金等非自有资金入股；

（十一）银保监会规章规定的其他审慎性条件。

有以下情形之一的境内非金融机构不得作为发起人：

（一）公司治理结构与机制存在明显缺陷；

（二）关联企业众多、股权关系复杂且不透明、关联交易频繁且异常；

（三）核心主业不突出且其经营范围涉及行业过多；

（四）现金流量波动受经济景气影响较大；

（五）资产负债率、财务杠杆率高于行业平均水平；

（六）代他人持有农村中小银行机构股权；

（七）其他对银行产生重大不利影响的情况。

第十二条 单个境内非金融机构及其关联方、一致行动人合计投资入股比例不得超过农村商业银行股本总额的10%。

第十三条 境内银行业金融机构、境内非银行金融机构作为发起人，应符合以下条件：

（一）主要审慎监管指标符合监管要求；

（二）公司治理良好，内部控制健全有效；

（三）最近2个会计年度连续盈利；

（四）社会声誉良好；最近2年无严重违法违规行为或因内部管理问题导致的重大案件，或者相关违法违规及内部管理问题已整改到位并经银保监会或其派出机构认可；

（五）入股资金为自有资金，不得以委托资金、债务资金等非自有资金入股；

（六）银保监会规章规定的其他审慎性条件。

第十四条 单个境内非银行金融机构及其关联方、一致行动人合计投资入股比例不得超过农村商业银行股本总额的10%。

第十五条 境外银行作为发起人或战略投资者,应符合以下条件:

(一)银保监会认可的国际评级机构最近2年对其长期信用评级为良好;

(二)最近2个会计年度连续盈利;

(三)资本充足率应达到其注册地银行业资本充足率平均水平且不低于10.5%;

(四)内部控制健全有效;

(五)入股资金为自有资金,不得以委托资金、债务资金等非自有资金入股;

(六)所在国家(地区)经济状况良好;

(七)注册地金融机构监督管理制度完善;

(八)银保监会规章规定的其他审慎性条件。

境外银行作为发起人或战略投资者入股应遵循长期持股、优化治理、业务合作、竞争回避的原则。

银保监会根据金融业风险状况和监管需要,可以调整境外银行作为发起人的条件。

外商独资银行、中外合资银行作为发起人或战略投资者,参照境外银行作为发起人或战略投资者的相关规定。

第十六条 境外银行投资入股的农村中小银行机构,按照入股时该农村中小银行机构的机构类型实施监督管理。境外银行还应遵守国家关于外国投资者在中国境内投资的有关规定。

第十七条 农村商业银行设立须经筹建和开业两个阶段。

设立农村商业银行应成立筹建工作小组,农村商业银行发起人应委托筹建工作小组作为申请人。

第十八条 农村商业银行的筹建申请,由地市级派出机构或所在城市省级派出机构受理,省级派出机构审查并决定,事后报告银保监会。决定机关自受理之日起4个月内作出批准或不予批准的书面决定。

第十九条 农村商业银行的筹建期为自批准决定之日起6个月。未能按期完成筹建工作的,申请人应在筹建期限届满前1个月向决定机关提交筹建延期报告。筹建延期不得超过一次,筹建延期的最长期限为3个月。

申请人应在前款规定的期限届满前提交开业申请,逾期未提交的,筹建批准文件失效,由决定机关办理筹建许可注销手续。

第二十条 农村商业银行的开业申请,由地市级派出机构或所在城市省级派出机构受理、审查并决定;决定机关为地市级派出机构的,事后报告省级派出机构。决定机关自受理之日起2个月内作出批准或不予批准的书面决定。

第二十一条 农村商业银行应在收到开业批准文件并领取金融许可证后,到市场监督管理部门办理登记,领取营业执照。

农村商业银行应自领取营业执照之日起6个月内开业。未能按期开业的,申请人应在开业期限届满前1个月向决定机关提交开业延期报告。开业延期不得超过一次,开业延期的最长期限为3个月。

农村商业银行未在前款规定时限内开业的,开业批准文件失效,由决定机关办理开业许可注销手续,收回其金融许可证,并予以公告。

第二节 农村信用合作联社设立

第二十二条 设立农村信用合作联社应符合以下条件:

(一)具有清晰的农村金融发展战略和成熟的农村金融商业模式;

(二)有符合银保监会有关规定的章程;

(三)在农村信用合作社及其联合社基础上以新设合并方式发起设立;

(四)注册资本为实缴资本,最低限额为300万元人民币;

(五)股权设置合理,符合法人治理要求;

(六)有符合任职资格条件的理事、高级管理人员和熟悉银行业务的合格从业人员;

(七)有健全的组织机构、管理制度和风险管理体系;

(八)有与业务经营相适应的营业场所、安全防范措施和其他设施;

(九)建立与业务经营相适应的信息科技架构,具有支撑业务经营的必要、安全且合规的信息科技系统,具备保障信息科技系统有效安全运行的技术与措施;

(十)银保监会规章规定的其他审慎性条件。

第二十三条 设立农村信用合作联社应有符合条件的发起人,发起人包括:自然人、境内非金融机构、境内银行业金融机构、境内非银行金融机构、境外银行和银保监会认可的其他发起人。

发起人应分别符合本办法第九条、第十条、第十一条、第十二条、第十三条、第十四条、第十五条和第十六条的规定。

第二十四条 农村信用合作联社的筹建申请,由地市级派出机构或所在城市省级派出机构受理,省级派出机构审查并决定。决定机关自受理之日起4个月内作出批准或不予批准的书面决定。

农村信用合作联社的开业申请,由地市级派出机构或所在城市省级派出机构受理、审查并决定。决定机关自受理之日起 2 个月内作出批准或不予批准的书面决定。

筹建和开业的申请人、期限适用本办法第十七条、第十九条和第二十一条的规定。

第二十五条 农村信用合作社及其联合社、农村信用合作联社按照《中华人民共和国公司法》组建农村信用联社，其行政许可条件、程序、事权划分和时限按照农村信用合作联社设立的相关规定执行。

第三节 村镇银行设立

第二十六条 设立村镇银行应符合以下条件：

（一）有符合《中华人民共和国公司法》《中华人民共和国商业银行法》和银保监会有关规定的章程；

（二）发起人应符合规定的条件，且发起人中应至少有 1 家银行业金融机构；

（三）注册资本为实缴资本，在县（区）设立的，最低限额为 300 万元人民币；在乡（镇）设立的，最低限额为 100 万元人民币；

投资管理型村镇银行注册资本最低限额为 10 亿元人民币；"多县一行"制村镇银行注册资本最低限额为 1 亿元人民币；

（四）具有符合任职资格条件的董事、高级管理人员和熟悉银行业务的合格从业人员；

（五）具有必需的组织机构、管理制度和风险管理体系；

（六）具有清晰的支持"三农"和小微企业发展的战略；

（七）具有与业务经营相适应的营业场所、安全防范措施和其他设施；

（八）建立与业务经营相适应的信息科技架构，具有支撑业务经营的必要、安全且合规的信息科技系统，具备保障信息科技系统有效安全运行的技术与措施；

（九）银保监会规章规定的其他审慎性条件。

已经设立的村镇银行作为投资管理型村镇银行，还应符合以下条件：主要审慎监管指标符合监管要求；经营管理水平较高，支农支小特色明显。

第二十七条 设立村镇银行应有符合条件的发起人，发起人包括：自然人、境内非金融机构、境内银行业金融机构、境内非银行金融机构、境外银行和银保监会认可的其他发起人。

发起人（投资管理型村镇银行作为主发起人除外）应分别符合本办法第九条、第十一条、第十三条、第十五条和第十六条的规定。

第二十八条 村镇银行主发起人（投资管理型村镇银行作为主发起人除外）除应符合第十三条规定外，还应符合以下条件：

（一）须是银行业金融机构；

（二）监管评级良好；

（三）具有清晰的发展战略规划和可行有效的商业模式；

（四）具备对外投资实力和持续补充资本能力；

（五）具有合格人才储备；

（六）具有充分的并表管理能力及信息科技建设和管理能力。

第二十九条 投资管理型村镇银行作为主发起人，应符合以下条件：

（一）主要审慎监管指标符合监管要求；

（二）公司治理良好，内部控制健全有效；

（三）具有清晰的发展战略规划和可行有效的商业模式；

（四）具备对外投资实力和持续补充资本能力；

（五）具有合格人才储备；

（六）具有充分的并表管理能力及信息科技建设和管理能力；

（七）入股资金为自有资金，不得以委托资金、债务资金等非自有资金入股；

（八）银保监会规章规定的其他审慎性条件。

第三十条 村镇银行主发起人持股比例不得低于村镇银行股本总额的15%。

单个自然人及其近亲属合计投资入股比例不得超过村镇银行股本总额的10%。职工自然人合计投资入股比例不得超过村镇银行股本总额的20%。

单个境内非金融机构及其关联方、一致行动人合计投资入股比例不得超过村镇银行股本总额的10%。单个境内非银行金融机构及其关联方、一致行动人合计投资入股比例不得超过村镇银行股本总额的10%。

第三十一条 村镇银行（投资管理型村镇银行除外）的筹建申请，由地市级派出机构或所在城市省级派出机构受理，省级派出机构审查并决定，事后报告银保监会。投资管理型村镇银行的筹建申请，由省级派出机构受理并初步审查，银保监会审查并决定。决定机关自受理之日起4个月内作出批准或不予批准的书面决定。

村镇银行（投资管理型村镇银行除外）的开业申请，由地市级派出机构或所在城市省级派出机构受理、审查并决定；决定机关为地市级派出机构的，事后报告省级派出机构。投资管理型村镇银行的开业申请，由地市级派出机构或所在城市省级派出机构受理，省级派出机构审查并决定，事后报告银保监会。决定机关自受理之日起2个月内作出批准或不予批准的书面决定。

筹建和开业的申请人、期限适用本办法第十七条、第十九条和第二十一条的规定。筹建一人有限责任公司村镇银行的,可由出资人作为申请人。

第四节　贷款公司设立

第三十二条　在县(市)级及以下地区设立贷款公司应符合以下条件:

(一)有符合银保监会有关规定的章程;

(二)注册资本为实缴资本,最低限额为50万元人民币;

(三)有具备任职专业知识和业务工作经验的高级管理人员和工作人员;

(四)有必需的组织机构和管理制度;

(五)有与业务经营相适应的营业场所、安全防范措施和其他设施。

第三十三条　设立贷款公司,还应符合其他审慎性条件,至少包括:

(一)具有良好的公司治理结构;

(二)具有科学有效的人力资源管理制度和符合条件的专业人才;

(三)具备有效的资本约束和补充机制。

第三十四条　设立贷款公司,应有符合以下条件的出资人:

(一)出资人为境内外银行;

(二)公司治理良好,内部控制健全有效;

(三)主要审慎监管指标符合监管要求;

(四)银保监会规章规定的其他审慎性条件。

第三十五条　贷款公司由单个境内外银行全额出资设立。

第三十六条　贷款公司的筹建申请,由地市级派出机构或所在城市省级派出机构受理,省级派出机构审查并决定。决定机关自受理之日起4个月内作出批准或不予批准的书面决定。

贷款公司的开业申请,由地市级派出机构或所在城市省级派出机构受理、审查并决定。决定机关自受理之日起2个月内作出批准或不予批准的书面决定。

筹建和开业的申请人、期限适用本办法第十七条、第十九条和第二十一条的规定。贷款公司可由出资人作为申请人。

第五节　农村资金互助社设立

第三十七条　设立农村资金互助社应符合以下条件:

(一)有符合银保监会有关规定的章程;

(二)以发起方式设立且发起人不少于10人;

（三）注册资本为实缴资本，在乡（镇）设立的，最低限额为 30 万元人民币；在行政村设立的，最低限额为 10 万元人民币；

（四）有符合任职资格的理事、经理和具备从业条件的工作人员；

（五）有必需的组织机构和管理制度；

（六）有与业务经营相适应的营业场所、安全防范措施和其他设施；

（七）银保监会规章规定的其他审慎性条件。

第三十八条 设立农村资金互助社应有符合条件的发起人，发起人包括：乡（镇）、行政村的农民和农村小企业。

第三十九条 农民作为发起人，应符合以下条件：

（一）具有完全民事行为能力的中国公民；

（二）户口所在地或经常居住地（本地有固定住所且居住满 3 年）在农村资金互助社所在乡（镇）或行政村内；

（三）有良好的社会声誉和诚信记录，无犯罪记录；

（四）入股资金为自有资金，不得以委托资金、债务资金等非自有资金入股；

（五）银保监会规章规定的其他审慎性条件。

第四十条 农村小企业作为发起人，应符合以下条件：

（一）注册地或主要营业场所在农村资金互助社所在乡（镇）或行政村内；

（二）具有良好的信用记录；

（三）最近 2 年内无重大违法违规行为；

（四）上一会计年度盈利；

（五）年终分配后净资产达到全部资产的 10% 以上（合并会计报表口径）；

（六）入股资金为自有资金，不得以委托资金、债务资金等非自有资金入股；

（七）银保监会规章规定的其他审慎性条件。

第四十一条 单个农民或单个农村小企业向农村资金互助社入股，其持股比例不得超过农村资金互助社股金总额的 10%。

第四十二条 农村资金互助社的筹建申请，由地市级派出机构或所在城市省级派出机构受理，省级派出机构审查并决定。决定机关自受理之日起 4 个月内作出批准或不予批准的书面决定。

农村资金互助社的开业申请，由地市级派出机构或所在城市省级派出机构受理、审查并决定。决定机关自受理之日起 2 个月内作出批准或不予批准的书面决定。

筹建和开业的申请人、期限适用本办法第十七条、第十九条和第二十一条的规定。

第六节 投资设立、参股、收购境内法人金融机构

第四十三条 农村商业银行投资设立、参股、收购境内法人金融机构(村镇银行除外),申请人应符合以下条件:

(一)监管评级良好;

(二)主要审慎监管指标符合监管要求;

(三)具有良好的公司治理结构;

(四)具有清晰的发展战略和成熟的金融商业模式;

(五)具备对外投资实力和持续补充资本能力;

(六)风险管理和内部控制健全有效,具有良好的对外投资风险的识别、监测、分析和控制能力;

(七)具有良好的并表管理能力;

(八)具有完善、合规的信息科技系统和信息安全体系,具有标准化的数据管理体系,具备保障业务连续有效安全运行的技术与措施;

(九)权益性投资余额原则上不超过其净资产的50%(合并会计报表口径);

(十)最近3个会计年度连续盈利;

(十一)最近2年无严重违法违规行为或因内部管理问题导致的重大案件,或者相关违法违规及内部管理问题已整改到位并经银保监会或其派出机构认可;

(十二)银保监会规章规定的其他审慎性条件。

农村商业银行投资设立、参股村镇银行,申请人应符合第十三条有关规定;作为主发起人投资设立、收购村镇银行,申请人应符合第二十八条有关规定。

投资管理型村镇银行投资设立、收购村镇银行,申请人应符合第二十九条有关规定。

第四十四条 农村商业银行投资设立、参股、收购境内法人金融机构,投资管理型村镇银行投资设立、收购村镇银行,由地市级派出机构或所在城市省级派出机构受理,省级派出机构审查并决定,事后报告银保监会。决定机关自受理之日起6个月内作出批准或不予批准的书面决定。

前款所指投资设立、参股、收购境内法人金融机构事项,如需另经银保监会或其派出机构批准法人机构设立,或者需银保监会或其派出机构进行股东资格审核等,则相关许可事项由银保监会或其派出机构在批准法人机构设立

或进行股东资格审核等时，对农村商业银行和投资管理型村镇银行投资设立、参股或收购行为进行合并审查并作出决定。

第三章 分支机构设立

第一节 分行、专营机构设立

第四十五条 农村商业银行设立分行，申请人应符合以下条件：

（一）具有清晰的农村金融发展战略和成熟的农村金融商业模式；

（二）农村商业银行设立满2年以上；

（三）注册资本不低于10亿元人民币；

（四）监管评级良好；

（五）公司治理良好，内部控制健全有效；

（六）主要审慎监管指标符合监管要求，其中不良贷款率低于3%，资本充足率不低于12%；

（七）具有拨付营运资金的能力；

（八）具有完善、合规的信息科技系统和信息安全体系，具有标准化的数据管理体系，具备保障业务连续有效安全运行的技术与措施；

（九）最近2年无严重违法违规行为或因内部管理问题导致的重大案件，或者相关违法违规及内部管理问题已整改到位并经银保监会或其派出机构认可；

（十）银保监会规章规定的其他审慎性条件。

第四十六条 农村商业银行设立信用卡中心、“三农”（小企业）信贷中心、私人银行部、票据中心、资金营运中心等专营机构，申请人除应符合第四十五条有关规定外，还应符合以下条件：

（一）专营业务经营体制改革符合该项业务的发展方向，并进行了详细的可行性研究论证；

（二）专营业务经营体制改革符合其总行的总体战略和发展规划，有利于提高整体竞争能力；

（三）开办专营业务2年以上，有经营专营业务的管理团队和专业技术人员；

（四）专营业务资产质量、服务等指标达到良好水平，专营业务的成本控制水平较高，具有较好的盈利前景。

第四十七条 农村商业银行分行、专营机构的筹建申请由其法人机构提交，由拟设地地市级派出机构或所在城市省级派出机构受理，省级派出机构审查并决定，事后报告银保监会。决定机关自受理之日起 4 个月内作出批准或不予批准的书面决定。

第四十八条 农村商业银行分行、专营机构的筹建期为自批准决定之日起 6 个月。未能按期完成筹建工作的，申请人应在筹建期限届满前 1 个月向决定机关提交筹建延期报告。筹建延期不得超过一次，筹建延期的最长期限为 3 个月。

申请人应在前款规定的期限届满前提交分行、专营机构开业申请，逾期未提交的，筹建批准文件失效，由决定机关办理筹建许可注销手续。

第四十九条 农村商业银行分行、专营机构的开业申请由拟设地地市级派出机构或所在城市省级派出机构受理、审查并决定。决定机关自受理之日起 2 个月内作出批准或不予批准的书面决定。

农村商业银行分行、专营机构开业应符合以下条件：

（一）营运资金到位；

（二）具有符合任职资格条件的高级管理人员和熟悉银行业务的合格从业人员；

（三）具有与业务发展相适应的组织机构和规章制度；

（四）具有与业务经营相适应的营业场所、安全防范措施和其他设施；

（五）具有与业务经营相适应的信息科技部门，具有必要、安全且合规的信息科技系统，具备保障本级信息科技系统有效安全运行的技术与措施。

第二节 支行设立

第五十条 农村商业银行、农村合作银行在注册地辖区内设立支行，申请人应符合以下条件：

（一）具有清晰的农村金融发展战略和成熟的农村金融商业模式；

（二）公司治理良好，内部控制健全有效；

（三）主要审慎监管指标符合监管要求；

（四）具有拨付营运资金的能力；

（五）具有完善、合规的信息科技系统和信息安全体系，具有标准化的数据管理体系，具备保障业务连续有效安全运行的技术与措施；

（六）最近 1 年无严重违法违规行为或因内部管理问题导致的重大案件，或者相关违法违规及内部管理问题已整改到位并经银保监会或其派出机构认可；

（七）银保监会规章规定的其他审慎性条件。

农村商业银行在注册地辖区外设立支行，申请人应符合以下条件：

（一）具有清晰的农村金融发展战略和成熟的农村金融商业模式；

（二）农村商业银行设立满1年以上；

（三）注册资本不低于5亿元人民币；

（四）监管评级良好；

（五）公司治理良好，内部控制健全有效；

（六）主要审慎监管指标符合监管要求；

（七）具有拨付营运资金的能力；

（八）具有完善、合规的信息科技系统和信息安全体系，具有标准化的数据管理体系，具备保障业务连续有效安全运行的技术与措施；

（九）最近2年无严重违法违规行为或因内部管理问题导致的重大案件，或者相关违法违规及内部管理问题已整改到位并经银保监会或其派出机构认可；

（十）银保监会规章规定的其他审慎性条件。

第五十一条 村镇银行设立6个月以上，公司治理良好，主要审慎监管指标符合监管要求的，其法人机构可根据当地金融服务需求申请在注册地辖区内设立支行。

已在中西部地区和老少边穷地区设立的村镇银行，申请作为"多县一行"制村镇银行在邻近县（市、旗）设立注册地辖区外支行，应符合以下条件：

（一）村镇银行设立满1年以上；

（二）注册资本不低于1亿元人民币；

（三）公司治理良好；

（四）主要审慎监管指标符合监管要求；

（五）经营发展稳健，处于当地同业较好水平；

（六）银保监会规章规定的其他审慎性条件。

第五十二条 农村商业银行、农村合作银行、村镇银行设立支行，筹建方案由其法人机构事后报告开业决定机关。

第五十三条 农村商业银行、农村合作银行、村镇银行在注册地辖区内的支行开业申请由其法人机构提交，由地市级派出机构或所在城市省级派出机构受理、审查并决定。农村商业银行、"多县一行"制村镇银行在注册地辖区外的支行开业申请由其法人机构提交，由拟设地地市级派出机构或所在城市省级派出机构受理、审查并决定。决定机关自受理之日起2个月内作出批准或不予批准的书面决定。

支行开业应符合以下条件：

（一）营运资金到位；

（二）具有符合任职资格条件的高级管理人员和熟悉银行业务的合格从业人员；

（三）具有与业务经营相适应的营业场所、安全防范措施和其他设施。

第五十四条 农村商业银行分行在分行所在地辖区内设立支行，其行政许可条件、程序、事权划分和时限按照农村商业银行在注册地辖区内设立支行的相关规定执行。

第三节 分理处、信用社、分社、分公司设立

第五十五条 农村商业银行、农村合作银行、村镇银行设立分理处，农村信用合作联社、农村信用联社设立信用社、分社，贷款公司设立分公司，申请人应符合以下条件：

（一）主要审慎监管指标符合监管要求；

（二）有熟悉银行业务的合格从业人员；

（三）具有拨付营运资金的能力；

（四）具有完善、合规的信息科技系统和信息安全体系，具有标准化的数据管理体系，具备保障业务连续有效安全运行的技术与措施；

（五）最近1年无严重违法违规行为或因内部管理问题导致的重大案件，或者相关违法违规及内部管理问题已整改到位并经银保监会或其派出机构认可；

（六）银保监会规章规定的其他审慎性条件。

第五十六条 农村商业银行、农村合作银行、村镇银行在注册地辖区内设立分理处，农村信用合作联社、农村信用联社在注册地辖区内设立信用社、分社，贷款公司在注册地辖区内设立分公司，筹建方案由其法人机构事后报告开业决定机关。开业申请由法人机构提交，由地市级派出机构或所在城市省级派出机构受理、审查并决定。

农村商业银行、“多县一行”制村镇银行的注册地辖区外支行在其所在的县（市、旗）内设立分理处，筹建方案由其法人机构事后报告开业决定机关。开业申请由法人机构提交，由拟设地地市级派出机构或所在城市省级派出机构受理、审查并决定。

决定机关自受理之日起2个月内作出批准或不予批准的书面决定。

第五十七条 分支机构开业许可事项，申请人应在收到开业批准文件并按规定领取金融许可证后，根据市场监督管理部门的规定办理登记手续，领取营业执照。

分支机构应自领取营业执照之日起6个月内开业。未能按期开业的，申请人应在开业期限届满前1个月向决定机关提交开业延期报告。开业延期不得超过一次，开业延期的最长期限为3个月。

分支机构未在前款规定时限内开业的，开业批准文件失效，由决定机关办理开业许可注销手续，收回其金融许可证，并予以公告。

第四章　机构变更

第一节　法人机构变更

第五十八条　法人机构变更包括：变更名称，变更住所，变更组织形式，变更股权，变更注册资本，修改章程，分立和合并等。

第五十九条　农村中小银行机构法人机构变更名称，名称中应标明“农村商业银行”“农村合作银行”“信用合作社”“联合社”“联社”“村镇银行”“贷款公司”和“农村资金互助社”等机构种类字样，并符合惟一性和商誉保护原则。

农村中小银行机构法人机构变更名称，由地市级派出机构或所在城市省级派出机构受理，省级派出机构审查并决定，事后报告银保监会。

第六十条　法人机构变更住所，应有与业务发展相符合的营业场所、安全防范措施和其他设施。

农村中小银行机构（投资管理型村镇银行除外）法人机构变更住所，由地市级派出机构或所在城市省级派出机构受理、审查并决定；决定机关为地市级派出机构的，事后报告省级派出机构。投资管理型村镇银行变更住所，由地市级派出机构或所在城市省级派出机构受理，省级派出机构审查并决定，事后报告银保监会。

法人机构因行政区划调整等原因导致的行政区划、街道、门牌号等发生变化而实际位置未变动的，不需进行变更住所的申请，但应于变更后15日内报告属地监管机构，并换领金融许可证。

法人机构因房屋维修、增扩建等原因临时变更住所6个月以内的，不需进行变更住所申请，但应在原住所、临时住所公告，并提前10日报告属地监管机构。临时住所应符合公安、消防部门的相关要求。回迁原住所，法人机构应提前10日将回迁住所的安全、消防合格证明等材料报告属地监管机构，并予以公告。

第六十一条　农村中小银行机构（省（自治区）农村信用社联合社除外）变更组织形式，由地市级派出机构或所在城市省级派出机构受理，省级派出机构审查并决定，事后报告银保监会。省（自治区）农村信用社联合社变更组织形式，由省级派出机构受理并初步审查，银保监会审查并决定。

农村中小银行机构变更组织形式将导致机构类型发生变化的，须按相关金融机构设立条件和程序申请行政许可。

第六十二条 农村中小银行机构股权变更，受让人应符合本办法规定的相应发起人（出资人）资格条件。

农村中小银行机构（地市农村信用合作社联合社、投资管理型村镇银行除外）变更持有股本总额1%以上、5%以下的股东（社员），由法人机构报告地市级派出机构或所在城市省级派出机构。地市农村信用合作社联合社、投资管理型村镇银行变更持有股本总额1%以上、5%以下的股东（社员），由法人机构报告省级派出机构。

农村中小银行机构（地市农村信用合作社联合社、投资管理型村镇银行除外）持有股本总额5%以上、10%以下股东（社员）的变更申请，由地市级派出机构或所在城市省级派出机构受理、审查并决定。地市农村信用合作社联合社、投资管理型村镇银行持有股本总额5%以上股东（社员）的变更申请，由地市级派出机构或所在城市省级派出机构受理，省级派出机构审查并决定。

农村中小银行机构持有股本总额10%以上股东（社员）的变更申请，由地市级派出机构或所在城市省级派出机构受理，省级派出机构审查并决定，事后报告银保监会。

投资人入股农村中小银行机构，应按照有关规定完整、真实地披露其关联关系。

第六十三条 法人机构变更注册资本，其股东（社员）应符合本办法规定的相应发起人（出资人）资格条件。

农村中小银行机构（投资管理型村镇银行除外）变更注册资本，由地市级派出机构或所在城市省级派出机构受理、审查并决定；决定机关为地市级派出机构的，事后报告省级派出机构。投资管理型村镇银行变更注册资本，由地市级派出机构或所在城市省级派出机构受理，省级派出机构审查并决定，事后报告银保监会。

法人机构通过配股或定向募股方式变更注册资本的，在变更注册资本前还应经过配股或募集新股方案审批。方案的受理、审查和决定程序同本条前款规定。

第六十四条 农村中小银行机构在境内外公开募集股份和上市交易股份的，应符合有关法律法规及中国证监会有关监管规定。向证监会申请之前，应向银保监会省级派出机构申请并获得批准。

农村中小银行机构在境内外公开募集股份和上市交易股份的，由地市级派出机构或所在城市省级派出机构受理，省级派出机构审查并决定，事后报告银保监会。

第六十五条 农村中小银行机构（投资管理型村镇银行除外）修改章程，由地市级派出机构或所在城市省级派出机构受理、审查并决定；决定机关为地市级派出机构的，事后报告省级派出机构。投资管理型村镇银行修改章程，由地市级派出机构或所在城市省级派出机构受理，省级派出机构审查并决定，事后报告银保监会。

法人机构变更名称、住所、股权、注册资本或业务范围的，应在决定机关作出批准决定6个月内修改章程相应条款并报告决定机关。

第六十六条 农村商业银行、农村信用联社、村镇银行、贷款公司分立、合并应符合《中华人民共和国公司法》等有关规定；农村合作银行、农村信用合作社、农村信用合作社联合社、农村信用合作联社和农村资金互助社分立、合并应参照《中华人民共和国公司法》等有关规定。

法人机构分立、合并，还应符合相应的机构设立条件。

第六十七条 法人机构分立分为存续分立和新设分立。分立须经分立筹备和分立开业两个阶段。

分立筹备阶段，分立筹备事项由地市级派出机构或所在城市省级派出机构受理，省级派出机构审查并决定，事后报告银保监会。法人机构分立将导致机构类型、股权结构等发生变化的，其分立筹备事项须按相关法人机构筹建条件和程序申请行政许可。

分立开业阶段，存续分立的存续方应按照变更事项的条件和程序通过行政许可，新设方应按照法人机构开业的条件和程序通过行政许可。新设分立的新设方应按照法人机构开业的条件和程序通过行政许可，原法人机构应按照法人机构解散的条件和程序通过行政许可。

第六十八条 法人机构合并分为吸收合并和新设合并。合并须经合并筹备和合并开业两个阶段。

合并筹备阶段，合并筹备事项由地市级派出机构或所在城市省级派出机构受理，省级派出机构审查并决定，事后报告银保监会。法人机构合并将导致机构类型、股权结构等发生变化的，其合并筹备事项须按相关法人机构筹建条件和程序申请行政许可。

合并开业阶段，吸收合并的吸收方应按照变更事项的条件和程序通过行政许可，被吸收方应按照法人机构解散的条件和程序通过行政许可；被吸收方改建为分支机构的，应按照分支机构开业的条件和程序通过行政许可。新设合并的新设方应按照法人机构开业的条件和程序通过行政许可，原法人机构应按照法人机构解散的条件和程序通过行政许可。

第六十九条 本节所列需审批的变更事项，决定机关自受理之日起3个月内作出批准或不予批准的书面决定。

第二节 分支机构变更

第七十条 分支机构变更包括：变更名称，变更住所，机构升格等。

第七十一条 农村中小银行机构分支机构变更名称，名称中应标明“分行”“支行”“分理处”“信用社”“分社”“储蓄所”和“分公司”等机构种类字样，并符合惟一性和商誉保护原则。

分支机构变更名称，由其法人机构报告所在地地市级派出机构或所在城市省级派出机构。报告后应及时变更金融许可证。

第七十二条 分支机构变更住所，由其法人机构报告所在地地市级派出机构或所在城市省级派出机构。报告后应及时变更金融许可证。

第七十三条 分支机构升格，应符合拟升格机构的设立条件，并通过行政许可。

农村商业银行支行升格为分行的，由拟升格机构所在地地市级派出机构或所在城市省级派出机构受理，省级派出机构审查并决定；其他情形的分支机构升格，由地市级派出机构或所在城市省级派出机构受理、审查并决定。

因分支机构升格导致的其他变更事项比照相关规定办理。

第七十四条 本节所列需审批的变更事项，由分支机构的法人机构提出申请。决定机关自受理之日起3个月内作出批准或不予批准的书面决定。

第五章 机构终止

第一节 法人机构终止

第七十五条 法人机构有下列情形之一的，应申请解散：

（一）章程规定的营业期限届满或者出现章程规定的其他应解散的情形；

（二）权力机构决议解散的；

（三）因分立、合并需要解散的。

第七十六条 法人机构解散，由地市级派出机构或所在城市省级派出机构受理，省级派出机构审查并决定，事后报告银保监会。决定机关自受理之日起3个月内作出批准或不予批准的书面决定。

法人机构因分立、合并出现解散情形的，与分立、合并一并进行审批。

第七十七条 法人机构有下列情形之一的，在向法院申请破产前，应向银保监会申请并获得批准：

（一）不能支付到期债务，自愿或应其债权人要求申请破产的；

（二）因解散而清算，清算组发现机构财产不足以清偿债务，应申请破产的。

申请破产的，由省级派出机构受理并初步审查，银保监会审查并决定。决定机关自受理之日起3个月内作出批准或不予批准的书面决定。

第二节 分支机构终止

第七十八条 分支机构终止营业的（被依法撤销除外），其法人机构应提交分支机构终止申请。省（自治区）农村信用社联合社办事处改制为区域审计中心的，其法人机构应向属地监管机构提交办事处终止报告。

第七十九条 农村商业银行分行、专营机构的终止申请，由分行、专营机构所在地地市级派出机构或所在城市省级派出机构受理，省级派出机构审查并决定。其他农村中小银行机构分支机构的终止申请，由分支机构所在地地市级派出机构或所在城市省级派出机构受理、审查并决定。

决定机关自受理之日起3个月内作出批准或不予批准的书面决定。

第六章 调整业务范围和增加业务品种

第一节 开办外汇业务和增加外汇业务品种

第八十条 开办除结汇、售汇以外的外汇业务或增加外汇业务品种，申请人应符合以下条件：

（一）依法合规经营，内控制度健全有效，经营状况良好；

（二）主要审慎监管指标符合监管要求；

（三）有与申报外汇业务相应的外汇营运资金和合格的外汇业务从业人员；

（四）有符合开展外汇业务要求的营业场所和相关设施；

（五）银保监会规章规定的其他审慎性条件。

第八十一条 申请开办外汇业务和增加外汇业务品种，由地市级派出机构或所在城市省级派出机构受理，省级派出机构审查并决定。

第二节　募集发行债务、资本补充工具

第八十二条　募集次级定期债务、发行二级资本债券、混合资本债、金融债及须经监管机构许可的其他债务、资本补充工具，申请人应符合以下条件：

（一）具有良好的公司治理结构；

（二）主要审慎监管指标符合监管要求；

（三）贷款风险分类结果真实准确；

（四）拨备覆盖率达标，贷款损失准备计提充足；

（五）银保监会规章规定的其他审慎性条件。

第八十三条　申请募集次级定期债务、发行二级资本债券、混合资本债、金融债及须经监管机构许可的其他债务、资本补充工具，由地市级派出机构或所在城市省级派出机构受理，省级派出机构审查并决定，事后报告银保监会。

第三节　开办衍生产品交易业务

第八十四条　开办衍生产品交易业务的资格分为以下两类：

（一）基础类资格：只能从事套期保值类衍生产品交易；

（二）普通类资格：除基础类资格可以从事的衍生产品交易之外，还可以从事非套期保值类衍生产品交易。

第八十五条　开办基础类衍生产品交易业务，应符合以下条件：

（一）具有健全的衍生产品交易风险管理制度和内部控制制度；

（二）主要审慎监管指标符合监管要求；

（三）具有接受相关衍生产品交易技能专门培训半年以上、从事衍生产品或相关交易2年以上的交易人员至少2名，相关风险管理人员至少1名，风险模型研究人员或风险分析人员至少1名，熟悉套期会计操作程序和制度规范的人员至少1名，以上人员均应无不良记录，且需专岗专人，相互不得兼任；

（四）有与业务相适应的交易场所和设备；

（五）具有处理法律事务和负责内控合规检查的专业部门及相关专业人员；

（六）银保监会规章规定的其他审慎性条件。

第八十六条　开办普通类衍生产品交易业务，除符合本办法第八十五条规定的条件外，还应符合以下条件：

（一）完善的衍生产品交易前、中、后台自动联接的业务处理系统和实时风险管理系统；

（二）衍生产品交易业务主管人员应具备5年以上直接参与衍生产品交易

活动或风险管理的资历,且无不良记录;

(三)严格的业务分离制度,确保套期保值类业务与非套期保值类业务的市场信息、风险管理、损益核算有效隔离;

(四)完善的市场风险、操作风险、信用风险等风险管理框架;

(五)银保监会规章规定的其他审慎性条件。

第八十七条 申请开办衍生产品交易业务,由地市级派出机构或所在城市省级派出机构受理,省级派出机构审查并决定,事后报告银保监会。

第四节 开办信用卡业务

第八十八条 申请开办信用卡业务分为申请发卡业务和申请收单业务。申请人应符合以下条件:

(一)公司治理良好,具备与业务发展相适应的组织机构和规章制度,内部制度、风险管理和问责机制健全有效;

(二)主要审慎监管指标符合监管要求;

(三)具备符合任职资格条件的董事、高级管理人员和合格从业人员,高级管理人员中应具有信用卡业务专业知识和管理经验的人员至少 1 人,具备开展信用卡业务必须的技术人员和管理人员,并全面实施分级授权管理;

(四)具备与业务经营相适应的营业场所、相关设施和必备的信息技术资源;

(五)已在境内建立符合法律法规和业务管理要求的业务系统,具有保障相关业务系统信息安全和运行质量的技术能力;

(六)信誉良好,具有完善、有效的案件防控体系;最近 3 年无严重违法违规行为或因内部管理问题导致的重大案件,或者相关违法违规及内部管理问题已整改到位并经银保监会或其派出机构认可;

(七)开办外币信用卡业务的,应具有经国务院外汇管理部门批准的结汇、售汇业务资格;

(八)银保监会规章规定的其他审慎性条件。

第八十九条 开办信用卡发卡业务除应具备本办法第八十八条规定的条件外,申请人还应符合下列条件:

(一)注册资本为实缴资本,且不低于人民币 5 亿元;

(二)具备办理零售业务的良好基础,最近 3 年个人存贷款业务规模和业务结构稳定,个人存贷款业务客户规模和客户结构良好,银行卡业务运行情况良好,身份证件验证系统和征信系统的连接和使用情况良好;

(三)具备办理信用卡业务的专业系统,在境内建有发卡业务主机、信用卡业务申请管理系统、信用评估管理系统、信用卡账户管理系统、信用卡交易授权系统、信用卡交易监测和伪冒交易预警系统、信用卡客户服务中心系统、催收业务管理系统等专业化运营基础设施,相关设施通过了必要的安全检测和业务测试,能够保障客户资料和业务数据的完整性和安全性;

(四)符合自身业务经营总体战略和发展规划,有利于提高总体业务竞争能力,能够根据业务发展实际情况持续开展业务成本计量、业务规模监测和基本盈亏平衡测算等工作。

第九十条 开办信用卡收单业务除应具备本办法第八十八条规定的条件外,申请人还应符合下列条件:

(一)注册资本为实缴资本,且不低于人民币1亿元;

(二)具备开办收单业务的良好业务基础,最近3年企业贷款业务规模和业务结构稳定,企业贷款业务客户规模和客户结构较为稳定,身份证件验证系统和征信系统连接和使用情况良好;

(三)具备办理收单业务的专业系统支持,在境内建有收单业务主机、特约商户申请管理系统、特约商户信用评估管理系统、商户结算账户管理系统、账户管理系统、收单交易监测和伪冒交易预警系统、交易授权系统等专业化运营基础设施,相关设施通过了必要的安全检测和业务测试,能够保障客户资料和业务数据的完整性和安全性;

(四)符合自身业务经营总体战略和发展规划,有利于提高业务竞争能力,能够根据业务发展实际情况持续开展业务成本计量、业务规模监测和基本盈亏平衡测算等工作。

第九十一条 农村商业银行、农村合作银行、农村信用合作联社、农村信用联社、村镇银行申请开办独立品牌信用卡发卡业务、收单业务,由地市级派出机构或所在城市省级派出机构受理,省级派出机构审查并决定。

第九十二条 省(自治区)农村信用社联合社受辖内农村商业银行、农村合作银行、农村信用合作联社、农村信用联社委托,或投资管理型村镇银行受其投资设立的村镇银行委托,申请统一信用卡品牌,应符合以下条件:

(一)使用统一品牌且符合《商业银行信用卡业务监督管理办法》有关规定的农村商业银行、农村合作银行、农村信用合作联社、农村信用联社或村镇银行数量在5家以上;

(二)具备办理信用卡业务的专业系统(包括但不限于自主建设维护的交易授权系统、交易监测系统等),通过了必要的安全检测和业务测试;

(三)信息系统运行良好,具备保障相关业务系统信息安全和运行质量的技术能力;

(四)具备为发卡机构服务的专业客户服务基础设施；

(五)具有专业管理人员和技术人员。

第九十三条 省(自治区)农村信用社联合社、投资管理型村镇银行申请统一信用卡品牌，由地市级派出机构或所在城市省级派出机构受理，省级派出机构审查并决定，事后报告银保监会。

村镇银行主发起人已开办独立品牌信用卡发卡业务，受其投资设立的村镇银行委托作为发卡业务服务机构，授权村镇银行使用主发起人统一信用卡品牌的，由主发起人事前报告银保监会和村镇银行所在地银保监会派出机构。

第九十四条 使用统一信用卡品牌开办发卡业务的农村商业银行、农村合作银行、农村信用合作联社、农村信用联社、村镇银行应符合以下条件：

(一)监管评级良好；

(二)主要审慎监管指标符合监管要求；

(三)具备良好的零售客户基础和较好的个人信贷管理能力及经验；

(四)具有专业的高级管理人才以及业务管理人员和技术人员；

(五)具有使用统一信用卡品牌开展发卡业务的资本实力。

使用统一信用卡品牌开办发卡业务的农村商业银行、农村合作银行、农村信用合作联社、农村信用联社、村镇银行，其注册资本不适用《商业银行信用卡业务监督管理办法》相关规定。

第九十五条 使用省(自治区)农村信用社联合社统一信用卡品牌的农村商业银行、农村合作银行、农村信用合作联社、农村信用联社申请开办信用卡发卡业务，以及使用主发起人统一信用卡品牌的村镇银行申请开办信用卡发卡业务的，由地市级派出机构或所在城市省级派出机构受理、审查并决定。

第五节　开办离岸银行业务

第九十六条 开办离岸银行业务或增加业务品种，应符合以下条件：

(一)主要审慎监管指标符合监管要求；

(二)风险管理和内控制度健全有效；

(三)达到规定的外汇资产规模，且外汇业务经营业绩良好；

(四)外汇业务从业人员符合开展离岸银行业务要求，且在以往经营活动中无不良记录，其中主管人员应从事外汇业务5年以上，其他从业人员中至少50%应从事外汇业务3年以上；

(五)有符合离岸银行业务开展要求的场所和设施；

(六)最近3年无严重违法违规行为或因内部管理问题导致的重大案件，或者相关违法违规及内部管理问题已整改到位并经银保监会或其派出机构认可；

（七）银保监会规章规定的其他审慎性条件。

第九十七条 申请开办离岸银行业务或增加业务品种，由地市级派出机构或所在城市省级派出机构受理，省级派出机构审查并决定，事后报告银保监会。

第六节 申请开办其他业务

第九十八条 农村中小银行机构申请开办现行法规明确规定的其他业务和品种的，由地市级派出机构或所在城市省级派出机构受理，省级派出机构审查并决定。

第九十九条 申请开办现行法规未明确规定的业务和品种的，应符合下列条件：

（一）公司治理良好，具备与业务发展相适应的组织机构和规章制度，内部制度、风险管理和问责机制健全有效；

（二）与现行法律法规不相冲突；

（三）监管评级良好，主要审慎监管指标符合监管要求；

（四）符合本机构战略发展定位与方向；

（五）经董事会同意并出具书面意见；

（六）具备开展业务必需的技术人员和管理人员，并全面实施分级授权管理；

（七）具备与业务经营相适应的营业场所和相关设施；

（八）具有开展该项业务的必要、安全且合规的信息科技系统，具备保障信息科技系统有效安全运行的技术与措施；

（九）最近3年无严重违法违规行为或因内部管理问题导致的重大案件，或者相关违法违规及内部管理问题已整改到位并经银保监会或其派出机构认可；

（十）银保监会规章规定的其他审慎性条件。

农村中小银行机构申请开办本条所述业务和品种的，由地市级派出机构或所在城市省级派出机构受理，省级派出机构审查并决定，事后报告银保监会。

第一百条 本章业务事项，决定机关自受理之日起3个月内作出批准或不予批准的书面决定。

第七章 董事（理事）和高级管理人员任职资格许可

第一节 任职资格条件

第一百零一条 农村商业银行、农村合作银行、农村信用联社、村镇银行的董事长、副董事长、独立董事和其他董事等董事会成员以及董事会秘书，农村信用合作社、农村信用合作社联合社、农村信用合作联社、省（自治区）农村信用社联合社、农村资金互助社的理事长、副理事长、独立理事和其他理事等理事会成员须经任职资格许可。

农村商业银行、农村合作银行、村镇银行的行长、副行长、行长助理、风险总监、财务总监、合规总监、总审计师、总会计师、首席信息官以及同职级高级管理人员，内审部门负责人、财务部门负责人、合规部门负责人，农村信用合作社主任，农村信用合作社联合社、农村信用合作联社、农村信用联社的主任、副主任，省（自治区）农村信用社联合社主任、副主任、主任助理、总审计师以及同职级高级管理人员，合规部门负责人、办事处（区域审计中心）主任，贷款公司总经理，农村资金互助社经理，农村商业银行分行行长、副行长、行长助理，农村商业银行专营机构总经理、副总经理、总经理助理等高级管理人员须经任职资格许可。

农村商业银行、农村合作银行、村镇银行营业部负责人和支行行长，县（市、区）农村信用合作社联合社、农村信用合作联社、农村信用联社营业部负责人和信用社主任，地市农村信用合作联社、农村信用联社营业部负责人和信用社主任、副主任，农村商业银行分行营业部负责人应符合拟任人任职资格条件。

其他虽未担任上述职务，但实际履行本条前三款所列董事（理事）和高级管理人员职责的人员，应按银保监会认定的同类人员纳入任职资格管理。

第一百零二条 农村中小银行机构董事（理事）和高级管理人员拟任人应符合以下基本条件：

（一）具有完全民事行为能力；

（二）具有良好的守法合规记录；

（三）具有良好的品行、声誉；

（四）具有担任拟任职务所需的相关知识、经验及能力；

（五）具有良好的经济、金融从业记录；

（六）个人及家庭财务稳健；

（七）具有担任拟任职务所需的独立性；

（八）履行对金融机构的忠实与勤勉义务。

第一百零三条 拟任人有下列情形之一的，视为不符合本办法第一百零二条（二）（三）（五）项规定的条件，不得担任农村中小银行机构董事（理事）和高级管理人员：

（一）有故意或重大过失犯罪记录的；

（二）有违反社会公德的不良行为，造成恶劣影响的；

（三）对曾任职机构违法违规经营活动或重大损失负有个人责任或直接领导责任，情节严重的；

（四）担任或曾任被接管、撤销、宣告破产或吊销营业执照机构的董事（理事）或高级管理人员的，但能够证明本人对曾任职机构被接管、撤销、宣告破产或吊销营业执照不负有个人责任的除外；

（五）因违反职业道德、操守或者工作严重失职，造成重大损失或恶劣影响的；

（六）指使、参与所任职机构不配合依法监管或案件查处的；

（七）被取消终身的董事（理事）和高级管理人员任职资格，或受到监管机构或其他金融管理部门处罚累计达到两次以上的；

（八）不具备本办法规定的任职资格条件，采取不正当手段以获得任职资格核准的。

第一百零四条 拟任人有下列情形之一的，视为不符合本办法第一百零二条（六）（七）项规定的条件，不得担任农村中小银行机构董事（理事）和高级管理人员：

（一）截至申请任职资格时，本人或其配偶仍有数额较大的逾期债务未能偿还，包括但不限于在该金融机构的逾期贷款；

（二）本人或其配偶及其他近亲属合并持有该金融机构 5% 以上股份或股金，且从该金融机构获得的授信总额明显超过其持有的该金融机构股权净值；

（三）本人及其所控股的股东单位合并持有该金融机构 5% 以上股份或股金，且从该金融机构获得的授信总额明显超过其持有的该金融机构股权净值；

（四）本人或其配偶在持有该金融机构 5% 以上股份或股金的股东单位任职，且该股东从该金融机构获得的授信总额明显超过其持有的该金融机构股权净值，但能够证明授信与本人及其配偶没有关系的除外；

（五）存在其他所任职务与其在该金融机构拟任、现任职务有明显利益冲突，或明显分散其在该金融机构履职时间和精力的情形；

（六）银保监会按照实质重于形式原则确定的未达到农村中小银行机构董事（理事）、高级管理人员在财务状况、独立性方面最低监管要求的其他情形。

第一百零五条 申请农村中小银行机构董事（理事）任职资格，拟任人除应符合本办法第一百零二条规定条件外，还应具备以下条件：

（一）5 年以上的法律、经济、金融、财务或其他有利于履行董事（理事）职责的工作经历；

（二）能够运用金融机构的财务报表和统计报表判断金融机构的经营管理

和风险状况；

（三）了解拟任职机构公司治理结构、公司章程和董事（理事）会职责。

申请农村中小银行机构独立董事（理事）任职资格，拟任人还应是法律、经济、金融、财会方面的专业人员，并符合相关法规规定。

农村资金互助社理事不适用本条规定。

第一百零六条 除不得存在第一百零三条、第一百零四条所列情形外，农村中小银行机构拟任独立董事（理事）还不得存在下列情形：

（一）本人及其近亲属合并持有该金融机构1%以上股份或股金；

（二）本人或其近亲属在持有该金融机构1%以上股份或股金的股东单位任职；

（三）本人或其近亲属在该金融机构、该金融机构控股或者实际控制的机构任职；

（四）本人或其近亲属在不能按期偿还该金融机构贷款的机构任职；

（五）本人或其近亲属任职的机构与本人拟任职金融机构之间存在法律、会计、审计、管理咨询、担保合作等方面的业务联系或债权债务等方面的利益关系，以致妨碍其履职独立性的情形；

（六）本人或其近亲属可能被拟任职金融机构大股东、高管层控制或施加重大影响，以致妨碍其履职独立性的情形；

（七）银保监会按照实质重于形式原则确定的未达到农村中小银行机构独立董事（理事）在独立性方面最低监管要求的其他情形。

独立董事（理事）在同一家农村中小银行机构任职时间累积不得超过6年。

第一百零七条 申请农村中小银行机构董事长（理事长）、副董事长（副理事长）、独立董事（理事）和董事会秘书任职资格，拟任人还应分别符合以下学历和从业年限条件：

（一）拟任农村商业银行、农村合作银行、投资管理型村镇银行的董事长、副董事长，省（自治区）农村信用社联合社理事长、副理事长，地市农村信用联社董事长、副董事长，地市农村信用合作社联合社、地市农村信用合作联社的理事长、副理事长，应具备本科以上学历，从事金融工作6年以上，或从事相关经济工作10年以上（其中从事金融工作3年以上）；

（二）拟任县（市、区）农村信用联社董事长、副董事长，县（市、区）农村信用合作社联合社、县（市、区）农村信用合作联社的理事长、副理事长，农村商业银行、农村合作银行、投资管理型村镇银行、农村信用联社董事会秘书，农村信用合作社理事长、副理事长，村镇银行（投资管理型村镇银行除外）董事长、副董事长、执行董事、董事会秘书，应具备大专以上学历，从事金融工作 4 年以上，或从事相关经济工作 6 年以上（其中从事金融工作 2 年以上）；

（三）拟任农村资金互助社理事长，应具备高中或中专以上学历；

（四）拟任独立董事（理事），应具备本科以上学历。

第一百零八条 农村中小银行机构拟任高级管理人员应了解拟任职务的职责，熟悉同类型机构的管理框架、盈利模式，熟知同类型机构的内控制度，具备与拟任职务相适应的风险管理能力。

第一百零九条 农村中小银行机构高级管理人员拟任人还应分别符合以下学历和从业年限条件：

（一）拟任农村商业银行、农村合作银行、投资管理型村镇银行的行长、副行长、行长助理、风险总监、财务总监、合规总监，农村商业银行分行行长、副行长、行长助理，农村商业银行专营机构总经理、副总经理、总经理助理，省（自治区）农村信用社联合社主任、副主任、主任助理、总审计师，地市农村信用合作社联合社、地市农村信用合作联社、地市农村信用联社的主任、副主任，应具备本科以上学历，从事金融工作 6 年以上，或从事相关经济工作 10 年以上（其中从事金融工作 3 年以上）；

（二）拟任县（市、区）农村信用合作社联合社、县（市、区）农村信用合作联社、农村信用联社主任、副主任、营业部负责人，地市农村信用合作联社、农村信用联社信用社主任、副主任、营业部负责人，农村商业银行、农村合作银行、投资管理型村镇银行营业部负责人，农村商业银行分行营业部负责人，农村商业银行、农村合作银行、投资管理型村镇银行支行行长，村镇银行（投资管理型村镇银行除外）行长、副行长、行长助理、风险总监、财务总监、合规总监、营业部负责人、支行行长，农村信用合作社主任、县（市、区）农村信用合作联社信用社主任、农村信用联社信用社主任，贷款公司总经理，应具备大专以上学历，从事金融工作 4 年以上，或从事相关经济工作 6 年以上（其中从事金融工作 2 年以上）；

（三）拟任省（自治区）农村信用社联合社办事处（区域审计中心）主任，应具备本科以上学历，从事财务、会计、审计或稽查工作 6 年以上（其中从事金融工作 2 年以上）；拟任农村商业银行、农村合作银行、村镇银行的总审计师、总会计师、内审部门负责人、财务部门负责人，应具备大专以上学历，取得国家或国际认可的会计、审计专业技术职称（或通过国家或国际认可的会计、审计专业技术资格考试），并从事财务、会计或审计工作 6 年以上（其中从事金融工作 2 年以上）；

（四）拟任省（自治区）农村信用社联合社、农村商业银行、农村合作银行、投资管理型村镇银行合规部门负责人,应具备本科以上学历,并从事金融工作4年以上;村镇银行(投资管理型村镇银行除外)合规部门负责人应具备大专以上学历,从事金融工作2年以上;

(五)拟任农村商业银行、农村合作银行、村镇银行首席信息官,应具备本科以上学历,并从事信息科技工作6年以上(其中任信息科技高级管理职务4年以上并从事金融工作2年以上);

(六)拟任农村资金互助社经理,应具备高中或中专以上学历。

第一百一十条 拟任人未达到上述学历要求,但符合以下条件的,视同达到相应学历要求:

(一)取得国家教育行政主管部门认可院校授予的学士以上学位的;

(二)取得注册会计师、注册审计师或与拟任职务相关的高级专业技术职务资格的,视同达到相应学历要求,其任职条件中金融工作年限要求应增加4年;

(三)应具备本科学历要求,现学历为大专的,应相应增加6年以上金融或8年以上相关经济工作经历(其中从事金融工作4年以上);

(四)应具备大专学历要求,现学历为高中或中专的,应相应增加6年以上金融或8年以上相关经济工作经历(其中从事金融工作4年以上)。

第二节 任职资格许可程序

第一百一十一条 董事(理事)和高级管理人员任职资格申请或报告由法人机构提交。

第一百一十二条 以下机构董事(理事)和高级管理人员任职资格申请由地市级派出机构或所在城市省级派出机构受理、审查并决定。

(一)县(市、区)农村商业银行、农村合作银行、农村信用联社、村镇银行(投资管理型村镇银行除外)董事长、副董事长、董事、董事会秘书和高级管理人员,贷款公司总经理;

(二)地市农村商业银行副董事长、董事、董事会秘书、副行长、行长助理、风险总监、财务总监、合规总监、总审计师、总会计师、首席信息官、内审部门负责人、财务部门负责人、合规部门负责人;

(三)农村信用合作社、县(市、区)农村信用合作社联合社、县(市、区)农村信用合作联社、农村资金互助社理事长、副理事长、理事和高级管理人员;

(四)地市农村信用合作社联合社、地市农村信用合作联社副理事长、理事、副主任,地市农村信用联社副董事长、董事、副主任;

(五)农村商业银行分行行长、副行长、行长助理,专营机构总经理、副总经理、总经理助理；

农村商业银行、农村合作银行、村镇银行营业部负责人和支行行长，县（市、区）农村信用合作社联合社、农村信用合作联社、农村信用联社营业部负责人和信用社主任，地市农村信用合作联社、农村信用联社营业部负责人和信用社主任、副主任，农村商业银行分行营业部负责人任职应报告地市级派出机构或所在城市省级派出机构。

第一百一十三条 以下机构董事（理事）和高级管理人员任职资格申请由地市级派出机构受理并初步审查，省级派出机构审查并决定。

（一）地市农村商业银行董事长、行长；

（二）地市农村信用合作社联合社、地市农村信用合作联社理事长、主任，地市农村信用联社董事长、主任；

第一百一十四条 省（自治区）农村信用社联合社、直辖市农村商业银行和投资管理型村镇银行董事（理事）及高级管理人员任职资格申请，由地市级派出机构或所在城市省级派出机构受理，省级派出机构审查并决定，事后报告银保监会。

第一百一十五条 农村中小银行机构及其分支机构新设立时，董事（理事）和高级管理人员的任职资格申请或报告，与该机构开业申请一并提交。

第一百一十六条 董事（理事）和高级管理人员任职资格谈话、考试由决定机关或由决定机关委托受理机关进行。

第一百一十七条 拟任人现任或曾任金融机构董事长（理事长）、副董事长（副理事长）和高级管理人员的，法人机构在提交任职资格申请材料或报告时，还应提交该拟任人的离任审计报告或经济责任审计报告。

第一百一十八条 具有任职资格且未连续中断任职 1 年以上的拟任人在同一法人机构内以及在同质同类法人机构间，同类性质平级调动职务或改任较低职务的，不需重新申请核准任职资格。拟任人应当在任职后 5 日内向任职机构所在地银保监会派出机构报告。

农村中小银行机构董事（理事）和高级管理人员任期届满，被重新选举或聘任为董事（理事）和高级管理人员的，比照前款执行。

第一百一十九条 农村中小银行机构董事长（理事长）、行长（主任）、分支行行长、专营机构总经理、信用社主任缺位时，农村中小银行机构可以按照公司章程等规定指定符合相应任职资格条件的人员代为履职，并自作出决定之日起 3 日内向监管机构报告。代为履职的人员不符合任职资格条件的，监管机构可以责令农村中小银行机构限期调整代为履职的人员。

代为履职的时间不得超过 6 个月。农村中小银行机构应在 6 个月内选聘具有任职资格的人员正式任职。

第一百二十条 董事（理事）和高级管理人员在任职资格获得核准前不得到任履职。

农村商业银行、农村合作银行、村镇银行营业部负责人和支行行长，县（市、区）农村信用合作社联合社、农村信用合作联社、农村信用联社营业部负责人和信用社主任，地市农村信用合作联社、农村信用联社营业部负责人和信用社主任、副主任，农村商业银行分行营业部负责人在提交任职报告前不得到任履职，拟任人不符合任职资格条件的，监管机构可以责令农村中小银行机构限期调整任职人员。

第一百二十一条 本章所列需审批的任职资格事项，决定机关自受理之日起30日内作出核准或不予核准的书面决定。

第八章　附　则

第一百二十二条 农村信用联社组建农村商业银行事项、农村合作银行设立事项及其行政许可条件、程序、事权划分和时限按照本办法农村商业银行设立的相关规定执行。

农村信用合作社联合社分支机构设立、变更及其高级管理人员任职资格许可条件、程序、事权划分和时限按照本办法农村信用合作联社的有关规定执行。

第一百二十三条 "多县一行"制村镇银行，是指以中西部和老少边穷地区省内多个邻近县（市、旗）中的一个县（市、旗）作为注册地，并在其他县（市、旗）设立支行的村镇银行。

投资管理型村镇银行，是指具有投资设立和收购村镇银行职能，并对所投资的村镇银行实施集约化管理、提供专业化服务的村镇银行。

选择已经设立的村镇银行作为投资管理型村镇银行，涉及机构变更事项适用投资管理型村镇银行相关事项及其行政许可条件、程序、事权划分和时限规定。

第一百二十四条 机构变更许可事项，农村中小银行机构应在决定机关作出行政许可决定之日起6个月内完成变更，并向决定机关和所在地银保监会派出机构书面报告。董事（理事）和高级管理人员任职资格许可事项，拟任人应在决定机关核准任职资格之日起3个月内到任，农村中小银行机构应向决定机关和所在地银保监会派出机构书面报告。法律、行政法规另有规定的除外。

未在前款规定的期限内完成变更或到任的，行政许可决定文件失效，由决定机关办理许可注销手续。

第一百二十五条 农村中小银行机构设立、变更和终止，涉及营业执照变更等法定程序的，应在完成相关变更手续后1个月内向决定机关和所在地银保监会派出机构报告。

第一百二十六条 农村中小银行机构解散后改制为农村商业银行、农村合作银行、农村信用合作联社、农村信用联社分支机构的，该分支机构开业申请及相关高级管理人员任职资格申请或报告应一并提交。

农村商业银行、农村合作银行、农村信用合作联社、农村信用联社设立后，其本部及分支机构均应启用新设机构的金融许可证、营业执照、印章、凭证、牌匾等。

第一百二十七条 香港、澳门和台湾地区的银行投资入股农村中小银行机构，比照适用境外银行有关规定。

第一百二十八条 本办法所称注册地辖区是指城区法人机构所服务的当地市辖区、县域法人机构所服务的当地县域。

第一百二十九条 本办法中"以上"含本数或本级，本办法中的"日"均为工作日。

第一百三十条 银保监会根据法律法规和市场准入工作实际，有权对行政许可事项中受理、审查和决定等事权的划分进行动态调整。

根据国务院或地方政府授权，履行国有金融资本出资人职责的各级财政部门及受财政部门委托管理国有金融资本的其他部门、机构，发起设立、投资入股农村中小银行机构的资质条件和监管要求等参照本办法有关规定执行，国家另有规定的从其规定。

涉及并购重组高风险机构的，相关行政许可条件另行规定。

第一百三十一条 本办法由银保监会负责解释。本办法自公布之日起施行，《中国银监会农村中小金融机构行政许可事项实施办法》（中国银监会令2015年第3号公布，根据2018年8月17日《中国银保监会关于废止和修改部分规章的决定》修正）同时废止。

中国银保监会外资银行行政许可事项实施办法

（2019 年 12 月 26 日中国银行保险监督管理委员会令 2019 年第 10 号公布　自公布之日起施行　国司备字[2020001667]）

第一章　总　　则

第一条　为规范银保监会及其派出机构实施外资银行行政许可行为，明确行政许可事项、条件、程序和期限，保护申请人合法权益，根据《中华人民共和国银行业监督管理法》《中华人民共和国商业银行法》《中华人民共和国行政许可法》和《中华人民共和国外资银行管理条例》等法律、行政法规及国务院有关决定，制定本办法。

第二条　本办法所称外资银行包括：外商独资银行、中外合资银行、外国银行分行和外国银行代表处。外商独资银行、中外合资银行、外国银行分行统称外资银行营业性机构。外国银行代表处是指受银保监会监管的银行类代表处。

第三条　银保监会及其派出机构依照本办法和银保监会有关行政许可实施程序的规定，对外资银行实施行政许可。

第四条　外资银行下列事项应当经银保监会及其派出机构行政许可：机构设立、机构变更、机构终止、业务范围、董事和高级管理人员任职资格，以及法律、行政法规规定和国务院决定的其他行政许可事项。

第五条　本办法所称审慎性条件，至少包括下列内容：

（一）具有良好的行业声誉和社会形象；

（二）具有良好的持续经营业绩，资产质量良好；

（三）管理层具有良好的专业素质和管理能力；

（四）具有健全的风险管理体系，能够有效控制各类风险；

（五）具有健全的内部控制制度和有效的管理信息系统；

（六）按照审慎会计原则编制财务会计报告，且会计师事务所对财务会计报告持无保留意见；

（七）无重大违法违规记录和因内部管理问题导致的重大案件；

（八）具有有效的人力资源管理制度，拥有高素质的专业人才；

（九）具有对中国境内机构活动进行管理、支持的经验和能力；

（十）具备有效的资本约束与资本补充机制；

（十一）具有健全的公司治理结构；

（十二）法律、行政法规和银保监会规定的其他审慎性条件。

本条第（九）项、第（十）项、第（十一）项仅适用于外商独资银行及其股东、中外合资银行及其股东以及外国银行。

第六条 外资银行名称应当包括中文名称和外文名称。外国银行分行和外国银行代表处的中文名称应当标明该外国银行的国籍及责任形式。国籍以外国银行注册地为准，如外国银行名称已体现国籍，可不重复。如外国银行的责任形式为无限责任，可在中文名称中省略责任形式部分。香港特别行政区、澳门特别行政区、台湾地区的银行在内地（大陆）设立的分支机构的中文名称只须标明责任形式。

第七条 本办法要求提交的资料，除年报外，凡用外文书写的，应当附有中文译本。以中文和英文以外文字印制的年报应当附有中文或者英文译本。

本办法所称年报应当经审计，并附申请人所在国家或者地区认可的会计师事务所出具的审计意见书。

第八条 本办法要求提交的资料，如要求由授权签字人签署，应当一并提交该授权签字人的授权书。

本办法要求提交的营业执照复印件、经营金融业务许可文件复印件、授权书、外国银行对其在中国境内分行承担税务和债务责任的保证书，应当经所在国家或者地区认可的机构公证，并且经中国驻该国使馆、领馆认证，法律法规另有规定的，依照其规定。中国境内公证机构出具的公证材料无须认证。

银保监会视情况需要，可以要求申请人报送的其他申请资料经所在国家或者地区认可的机构公证，并且经中国驻该国使馆、领馆认证。

第二章 机构设立

第一节 外商独资银行、中外合资银行设立

第九条 拟设立的外商独资银行、中外合资银行应当具备下列条件：

（一）具有符合《中华人民共和国公司法》《中华人民共和国商业银行法》和《中华人民共和国外资银行管理条例》规定的章程；

（二）注册资本应当为实缴资本，最低限额为10亿元人民币或者等值的自由兑换货币，资金来源合法；

（三）具有符合任职资格条件的董事、高级管理人员和熟悉银行业务的合格从业人员；

（四）具有健全的组织机构和管理制度；

（五）具有有效的反洗钱和反恐怖融资内部控制制度；

（六）具有与业务经营相适应的营业场所、安全防范措施和其他设施；

（七）具有与业务经营相适应的信息科技架构，具有支撑业务经营的必要、安全且合规的信息科技系统，具备保障信息科技系统有效安全运行的技术与措施。

第十条 拟设外商独资银行、中外合资银行的股东，应当具备下列条件：

（一）具有持续盈利能力，信誉良好，无重大违法违规记录；

（二）具备有效的反洗钱制度，但中方非金融机构股东除外；

（三）外方股东具有从事国际金融活动的经验，受到所在国家或者地区金融监管机构的有效监管，并且其申请经所在国家或者地区金融监管机构同意；

（四）本办法第五条规定的审慎性条件。

拟设外商独资银行的股东、中外合资银行的外方股东所在国家或者地区应当经济状况良好，具有完善的金融监督管理制度，并且其金融監管机构已经与银保监会建立良好的监督管理合作机制。

第十一条 拟设外商独资银行的股东应当为金融机构，除应当具备本办法第十条规定的条件外，其中唯一或者控股股东还应当具备下列条件：

（一）为商业银行；

（二）资本充足率符合所在国家或者地区金融监管机构以及银保监会的规定。

第十二条 拟设中外合资银行的股东除应当具备本办法第十条规定的条件外，外方股东应当为金融机构，且外方唯一或者主要股东还应当具备下列条件：

（一）为商业银行；

（二）资本充足率符合所在国家或者地区金融监管机构以及银保监会的规定。

第十三条 本办法第十二条所称外方唯一或者主要股东，是指持有中外合资银行资本总额或者股份总额50%以上的商业银行，或者不持有资本总额或者股份总额50%以上，但依据拟设中外合资银行章程，符合下列情形的商业银行：

（一）持有拟设中外合资银行半数以上的表决权；

（二）有权控制拟设中外合资银行的财务和经营政策；

（三）有权任免拟设中外合资银行董事会或者类似权力机构的多数成员；

（四）在拟设中外合资银行董事会或者类似权力机构有半数以上投票权。

中外合资银行应当由其主要股东纳入并表范围。

第十四条 拟设中外合资银行的中方股东为金融机构的，除应当具备本办法第十条规定的条件外，还应当具备下列条件：

（一）主要审慎监管指标符合监管要求；

（二）公司治理良好，内部控制健全有效；

（三）最近3个会计年度连续盈利；

（四）社会声誉良好，无重大违法违规记录和因内部管理问题导致的重大案件，或者相关违法违规及内部管理问题已整改到位并经金融监管机构认可；

（五）受到金融监管机构的有效监管，并且其申请经相关金融监管机构同意；

（六）银保监会规章规定的其他审慎性条件。

第十五条 拟设中外合资银行的中方股东为非金融机构的，除应当具备本办法第十条规定的条件外，还应当具备下列条件：

（一）具有良好的公司治理结构；

（二）具有良好的社会声誉、诚信记录和纳税记录，能按期足额偿还金融机构的债务本金和利息；

（三）具有较强的经营管理能力和资金实力；

（四）财务状况良好，最近3个会计年度连续盈利；

（五）年终分配后，净资产达到全部资产的30%（合并会计报表口径）；

（六）权益性投资余额不超过本企业净资产的50%（合并会计报表口径），银保监会认可的投资公司和控股公司等除外；

（七）入股资金为自有资金，不得以委托资金、债务资金等非自有资金入股，法律法规另有规定的除外；

（八）银保监会规章规定的其他审慎性条件。

第十六条 单一中方非金融机构在中外合资银行的持股比例应当符合银保监会的规定。股东及其关联方、一致行动人在中外合资银行的持股比例合并计算。

第十七条 有下列情形之一的，不得作为外商独资银行、中外合资银行的股东：

（一）公司治理结构与机制存在明显缺陷；

（二）股权关系复杂或者透明度低；

（三）关联企业众多，关联交易频繁或者异常；

（四）核心业务不突出或者经营范围涉及行业过多；

（五）现金流量波动受经济环境影响较大；

（六）资产负债率、财务杠杆率高于行业平均水平；

（七）以不符合法律、行政法规及监管规定的资金入股；

（八）代他人持有外商独资银行、中外合资银行股权；

（九）其他对拟设银行产生重大不利影响的情形。

第十八条 设立外商独资银行、中外合资银行分为筹建和开业两个阶段。

第十九条 筹建外商独资银行、中外合资银行的申请，由拟设机构所在地银保监局受理和初审，银保监会审查和决定。

申请筹建外商独资银行、中外合资银行，申请人应当向拟设机构所在地银保监局提交申请资料，同时抄送拟设机构所在地银保监分局。

拟设机构所在地银保监局应当自受理之日起 20 日内将申请资料连同审核意见报送银保监会。银保监会应当自银保监局受理之日起 6 个月内，作出批准或者不批准筹建的决定，并书面通知申请人。决定不批准的，应当说明理由。特殊情况下，银保监会可以适当延长审查期限，并书面通知申请人，但延长期限不得超过 3 个月。

第二十条 申请筹建外商独资银行、中外合资银行，申请人应当向拟设机构所在地银保监局提交下列申请资料（一式两份），同时抄送拟设机构所在地银保监分局（一份）：

（一）各股东董事长或者行长（首席执行官、总经理）联合签署的筹建申请书，内容包括拟设机构的名称、所在地、注册资本、申请经营的业务种类、各股东名称和出资比例等；

（二）可行性研究报告及筹建计划书，内容至少包括申请人的基本情况、对拟设机构的市场前景分析、业务发展规划、组织管理结构、开业后 3 年的资产负债规模和盈亏预测，与业务经营相关的信息系统、数据中心及网络建设初步规划，以及筹建期内完成各项筹建工作的安排。

申请人在中国境内已设立外国银行分行的，应当确保拟设外商独资银行或者中外合资银行与已设外国银行分行在机构名称、营业地址、业务系统、人员配备等方面有所区分，并在筹建计划书中说明；

（三）拟设机构的章程草案；

（四）拟设机构各股东签署的合资经营合同，但单一股东的外商独资银行除外；

（五）拟设机构各股东的章程；

（六）拟设机构各股东及其所在集团的组织结构图，主要股东及其控股股东、实际控制人、最终受益人名单及其无故意或者重大过失犯罪记录的声明，海外分支机构和关联企业名单；

（七）拟设机构各股东最近3年的年报；

（八）拟设机构各股东的反洗钱制度，中方股东为非金融机构的，可不提供反洗钱制度；

（九）拟设机构各股东签署的在中国境内长期持续经营并对拟设机构实施有效管理的承诺函；

（十）拟设机构外方股东所在国家或者地区金融监管机构核发的营业执照或者经营金融业务许可文件的复印件及对其申请的意见书；拟设机构中方股东为金融机构的，应当提交相关金融监管机构对其申请的意见书；

（十一）初次设立外商独资银行、中外合资银行的，应当报送外方股东所在国家或者地区金融体系情况和有关金融监管法规的摘要；

（十二）银保监会要求的其他资料。

第二十一条 申请人应当自收到筹建批准文件之日起15日内到拟设机构所在地银保监局领取开业申请表，开始筹建工作。筹建期为自获准筹建之日起6个月。

申请人未在6个月内完成筹建工作，应当在筹建期届满前1个月向拟设机构所在地银保监局报告。筹建延期的最长期限为3个月。

申请人应当在前款规定的期限届满前提交开业申请，逾期未提交的，筹建批准文件失效。

第二十二条 拟设外商独资银行、中外合资银行完成筹建工作后，应当向拟设机构所在地银保监局申请验收。经验收合格的，可以申请开业。外商独资银行、中外合资银行开业的申请，由拟设机构所在地银保监局受理、审查和决定。

拟设外商独资银行、中外合资银行申请开业，应当向拟设机构所在地银保监局提交申请资料，同时抄送拟设机构所在地银保监分局。拟设机构所在地银保监局应当自受理之日起2个月内，作出批准或者不批准开业的决定，并书面通知申请人，同时抄报银保监会。决定不批准的，应当说明理由。

第二十三条 拟设外商独资银行、中外合资银行申请开业，应当将下列申请资料报送拟设机构所在地银保监局（一式两份），同时抄送拟设机构所在地银保监分局（一份）：

（一）筹备组负责人签署的开业申请书，内容包括拟设机构的名称、住所、注册资本、业务范围、各股东及其持股比例、拟任董事长和行长（首席执行官）的姓名等；与拟设外商独资银行、中外合资银行在同一城市设有代表处的，应当同时申请关闭代表处；

（二）开业申请表；

（三）拟任董事长、行长（首席执行官）任职资格核准所需的相关资料；

（四）开业前审计报告和法定验资机构出具的验资证明；

（五）拟设机构组织结构图、各岗位职责描述、内部授权和汇报路线；

（六）拟在开业时经营人民币业务的，还应当提交人民币业务筹备情况的说明，包括内部控制制度和操作规程等；

（七）拟设机构人员名单、简历和培训记录；

（八）拟设机构的章程草案以及在中国境内依法设立的律师事务所出具的对章程草案的法律意见书；

（九）营业场所安全、消防设施合格情况的说明；

（十）营业场所的所有权证明、使用权证明或者租赁合同的复印件；

（十一）拟设机构反洗钱和反恐怖融资相关材料，包括出资资金来源情况说明和出资资金来源合法的声明，反洗钱和反恐怖融资内部控制制度材料，反洗钱和反恐怖融资管理部门设置情况报告，反洗钱和反恐怖融资专业人员配备情况及接受培训情况报告，信息系统反洗钱和反恐怖融资功能报告等；

（十二）银保监会要求的其他资料。

第二十四条 外商独资银行、中外合资银行应当在收到开业批准文件并领取金融许可证后，到市场监督管理部门办理登记，领取营业执照。

外商独资银行、中外合资银行应当自领取营业执照之日起6个月内开业。未能按期开业的，应当在开业期限届满前1个月向外商独资银行或者中外合资银行所在地银保监局报告。开业延期的最长期限为3个月。

外商独资银行、中外合资银行未在前款规定期限内开业的，开业批准文件失效，由开业决定机关注销开业许可，收回其金融许可证，并予以公告。

第二节 外国银行分行改制为外商独资银行

第二十五条 外国银行申请将其在中国境内分行改制为由其单独出资的外商独资银行，应当符合本办法有关设立外商独资银行的条件，承诺在中国境内长期持续经营并且具备对拟设外商独资银行实施有效管理的能力。

第二十六条 外国银行将其在中国境内分行改制为由其单独出资的外商独资银行，分为改制筹建和开业两个阶段。

第二十七条 外国银行将其在中国境内分行改制为由其单独出资的外商独资银行的申请，由拟设机构所在地银保监局受理和初审，银保监会审查和决定。

申请改制筹建外商独资银行，申请人应当向拟设机构所在地银保监局提交改制筹建申请资料，同时抄送该外国银行在中国境内所有分行所在地银保监局。

拟设机构所在地银保监局应当自受理之日起20日内将申请资料连同审核意见报送银保监会。银保监会应当自银保监局受理之日起6个月内，作出批准或者不批准改制筹建的决定，并书面通知申请人。决定不批准的，应当说明理由。特殊情况下，银保监会可以适当延长审查期限，并书面通知申请人，但延长期限不得超过3个月。

第二十八条 申请改制筹建外商独资银行，申请人应当向拟设机构所在地银保监局提交下列改制筹建申请资料（一式两份），同时抄送该外国银行在中国境内所有分行所在地银保监局（各一份）：

（一）申请人董事长或者行长（首席执行官、总经理）签署的申请书，内容包括拟设外商独资银行及其分支机构的名称、所在地、注册资本或者营运资金、申请经营的业务种类等；如同时申请增加注册资本，应当标明拟增加的注册资本金额及币种；

（二）可行性研究报告及筹建计划书，内容至少包括申请人的基本情况、对拟设机构的市场前景分析、业务发展规划、组织管理结构、开业后3年的资产负债规模和盈亏预测，与业务经营相关的信息系统、数据中心及网络建设初步规划，以及筹建期内完成各项筹建工作的安排；

（三）拟设机构的章程草案；

（四）申请人关于将中国境内分行改制为由其单独出资的外商独资银行的董事会决议；

（五）申请人董事长或者行长（首席执行官、总经理）签署的同意由拟设外商独资银行承继中国境内分行债权、债务及税务的意见函以及对改制前中国境内分行的债权、债务及税务承担连带责任的承诺函；

（六）申请人董事长或者行长（首席执行官、总经理）签署的在中国境内长期持续经营并对拟设外商独资银行实施有效管理的承诺函，内容包括允许拟设外商独资银行使用其商誉、对拟设外商独资银行提供资本、管理和技术支持等；

（七）申请人提出申请前2年在中国境内所有分行经审计的合并财务会计报告；

（八）申请人所在国家或者地区金融监管机构对其中国境内分行改制的意见书；

（九）申请人最近3年年报；

（十）银保监会要求的其他资料。

第二十九条 申请人应当自收到改制筹建批准文件之日起15日内到拟设外商独资银行所在地银保监局领取开业申请表，开始筹建工作。筹建期为自获准改制筹建之日起6个月。

申请人未在6个月内完成改制筹建工作，应当在筹建期届满前1个月向拟设外商独资银行所在地银保监局报告，并抄送该外国银行在中国境内所有分行所在地银保监局。筹建延期的最长期限为3个月。

申请人应当在前款规定的期限届满前提交开业申请，逾期未提交的，改制筹建批准文件失效。

第三十条 拟设外商独资银行完成筹建工作后，应当向拟设机构所在地银保监局申请验收。经验收合格的，可以申请开业。开业申请由拟设机构所在地银保监局受理和初审，银保监会审查和决定。

由外国银行在中国境内分行改制的外商独资银行申请开业，应当向拟设机构所在地银保监局提交申请资料，同时抄送该外国银行在中国境内所有分行所在地银保监局。

拟设机构所在地银保监局应当自受理之日起20日内将申请资料连同审核意见报送银保监会。银保监会应当自银保监局受理之日起2个月内，作出批准或者不批准开业的决定，并书面通知申请人。决定不批准的，应当说明理由。

第三十一条 由外国银行在中国境内分行改制的外商独资银行申请开业，应当将下列申请资料报送拟设机构所在地银保监局（一式两份），同时抄送该外国银行在中国境内所有分行所在地银保监局（各一份）：

（一）筹备组负责人签署的开业申请书，内容包括拟设外商独资银行及其分支机构的名称、住所或者营业地址、注册资本及营运资金、申请经营的业务种类、拟任董事长、行长（首席执行官）及分支行行长的姓名等；

（二）拟转入拟设外商独资银行的资产、负债和所有者权益的清单，拟设外商独资银行的模拟资产负债表、损益表、贷款质量五级分类情况表、贷款损失准备数额；

（三）改制完成情况的说明；

（四）律师事务所出具的关于合同转让法律意见书，对于不具备转让条件的合同，应当对银行制定的紧急预案提出法律意见；

（五）开业前审计报告和法定验资机构出具的验资证明；

（六）拟设外商独资银行的章程草案以及在中国境内依法设立的律师事务所出具的对章程草案的法律意见书；

（七）拟设外商独资银行组织结构图、各岗位职责描述、内部授权和汇报路线；

（八）拟设外商独资银行人员名单、简历和培训记录；

（九）拟任外商独资银行董事长、行长（首席执行官）以及外商独资银行分行行长任职资格核准所需的相关资料；

（十）改制后新增营业场所的所有权证明、使用权证明或者租赁合同的复印件和营业场所安全、消防设施合格情况的说明；

（十一）拟设机构反洗钱和反恐怖融资相关材料，包括出资资金来源情况说明和出资资金来源合法的声明，反洗钱和反恐怖融资内部控制制度材料，反洗钱和反恐怖融资管理部门设置情况报告，反洗钱和反恐怖融资专业人员配备情况及接受培训情况报告，信息系统反洗钱和反恐怖融资功能报告等；

（十二）银保监会要求的其他资料。

第三十二条 外国银行将其在中国境内分行改制为由其单独出资的外商独资银行，应当在收到开业批准文件后交回原外国银行分行的金融许可证，领取新的金融许可证，到市场监督管理部门办理登记，领取营业执照。原外国银行分行应当依法向市场监督管理部门办理注销登记。

第三十三条 由外国银行分行改制的外商独资银行应当自领取营业执照之日起6个月内开业。未能按期开业的，应当在开业期限届满前1个月向外商独资银行所在地银保监局报告。开业延期的最长期限为3个月。

外商独资银行未在前款规定期限内开业的，开业批准文件失效，由开业决定机关注销开业许可，收回其金融许可证，并予以公告。

第三节　外国银行分行设立

第三十四条 设立外国银行分行，申请人应当具备下列条件：

（一）具有持续盈利能力，信誉良好，无重大违法违规记录；

（二）具有从事国际金融活动的经验；

（三）具有有效的反洗钱制度；

（四）受到所在国家或者地区金融监管机构的有效监管，并且其申请经所在国家或者地区金融监管机构同意；

（五）资本充足率符合所在国家或者地区金融监管机构以及银保监会的规定；

（六）本办法第五条规定的审慎性条件。

设立外国银行分行，申请人应当无偿拨给或者授权境内已设分行无偿拨给拟设分行不少于2亿元人民币或者等值自由兑换货币的营运资金。

拟设分行的外国银行所在国家或者地区应当经济状况良好，具有完善的金融监督管理制度，并且其金融监管机构已经与银保监会建立良好的监督管理合作机制。

第三十五条 外国银行在中国境内增设分行，除应当具备本办法第三十四条规定的条件外，其在中国境内已设分行应当经营状况良好，主要监管指标达到监管要求，并符合银保监会规章规定的审慎性条件。

第三十六条 设立外国银行分行分为筹建和开业两个阶段。

第三十七条 筹建外国银行分行的申请，由拟设机构所在地银保监局受理和初审，银保监会审查和决定。

申请筹建外国银行分行，申请人应当向拟设机构所在地银保监局提交申请资料，同时抄送拟设机构所在地银保监分局。

拟设机构所在地银保监局应当自受理之日起20日内将申请资料连同审核意见报送银保监会。银保监会应当自银保监局受理之日起6个月内，作出批准或者不批准筹建的决定，并书面通知申请人。决定不批准的，应当说明理由。特殊情况下，银保监会可以适当延长审查期限，并书面通知申请人，但延长期限不得超过3个月。

第三十八条 申请筹建外国银行分行，申请人应当向拟设机构所在地银保监局报送下列申请资料（一式两份），同时抄送拟设机构所在地银保监分局（一份）：

（一）申请人董事长或者行长（首席执行官、总经理）签署的筹建申请书，内容包括拟设机构的名称、所在地、营运资金、申请经营的业务种类等；

（二）可行性研究报告及筹建计划书，内容包括申请人的基本情况、对拟设机构的市场前景分析、业务发展规划、开业后3年的资产负债规模和盈亏预测、组织管理结构、信息科技系统部署及管理情况等，以及筹建期内完成各项筹建工作的安排。

申请人在中国境内已设立外商独资银行或者中外合资银行的，应当确保拟设外国银行分行与已设外商独资银行或者中外合资银行在机构名称、营业地址、业务系统、人员配备等方面有所区分，并在筹建计划书中说明；

（三）申请人章程；

（四）申请人及其所在集团的组织结构图，主要股东及其控股股东、实际控制人、最终受益人名单及其无故意或者重大过失犯罪记录的声明，海外分支机构和关联企业名单；

（五）申请人最近3年年报；

（六）申请人的反洗钱和反恐怖融资相关材料，包括反洗钱和反恐怖融资内部控制制度材料，信息系统反洗钱和反恐怖融资功能报告；

（七）申请人所在国家或者地区金融监管机构核发的营业执照或者经营金融业务许可文件的复印件及对其申请的意见书；

（八）初次设立外国银行分行的，申请人应当报送所在国家或者地区金融体系情况和有关金融监管法规的摘要；

（九）银保监会要求的其他资料。

第三十九条 申请人应当自收到筹建批准文件之日起15日内到拟设机构所在地银保监局领取开业申请表，开始筹建工作。筹建期为自获准筹建之日起6个月。

申请人未在6个月内完成筹建工作，应当在筹建期届满前1个月向拟设机构所在地银保监局报告。筹建延期的最长期限为3个月。

申请人应当在前款规定的期限届满前提交开业申请。逾期未提交的，筹建批准文件失效。

第四十条 拟设外国银行分行完成筹建工作后，应当向拟设机构所在地银保监局或者经授权的银保监分局申请验收。经验收合格的，可以申请开业。外国银行分行的开业申请，由拟设机构所在地银保监局受理、审查和决定。

拟设外国银行分行申请开业，应当向拟设机构所在地银保监局提交申请资料，同时抄送拟设机构所在地银保监分局。拟设机构所在地银保监局应当自受理之日起2个月内，作出批准或者不批准开业的决定，并书面通知申请人，同时抄报银保监会。决定不批准的，应当说明理由。

第四十一条 拟设外国银行分行申请开业，应当将下列申请资料报送拟设机构所在地银保监局（一式两份），同时抄送拟设机构所在地银保监分局（一份）：

（一）筹备组负责人签署的开业申请书，内容包括拟设机构的名称、营业地址、营运资金、业务范围、拟任分行行长姓名等；在拟设分行同一城市设有代表处的，应当同时申请关闭代表处；

（二）开业申请表；

（三）拟任外国银行分行行长任职资格核准所需的相关资料；

（四）开业前审计报告和法定验资机构出具的验资证明；出资资金来源情况说明和出资资金来源合法的声明；

（五）外国银行对拟设分行承担税务、债务责任的保证书；

（六）拟设分行组织结构图、各岗位职责描述、内部授权和汇报路线；

（七）拟在开业时经营人民币业务的，还应当提交人民币业务筹备情况的说明，包括内部控制制度和操作规程等；

（八）拟设分行人员名单、简历和培训记录以及反洗钱和反恐怖融资管理部门设置情况报告、专业人员配备情况及接受培训情况报告；

（九）营业场所安全、消防设施合格情况的说明；

（十）营业场所的所有权证明、使用权证明或者租赁合同的复印件；

（十一）银保监会要求的其他资料。

第四十二条 外国银行分行应当在收到开业批准文件并领取金融许可证后，到市场监督管理部门办理登记，领取营业执照。外国银行分行应当自领取营业执照之日起6个月内开业。未能按期开业的，应当在开业期限届满前1个月向所在地银保监局报告。开业延期的最长期限为3个月。

外国银行分行未在前款规定期限内开业的，开业批准文件失效，由开业决定机关注销开业许可，收回其金融许可证，并予以公告。

第四节 外商独资银行、中外合资银行的下设分行及分行级专营机构设立

第四十三条 外商独资银行、中外合资银行设立分行及信用卡中心、小企业信贷中心、私人银行部、票据中心、资金营运中心、贵金属业务部等分行级专营机构的，申请人应当具备下列条件：

（一）具有拨付营运资金的能力，拨给各分行及分行级专营机构营运资金的总和，不得超过总行资本金总额的60%；

（二）主要监管指标达到监管要求；

（三）银保监会规章规定的审慎性条件。

第四十四条 外商独资银行、中外合资银行设立分行级专营机构的，申请人除应当具备本办法第四十三条规定的条件外，还应当具备以下条件：

（一）专营机构符合该项业务的发展方向，符合银行的总体战略和发展规划，有利于提高银行整体竞争能力；

（二）开办专营业务2年以上，有经营专营业务的管理团队和专业技术人员；

（三）专营业务资产质量、服务水平、成本控制能力及盈利性良好；

（四）银保监会规章规定的其他审慎性条件。

第四十五条 外商独资银行、中外合资银行设立分行或者分行级专营机构，分为筹建和开业两个阶段。

第四十六条 银保监会直接监管的外商独资银行、中外合资银行申请筹建一级分行或者分行级专营机构，由银保监会受理、审查和决定。银保监会直接监管的外商独资银行、中外合资银行申请筹建二级分行，其他外商独资银

行、中外合资银行申请筹建分行或者分行级专营机构,由拟设机构所在地银保监局受理、审查和决定。

申请筹建外商独资银行、中外合资银行的分行或者分行级专营机构,申请人应当向银保监会或者拟设机构所在地银保监局提交申请资料,同时抄送拟设机构所在地银保监分局。

银保监会或者拟设机构所在地银保监局应当自受理之日起6个月内,作出批准或者不批准筹建的决定,并书面通知申请人。决定不批准的,应当说明理由。特殊情况下,银保监会或者拟设机构所在地银保监局可以适当延长审查期限,并书面通知申请人,但延长期限不得超过3个月。

第四十七条 外商独资银行、中外合资银行申请筹建分行或者分行级专营机构,申请人应当向银保监会或者拟设机构所在地银保监局报送下列申请资料(一式两份),同时抄送拟设机构所在地银保监分局(一份):

(一)申请人董事长或者行长(首席执行官)签署的筹建申请书,内容包括拟设机构的名称、所在地、营运资金、申请经营的业务种类等;

(二)可行性研究报告及筹建计划书,内容包括申请人的基本情况、对拟设机构的市场前景分析、业务发展规划、组织管理结构、开业后3年的资产负债规模和盈亏预测等,以及筹建期内完成各项筹建工作的安排;

(三)申请人章程;

(四)申请人年报;

(五)申请人反洗钱和反恐怖融资相关材料,包括反洗钱和反恐怖融资内部控制制度材料,信息系统反洗钱和反恐怖融资功能报告;

(六)申请人关于同意设立分行或者分行级专营机构的董事会决议;

(七)银保监会要求的其他资料。

第四十八条 申请人应当自收到筹建批准文件之日起15日内到拟设机构所在地银保监局领取开业申请表,开始筹建工作。筹建期为自获准筹建之日起6个月。

申请人未在6个月内完成筹建工作,应当在筹建期届满前1个月向拟设机构所在地银保监局报告。筹建延期的最长期限为3个月。

申请人应当在前款规定的期限届满前提交开业申请,逾期未提交的,筹建批准文件失效。

第四十九条 拟设外商独资银行、中外合资银行的分行或者分行级专营机构完成筹建工作后,应当向拟设机构所在地银保监局或者经授权的银保监分局申请验收。经验收合格的,可以申请开业。外商独资银行、中外合资银行的分行或者分行级专营机构的开业申请,由拟设机构所在地银保监局受理、审查和决定。

拟设外商独资银行、中外合资银行的分行或者分行级专营机构申请开业,应当向拟设机构所在地银保监局提交申请资料,同时抄送拟设机构所在地银保监分局。

拟设机构所在地银保监局应当自受理之日起 2 个月内,作出批准或者不批准开业的决定,并书面通知申请人,同时抄报银保监会。决定不批准的,应当说明理由。

第五十条 拟设外商独资银行、中外合资银行的分行或者分行级专营机构申请开业,应当将下列申请资料报送拟设机构所在地银保监局(一式两份),同时抄送拟设机构所在地银保监分局(一份):

(一)筹备组负责人签署的开业申请书,内容包括拟设机构的名称、营业地址、营运资金、业务范围、拟任分行行长或者分行级专营机构总经理姓名等;

(二)开业申请表;

(三)拟任分行行长或者分行级专营机构总经理任职资格核准所需的相关资料;

(四)开业前审计报告和法定验资机构出具的验资证明;

(五)营业场所安全、消防设施合格情况的说明;

(六)拟设机构组织结构图、各岗位职责描述、内部授权和汇报路线;

(七)拟设机构人员名单、简历和培训记录以及反洗钱和反恐怖融资管理部门设置情况报告、专业人员配备情况及接受培训情况报告;

(八)营业场所的所有权证明、使用权证明或者租赁合同的复印件;

(九)银保监会要求的其他资料。

第五十一条 外商独资银行、中外合资银行的支行升格为分行的,应当符合本办法关于外商独资银行、中外合资银行下设分行的条件,申请人应当在筹建开始前 3 日内向所在地银保监局提交筹建报告,领取开业申请表。拟升格的支行应当在提交筹建报告之日起 6 个月内完成筹建工作,特殊情况下可延长 3 个月。申请人在完成筹建工作后,按照外商独资银行、中外合资银行下设分行开业的条件和程序,向所在地银保监局提交支行升格分行的申请。

第五十二条 外商独资银行、中外合资银行的分行或者分行级专营机构应当在收到开业批准文件并领取金融许可证后,到市场监督管理部门办理登记,领取营业执照。

外商独资银行、中外合资银行的分行或者分行级专营机构应当自领取营业执照之日起 6 个月内开业。未能按期开业的,应当在开业期限届满前 1 个月向所在地银保监局报告。开业延期的最长期限为 3 个月。

外商独资银行、中外合资银行的分行或者分行级专营机构未在前款规定期限内开业的，开业批准文件失效，由开业决定机关注销开业许可，收回金融许可证，并予以公告。

第五节 支行设立

第五十三条 设立支行，申请人应当在拟设支行所在城市同一行政区划内设有分行或者分行以上机构。所在城市同一行政区划是指所在城市及以下行政区划。

香港特别行政区、澳门特别行政区的银行在广东省内设立的分行可以申请在广东省内设立异地支行。香港特别行政区、澳门特别行政区的银行在内地设立的外商独资银行在广东省内设立的分行，可以申请在广东省内设立异地支行。

第五十四条 设立支行，申请人应当具备下列条件：

（一）正式营业1年以上，资产质量良好；香港特别行政区、澳门特别行政区的银行在广东省内分行或者香港特别行政区、澳门特别行政区的银行在内地设立的外商独资银行在广东省内分行正式营业1年以上，资产质量良好；

（二）具有较强的内部控制能力，最近1年无重大违法违规行为和因内部管理问题导致的重大案件；香港特别行政区、澳门特别行政区的银行在广东省内分行或者香港特别行政区、澳门特别行政区的银行在内地设立的外商独资银行在广东省内分行具有较强的内部控制能力，最近1年无重大违法违规行为和因内部管理问题导致的重大案件；

（三）具有拨付营运资金的能力；

（四）已建立对高级管理人员考核、监督、授权和调整的制度和机制，并有足够的专业经营管理人才；

（五）银保监会规定的其他审慎性条件。

第五十五条 拟设立支行的申请人应在支行筹建3日前向拟设地银保监局或者经授权的银保监分局提交筹建报告并领取开业申请表，开始筹建工作。

第五十六条 拟设立支行的申请人应在提交筹建报告之日起9个月内完成筹建工作。拟设支行完成筹建工作后，应当向拟设机构所在地银保监局或者经授权的银保监分局申请验收。经验收合格的，可以申请开业。

支行开业申请，由拟设机构所在地银保监局或者经授权的银保监分局受理、审查和决定。

拟设支行申请开业，应当向拟设机构所在地银保监局或者经授权的银保监分局提交申请资料。拟设机构所在地银保监局或者经授权的银保监分局应当自受理之日起30日内,作出批准或者不批准开业的决定,并书面通知申请人。同时抄送银保监会和拟设机构所在地银保监局或者银保监分局。决定不批准的,应当说明理由。

申请人逾期未提交开业申请的,应及时向拟设地银保监局或者经授权的银保监分局报告。

第五十七条 拟设支行申请开业,应当将下列申请资料报送拟设机构所在地银保监局或者经授权的银保监分局(一式两份):

(一)筹备组负责人签署的开业申请书,内容包括拟设机构的名称、营业地址、营运资金、业务范围、拟任支行行长的姓名等;

(二)开业申请表;

(三)与业务规模相适应的营运资金已拨付到位,法定验资机构出具的验资证明;

(四)拟任支行行长简历、商业银行从业及相关管理经验、履职计划等详细说明;

(五)拟设支行的组织结构图、各岗位职责描述、内部授权和汇报路线;

(六)拟设支行人员名单、简历、培训记录以及反洗钱和反恐怖融资管理部门设置情况报告、专业人员配备情况及接受培训情况报告;

(七)营业场所的所有权证明、使用权证明或者租赁合同的复印件;

(八)营业场所的安全、消防设施合格情况的说明;

(九)银保监会要求的其他资料。

支行应当在收到开业批准文件并领取金融许可证后,到市场监督管理部门办理登记,领取营业执照。

第五十八条 支行应当自领取营业执照之日起6个月内开业。未能按期开业的,应当在开业期限届满前1个月向所在地银保监局或者银保监分局报告。开业延期的最长期限为3个月。

支行未在前款规定期限内开业的,开业批准文件失效,由开业决定机关注销开业许可,收回其金融许可证,并予以公告。

第六节 外国银行代表处设立

第五十九条 设立外国银行代表处,申请人应当具备下列条件:

(一)具有持续盈利能力,信誉良好,无重大违法违规记录;

(二)具有从事国际金融活动的经验;

(三)具有有效的反洗钱制度;

(四)受到所在国家或者地区金融监管机构的有效监管,并且其申请经所在国家或者地区金融监管机构同意；

（五）本办法第五条规定的审慎性条件。

拟设代表处的外国银行所在国家或者地区应当经济状况良好，具有完善的金融监督管理制度，并且其金融监管机构已经与银保监会建立良好的监督管理合作机制。

第六十条 外国银行在中国境内已设立营业性机构的，除已设立的代表处外，不得增设代表处，但拟设代表处所在地为符合国家区域经济发展战略及相关政策的地区除外。

外国银行在中国境内增设代表处，除应当具备本办法第五十九条规定的条件外，其在中国境内已设机构应当无重大违法违规记录。

外国银行在同一城市不得同时设有营业性机构和代表处。

第六十一条 外国银行设立代表处的申请，由拟设机构所在地银保监局受理、审查和决定。

外国银行申请设立代表处，应当向拟设机构所在地银保监局提交申请资料，同时抄送拟设机构所在地银保监分局。拟设机构所在地银保监局应当自受理之日起6个月内作出批准或者不批准设立的决定，并书面通知申请人，同时抄报银保监会。决定不批准的，应当说明理由。

第六十二条 申请设立外国银行代表处，申请人应当向拟设机构所在地银保监局提交下列申请资料（一式两份），同时抄送拟设机构所在地银保监分局（一份）：

（一）申请人董事长或者行长（首席执行官、总经理）签署的申请书，内容包括拟设代表处的名称、所在地、拟任首席代表姓名等；

（二）代表处设立申请表；

（三）可行性研究报告，内容包括申请人的基本情况、拟设代表处的目的和计划等；

（四）申请人章程；

（五）申请人及其所在集团的组织结构图，主要股东及其控股股东、实际控制人、最终受益人名单及其无故意或者重大过失犯罪记录的声明，海外分支机构和关联企业名单；

（六）申请人最近3年年报；

（七）申请人反洗钱制度；

（八）申请人所在国家或者地区金融监管机构核发的营业执照或者经营金融业务许可文件的复印件及对其申请的意见书；

（九）拟任首席代表任职资格核准所需的相关资料；

（十）初次设立代表处的，申请人应当报送由在中国境内注册的银行业金融机构出具的与该外国银行已经建立代理行关系的证明，以及申请人所在国家或者地区金融体系情况和有关金融监管法规的摘要；

（十一）银保监会要求的其他资料。

第六十三条 经批准设立的外国银行代表处，应当凭批准文件到市场监督管理部门办理登记。

外国银行代表处应当自拟设机构所在地银保监局批准设立之日起6个月内迁入固定的办公场所。迁入固定办公场所后5日内应当向所在地银保监局或者银保监分局报送相关资料。

外国银行代表处未在前款规定期限内迁入办公场所的，代表处设立批准文件失效。

第七节 投资设立、入股境内银行业金融机构

第六十四条 外商独资银行、中外合资银行申请投资设立、入股境内银行业金融机构的，应当具备下列条件：

（一）具有良好的公司治理结构；

（二）风险管理和内部控制健全有效；

（三）具有良好的并表管理能力；

（四）主要审慎监管指标符合监管要求；

（五）权益性投资余额原则上不超过其净资产的50%（合并会计报表口径）；

（六）具有完善、合规的信息科技系统和信息安全体系，具有标准化的数据管理体系，具备保障业务连续有效安全运行的技术与措施；

（七）最近2年无严重违法违规行为和因内部管理问题导致的重大案件，或者相关违法违规及内部管理问题已整改到位并经银保监会或者其派出机构认可；

（八）最近3个会计年度连续盈利；

（九）监管评级良好；

（十）银保监会规章规定的其他审慎性条件。

第六十五条 外商独资银行、中外合资银行申请投资设立、入股境内银行业金融机构由银保监会受理、审查并决定。银保监会自受理之日起6个月内作出批准或者不批准的书面决定。

前款所指投资设立、入股境内银行业金融机构事项，如需另经银保监会或者银保监局批准设立，或者需银保监会或者银保监局进行股东资格审核等，则

相关许可事项由银保监会或者银保监局在批准设立或者进行股东资格审核等事项时对外商独资银行、中外合资银行设立、入股行为进行合并审查并作出决定。

第六十六条 申请投资设立、入股境内银行业金融机构，申请人应当向银保监会提交下列对外投资申请资料（一式两份）：

（一）申请书，内容至少包括：被投资方的基本情况、投资方进行股权投资的必要性和可行性、股权投资及后续整合方案、发展计划、存在的风险及应对措施等；

（二）申请人股东同意投资境内银行业金融机构的决议；

（三）被投资方股东（大）会同意吸收商业银行投资的决议；

（四）股权投资协议；

（五）可行性研究报告，内容至少包括：被投资方基本情况，投资方进行股权投资的必要性和可行性以及股权投资前后资本充足率、流动性、盈利性等经营状况的分析和对比，交易结构和后续安排，整合方案，发展计划，存在的风险及应对措施等；

（六）申请人最近3年经审计的财务报告和业务发展情况报告；

（七）被投资方最近3年经审计的财务报告和业务发展情况报告；

（八）合作股东的基本情况；

（九）申请人与被投资的境内银行业金融机构关于风险隔离制度、并表管理制度及关联交易实施细则等情况；

（十）申请人投资境内银行业金融机构战略及执行情况；

（十一）申请人最近2年存在严重违法违规行为和因内部管理问题导致重大案件的，应提交整改情况的说明；

（十二）银保监会要求的其他资料。

本条第（三）项、第（七）项不适用申请人发起设立机构的情形。

第六十七条 外商独资银行、中外合资银行作为发起人或者战略投资者投资设立、入股境内银行业金融机构，参照关于境外金融机构作为发起人或者战略投资者投资设立、入股境内银行业金融机构的相关规定。

本节所称银行业金融机构，是指在中国境内设立的商业银行、农村合作银行、农村信用合作社等吸收公众存款的金融机构以及政策性银行。

在中国境内设立的金融资产管理公司、信托公司、企业集团财务公司、金融租赁公司、汽车金融公司、货币经纪公司、消费金融公司等，适用本节对银行业金融机构的规定。

第三章　机 构 变 更

第一节　变更注册资本或者营运资金

第六十八条　外商独资银行、中外合资银行申请变更注册资本、外国银行分行申请变更营运资金，应当具备下列条件：

（一）外商独资银行及其股东、中外合资银行及其股东以及外国银行的董事会已决议通过变更事项；

（二）外商独资银行股东、中外合资银行股东、外国银行所在国家或者地区金融监管机构同意其申请，但外国银行分行营运资金总额不变仅变更币种的除外。

第六十九条　银保监会直接监管的外商独资银行、中外合资银行变更注册资本由银保监会受理、审查和决定。其他外商独资银行、中外合资银行变更注册资本、外国银行分行变更营运资金的申请，由所在地银保监局受理、审查和决定。

外商独资银行、中外合资银行申请变更注册资本、外国银行分行申请变更营运资金，应当向银保监会或者所在地银保监局提交申请资料，同时抄送所在地银保监分局。

银保监会或者所在地银保监局应当自受理之日起3个月内，作出批准或者不批准变更的决定，并书面通知申请人。决定不批准的，应当说明理由。

第七十条　外商独资银行、中外合资银行申请变更注册资本、外国银行分行申请变更营运资金，应当向银保监会或者所在地银保监局提交下列申请资料（一式两份），同时抄送所在地银保监分局（一份）：

（一）申请人董事长或者行长（首席执行官）签署的申请书；

（二）可行性研究报告，内容包括变更注册资本或者营运资金后的业务发展规划、资金用途、对主要监管指标的影响；

（三）增加注册资本或者营运资金的，应提交出资资金来源情况说明和出资资金来源合法的声明；

（四）申请人及其股东关于变更注册资本的董事会决议，外国银行关于变更分行营运资金的董事会决议；

（五）申请人股东及外国银行应当提交所在国家或者地区金融监管机构关于变更事项的意见书，中外合资银行中方股东为非金融机构的无须提交；

（六）银保监会要求的其他资料。

第七十一条 外商独资银行、中外合资银行获准变更注册资本、外国银行分行获准变更营运资金,应当自银保监会或者所在地银保监局作出批准决定之日起30日内,向银保监会或者所在地银保监局报送法定验资机构出具的验资证明,同时抄送所在地银保监分局。

第二节 变更股东

第七十二条 银保监会直接监管的外商独资银行、中外合资银行变更股东或者调整股东持股比例的申请,由银保监会受理、审查和决定。其他外商独资银行、中外合资银行变更股东或者调整股东持股比例的申请,由所在地银保监局受理和初审,银保监会审查和决定。本条所称变更股东包括股东转让股权、股东因重组或被收购等发生变更以及银保监会认定的其他股东变更情形。外商独资银行、中外合资银行的股东仅因商号、责任形式等变更引起更名,而股东主体未变更的,无须申请变更股东,但应在变更事项完成后1年内,就变更事项申请修改章程。

外商独资银行、中外合资银行变更股东,拟受让方或者承继方应当符合本办法第十条至第十七条规定的条件。

外商独资银行、中外合资银行申请变更股东或者调整股东持股比例,应当向银保监会或者所在地银保监局提交申请资料,同时抄送所在地银保监分局。由所在地银保监局受理和初审的,所在地银保监局应当自受理之日起20日内将申请资料连同审核意见报送银保监会。银保监会应当自申请受理之日起3个月内,作出批准或者不批准变更的决定,并书面通知申请人。决定不批准的,应当说明理由。

第七十三条 外商独资银行、中外合资银行申请变更股东或者调整股东持股比例,应当向银保监会或者所在地银保监局提交下列申请资料(一式两份),同时抄送所在地银保监分局(一份):

(一)申请人董事长或者行长(首席执行官)签署的申请书;

(二)申请人关于变更事项的董事会决议;

(三)申请人股东、拟受让方或者承继方关于变更事项的董事会决议;

(四)申请人股东、拟受让方或者承继方是金融机构的,应当提交所在国家或者地区金融监管机构关于变更事项的意见书;

(五)申请人股权转让方与拟受让方或者承继方签署的转让(变更)协议;

(六)各股东与拟受让方或者承继方签署的合资经营合同,但单一股东的外商独资银行除外;

(七)拟受让方或者承继方的章程、组织结构图、主要股东名单、海外分支机构和关联企业名单、最近3年年报、所在国家或者地区金融监管机构核发的营业执照或者经营金融业务许可文件的复印件；

（八）拟受让方或者承继方反洗钱反恐怖融资材料，包括出资资金来源情况说明和出资资金来源合法的声明，股东及其控股股东、实际控制人、最终受益人名单及其无故意或者重大过失犯罪记录的声明、反洗钱制度等。中外合资银行拟受让中方股东为非金融机构的，无须提交反洗钱制度；

（九）拟受让方或者承继方为外方股东的，应当提交所在国家或者地区金融体系情况和有关金融监管法规的摘要；

（十）银保监会要求的其他资料。

第七十四条 外商独资银行、中外合资银行获准变更股东或者调整股东持股比例，应当自银保监会作出批准决定之日起30日内，向银保监会或者所在地银保监局报送法定验资机构出具的验资证明以及相关交易的证明文件，同时抄报所在地银保监分局。

第七十五条 外商独资银行、中外合资银行变更组织形式、合并、分立应当符合《中华人民共和国公司法》《中华人民共和国商业银行法》以及其他法律、行政法规和规章的规定，并具备下列条件：

（一）外商独资银行及其股东、中外合资银行及其股东的董事会已决议通过变更事项；

（二）变更事项的申请已经股东所在国家或者地区金融监管机构同意；

（三）外商独资银行、中外合资银行已就变更事项制定具体方案。

外商独资银行、中外合资银行因股东发生合并、分立等变更事项的，该外商独资银行、中外合资银行应当根据银保监会的要求进行相关调整。

第七十六条 外商独资银行、中外合资银行变更组织形式、合并、分立的申请，由银保监会受理、审查和决定。

外商独资银行、中外合资银行申请变更组织形式、合并、分立，应当向银保监会提交申请资料。

银保监会应当自受理之日起3个月内，作出批准或者不批准变更的决定，并书面通知申请人。决定不批准的，应当说明理由。

第七十七条 外商独资银行、中外合资银行合并分为吸收合并和新设合并。合并须经合并筹备和合并开业两个阶段。

吸收合并的，吸收合并方应当按照变更的条件和材料要求向银保监会提交合并筹备和合并开业的申请；被吸收方自行终止的，应当按照终止的条件和材料要求向银保监会提交申请；被吸收方变更为分支机构的，应当按照设立的条件和材料要求向银保监会提交申请。

新设合并的，新设方应当按照设立的条件和材料要求向银保监会提交合并筹备和合并开业的申请；原外商独资银行、中外合资银行应当按照终止的条件和材料要求向银保监会提交申请。

第七十八条 外商独资银行、中外合资银行分立分为存续分立和新设分立。分立须经分立筹备和分立开业两个阶段。

存续分立的，存续方应当按照变更的条件和材料要求向银保监会提交分立筹备和分立开业的申请；新设方应当按照设立的条件和材料要求向银保监会提交申请。

新设分立的，新设方应当按照设立的条件和材料要求向银保监会提交分立筹备和分立开业的申请；原外商独资银行、中外合资银行应当按照解散的条件和材料要求向银保监会提交申请。

第七十九条 外商独资银行、中外合资银行申请变更组织形式、合并、分立，除应当按照本办法第七十七条、第七十八条的规定提交申请资料外，还应当向银保监会提交下列申请资料（一式两份）：

（一）申请人董事长或者行长（首席执行官）签署的申请书；

（二）关于变更组织形式、合并、分立的方案；

（三）申请人各方股东关于变更事项的董事会决议；

（四）申请人各方股东应当提交所在国家或者地区金融监管机构关于变更事项的意见书，中外合资银行中方股东为非金融机构的无须提交；

（五）申请人各方股东签署的合并、分立协议；申请人各方股东签署的合资经营合同，但单一股东的外商独资银行除外；申请人各方股东的章程、组织结构图、董事会及主要股东名单、最近1年年报；

（六）申请人各方股东反洗钱反恐怖融资材料，包括出资资金来源情况说明和出资资金来源合法的声明、股东及其控股股东、实际控制人、最终受益人名单及其无故意或者重大过失犯罪记录的声明、反洗钱制度等。中外合资银行中方股东为非金融机构的，无须提交反洗钱制度；

（七）变更组织形式、合并、分立后银行的章程草案以及在中国境内依法设立的律师事务所出具的对章程草案的法律意见书；

（八）银保监会要求的其他资料。

申请人应当将申请书和关于变更组织形式、合并、分立的方案抄送申请人及其分支机构所在地银保监局（各一份）。

第三节 修改章程

第八十条 外商独资银行、中外合资银行应当在其章程所列内容发生变动后1年内提出修改章程的申请。

外商独资银行、中外合资银行修改章程仅涉及名称、住所、股权、注册资本、业务范围且变更事项已经银保监会或者所在地银保监局批准的,不需进行修改章程的申请,但应当在银保监会或者所在地银保监局作出上述变更事项批准决定之日起6个月内将修改后的章程报送银保监会或者所在地银保监局。

第八十一条 外商独资银行、中外合资银行申请修改章程,应当具备下列条件:

(一)外商独资银行、中外合资银行的董事会已决议通过修订章程;

(二)外商独资银行、中外合资银行股东的董事会已决议通过或者经股东有权部门履行法定程序同意修改章程;

(三)章程的修改符合中国相关法律法规要求。

第八十二条 银保监会直接监管的外商独资银行、中外合资银行修改章程的申请,由银保监会受理、审查和决定。其他外商独资银行、中外合资银行修改章程的申请,由所在地银保监局受理、审查和决定。

外商独资银行、中外合资银行申请修改章程,应当向银保监会或者所在地银保监局提交申请资料,同时抄送所在地银保监分局。

银保监会或者所在地银保监局应当自受理之日起3个月内,作出批准或者不批准修改章程的决定,并书面通知申请人。决定不批准的,应当说明理由。

第八十三条 外商独资银行、中外合资银行申请修改章程,应当向银保监会或者所在地银保监局提交下列申请资料(一式两份),同时抄送所在地银保监分局(一份):

(一)申请人董事长或者行长(首席执行官)签署的申请书;

(二)申请人关于修改章程的董事会决议;

(三)申请人股东授权签字人签署的关于修改章程的意见书;

(四)申请人的原章程和新章程草案;

(五)原章程与新章程草案变动对照表;

(六)在中国境内依法设立的律师事务所或者申请人法律部门出具的对新章程草案的法律合规意见函;

(七)银保监会要求的其他资料。

第四节 变更名称

第八十四条 申请变更外资银行在中国境内机构名称,应当具备下列条件:

（一）变更事项已获得申请人所在国家或者地区金融监管机构的批准；

（二）申请人已获得所在国家或者地区金融监管机构核发的新营业执照或者经营金融业务的许可文件；

（三）申请人已承诺承担其在中国境内分行的税务和债务责任。

本条第（一）项、第（二）项不适用外资银行名称未变更、仅申请变更其在中国境内机构名称的情形。

外国银行单独出资设立的外商独资银行申请变更名称的，拟变更的名称应当反映股东的商誉。

第八十五条 外商独资银行、中外合资银行、外国银行分行变更名称的申请，由银保监会受理、审查和决定。外国银行代表处变更名称的申请，由所在地银保监局受理、审查和决定。

申请变更外资银行名称，应当向银保监会或者所在地银保监局提交申请资料，同时抄送外资银行在中国境内机构所在地银保监分局。银保监会或者所在地银保监局应当自受理之日起3个月内，作出批准或者不批准变更的决定，并书面通知申请人。决定不批准的，应当说明理由。

第八十六条 外商独资银行股东、中外合资银行股东、外国银行因合并、分立、重组等原因申请变更其在中国境内机构名称，应当在合并、分立、重组等变更事项发生5日内，向银保监会或者所在地银保监局、银保监分局报告，并于30日内将下列申请资料报送银保监会或者所在地银保监局（一式两份），同时抄送所在地银保监局或者银保监分局（一份）：

（一）申请人董事长或者行长（首席执行官）签署的申请书；

（二）变更名称申请表；

（三）外商独资银行股东、中外合资银行股东、外国银行的章程；

（四）外商独资银行股东、中外合资银行股东、外国银行的组织结构图、董事会以及主要股东名单；

（五）外国银行董事长或者行长（首席执行官、总经理）签署的对其在中国境内分行承担税务、债务责任的保证书；

（六）外商独资银行股东、中外合资银行股东、外国银行的合并财务会计报告；

（七）外商独资银行股东、中外合资银行股东及外国银行的反洗钱反恐怖融资材料，包括股东及其控股股东、实际控制人、最终受益人名单及其无故意或者重大过失犯罪记录的声明、反洗钱制度等。中外合资银行中方股东为非金融机构的，无须提交反洗钱制度；

（八）外商独资银行股东、中外合资银行股东、外国银行所在国家或者地区金融监管机构对变更事项的批准书或者意见书；

（九）外商独资银行股东、中外合资银行股东、外国银行更名后，所在国家或者地区金融监管机构核发的营业执照或者经营金融业务许可文件的复印件；

（十）银保监会要求的其他资料。

第八十七条 外商独资银行股东、中外合资银行股东、外国银行因其他原因申请变更在中国境内机构名称的，应当在变更事项发生5日内，向银保监会或者所在地银保监局、银保监分局报告，并于30日内将下列申请资料报送银保监会或者所在地银保监局（一式两份），同时抄送外资银行在中国境内机构所在地银保监局或者银保监分局（一份）：

（一）申请人董事长或者行长（首席执行官）签署的申请书；

（二）外商独资银行股东、中外合资银行股东、外国银行更名后所在国家或者地区金融监管机构核发的营业执照复印件或者经营金融业务许可文件复印件；

（三）外商独资银行股东、中外合资银行股东、外国银行所在国家或者地区金融监管机构对变更事项的批准书以及对其申请的意见书；

（四）银保监会要求的其他资料。

本条第（二）项、第（三）项不适用外资银行名称未变更、仅变更在中国境内机构名称的情形。

外资银行支行因营业场所变更等自身原因拟变更名称的，不需进行更名的申请，但应当于变更后15日内向开业决定机关换领金融许可证。

第五节　在同城内变更住所或者办公场所

第八十八条 银保监会直接监管的外商独资银行、中外合资银行在同城内变更住所由银保监会受理、审查和决定。其他外商独资银行、中外合资银行在同城内变更住所、外国银行代表处在同城内变更办公场所的申请，由所在地银保监局受理、审查和决定。

外商独资银行、中外合资银行申请在同城内变更住所、外国银行代表处申请在同城内变更办公场所，应当向银保监会或者所在地银保监局提交申请资料。

银保监会或者所在地银保监局应当自受理之日起3个月内，作出批准或者不批准变更的决定，并书面通知申请人。决定不批准的，应当说明理由。

第八十九条 外商独资银行、中外合资银行在同城内变更住所、外国银行代表处在同城内变更办公场所，应当向银保监会或者所在地银保监局提交下

列申请资料(一式两份):

(一)申请人授权签字人签署的申请书;

(二)拟迁入住所或者办公场所的所有权证明、使用权证明或者租赁合同的复印件;

(三)拟迁入住所的安全、消防设施合格情况的说明;

(四)银保监会要求的其他资料。

第九十条 外商独资银行、中外合资银行、外国银行代表处因行政区划调整等原因导致的行政区划、街道、门牌号等发生变化而实际位置未变化的,以及外资银行分支机构在所在城市的行政区划内变更营业场所的,不需进行变更住所或者办公场所的申请,但外资银行营业性机构应当于变更后15日内向开业决定机关换领金融许可证。

第四章 机构终止

第一节 外商独资银行、中外合资银行解散

第九十一条 外商独资银行、中外合资银行有下列情形之一的,经银保监会批准后解散:

(一)章程规定的营业期限届满或者出现章程规定的其他解散事由;

(二)股东会决议解散;

(三)因合并或者分立需要解散。

第九十二条 外商独资银行、中外合资银行申请解散,应当具备下列条件:

(一)外商独资银行及其股东、中外合资银行及其股东的董事会已决议通过解散;

(二)外商独资银行股东、中外合资银行股东所在国家或者地区金融监管机构已同意其申请;

(三)具有有效的资产处置、债务清偿、人员安置、客户身份资料和业务档案存放的方案。

第九十三条 银保监会直接监管的外商独资银行、中外合资银行解散的申请,由银保监会受理、审查和决定。其他外商独资银行、中外合资银行解散的申请,由所在地银保监局受理和初审,银保监会审查和决定。

外商独资银行、中外合资银行申请解散,应当向银保监会或者所在地银保监局提交申请资料,同时抄送所在地银保监分局。

所在地银保监局应当自受理之日起 20 日内将申请资料连同审核意见报送银保监会。银保监会应当自银保监局受理之日起 3 个月内,作出批准或者不批准解散的决定,并书面通知申请人。决定不批准的,应当说明理由。

第九十四条 外商独资银行、中外合资银行申请解散,应当向银保监会或者所在地银保监局提交下列申请资料(一式两份),同时抄送所在地银保监分局(一份):

(一)申请人董事长或者行长(首席执行官)签署的申请书;

(二)申请人关于解散的董事会决议;

(三)申请人各股东关于外商独资银行、中外合资银行解散的董事会决议;

(四)外商独资银行股东、中外合资银行股东所在国家或者地区金融监管机构关于该机构解散的意见书;

(五)关于外商独资银行、中外合资银行解散后资产处置、债务清偿、人员安置的计划和负责后续事项的人员名单及联系方式;客户身份资料和业务档案移交在中国境内依法设立的档案保管机构的相关说明;

(六)银保监会要求的其他资料。

第二节 破 产

第九十五条 外商独资银行、中外合资银行因解散而清算,清算组发现该机构财产不足以清偿债务的,或者因不能支付到期债务,自愿或者应其债权人要求申请破产的,在向法院申请破产前,应当向银保监会提出申请。

第九十六条 银保监会直接监管的外商独资银行、中外合资银行破产的申请,由银保监会受理、审查和决定。其他外商独资银行、中外合资银行破产的申请,由所在地银保监局受理和初审,银保监会审查和决定。

外商独资银行、中外合资银行申请破产,应当向银保监会或者所在地银保监局提交申请资料,同时抄送所在地银保监分局。所在地银保监局应当自受理之日起 20 日内将申请资料连同审核意见报送银保监会。银保监会应当自所在地银保监局受理之日起 3 个月内,作出批准或者不批准破产的决定,并书面通知申请人。决定不批准的,应当说明理由。

第九十七条 外商独资银行、中外合资银行申请破产,应当向银保监会或者所在地银保监局提交下列申请资料(一式两份),同时抄送所在地银保监分局(一份):

(一)申请人董事长、行长(首席执行官)或者清算组组长签署的申请书;

(二)申请人关于破产的董事会决议;

(三)各股东关于外商独资银行、中外合资银行破产的董事会决议;

（四）客户身份资料和业务档案移交在中国境内依法设立的档案保管机构的相关说明；

（五）银保监会要求的其他资料。

本条第（二）项、第（三）项不适用由清算组提出破产申请的情形。

第三节　分行及分行级专营机构关闭

第九十八条　外商独资银行、中外合资银行申请关闭分行或者分行级专营机构，外国银行申请关闭分行，应当具备下列条件：

（一）申请人董事会已决议通过关闭分行或者分行级专营机构；

（二）外国银行关闭分行已经所在国家或者地区金融监管机构同意；

（三）具有有效的资产处置、债务清偿、人员安置及客户身份资料和业务档案在中国境内保存的方案。

第九十九条　银保监会直接监管的外商独资银行、中外合资银行申请关闭一级分行或者分行级专营机构，由拟关闭机构所在地银保监局受理和初审，银保监会审查和决定。银保监会直接监管的外商独资银行、中外合资银行申请关闭二级分行，其他外商独资银行、中外合资银行申请关闭分行或者分行级专营机构，由拟关闭机构所在地银保监局受理、审查和决定。外国银行分行的关闭申请，由拟关闭机构所在地银保监局受理和初审，银保监会审查和决定。

外商独资银行、中外合资银行申请关闭分行或者分行级专营机构，外国银行申请关闭分行，应当向银保监会或者拟关闭机构所在地银保监局提交申请资料，同时抄送拟关闭机构所在地银保监分局。

由拟关闭机构所在地银保监局受理和初审的，拟关闭机构所在地银保监局应当自受理之日起20日内将申请资料连同审核意见报送银保监会。银保监会或者拟关闭机构所在地银保监局应当自申请受理之日起3个月内，作出批准或者不批准关闭的决定，并书面通知申请人。决定不批准的，应当说明理由。

第一百条　外商独资银行、中外合资银行申请关闭分行或者分行级专营机构，外国银行申请关闭分行，应当向银保监会或者拟关闭机构所在地银保监局提交下列申请资料（一式两份），同时抄送拟关闭机构所在地银保监分局（一份）：

（一）申请人董事长或者行长（首席执行官）签署的申请书；

（二）申请人关于关闭分行或者分行级专营机构的董事会决议；

（三）外国银行所在国家或者地区金融监管机构对其申请的意见书；

（四）拟关闭机构的资产处置、债务清偿、人员安置的计划，客户身份资料和业务档案在中国境内保存方案和负责后续事项的人员名单及联系方式；

（五）银保监会要求的其他资料。

第四节　分行关闭并在同一城市设立代表处

第一百零一条　外国银行关闭中国境内分行并在同一城市设立代表处的申请，由拟关闭机构所在地银保监局受理和初审，银保监会对拟关闭分行的申请进行审查和决定；在经银保监会批准外国银行关闭中国境内分行后，所在地银保监局对该外国银行在同一城市设立代表处的申请进行审查和决定。

外国银行关闭中国境内分行并申请在同一城市设立代表处，应当向拟关闭机构所在地银保监局提交申请资料，同时抄送拟关闭机构所在地银保监分局。所在地银保监局应当自受理之日起20日内将申请材料连同关于外国银行关闭中国境内分行的初审意见报送银保监会。

银保监会及拟关闭机构所在地银保监局应当自受理之日起3个月内，作出批准或者不批准的决定，并书面通知申请人。决定不批准的，应当说明理由。

第一百零二条　外国银行申请关闭在中国境内分行并在同一城市设立代表处的，应当具备本办法第五十九条、第九十八条规定的条件，并应当在终止业务活动前将下列申请资料报送拟关闭机构所在地银保监局（一式两份），同时抄送拟关闭机构所在地银保监分局（一份）：

（一）申请人董事长或者行长（首席执行官、总经理）签署的申请书；

（二）申请人关于关闭分行并在同一城市设立代表处的董事会决议；

（三）外国银行所在国家或者地区金融监管机构对其申请的意见书；

（四）拟关闭分行资产处置、债务清偿、人员安置的计划，客户身份资料和业务档案在中国境内保存方案和负责后续事项的人员名单及联系方式；

（五）拟任首席代表任职资格核准所需的相关资料；

（六）银保监会要求的其他资料。

第五节　支行关闭

第一百零三条　外商独资银行、中外合资银行、外国银行申请关闭支行，应当具备下列条件：

（一）外商独资银行、中外合资银行、外国银行的董事会或者有权部门已决议通过关闭支行；

（二）具有有效的资产处置、债务清偿、人员安置的方案。

第一百零四条　外商独资银行、中外合资银行、外国银行关闭支行的申请,由拟关闭机构所在地银保监局或者经授权的银保监分局受理、审查和决定。

外商独资银行、中外合资银行、外国银行申请关闭支行,应当向拟关闭机构所在地银保监局或者经授权的银保监分局提交申请资料,同时抄送拟关闭机构所在地银保监分局。拟关闭机构所在地银保监局或者经授权的银保监分局应当自受理之日起3个月内,作出批准或者不批准关闭的决定,并书面通知申请人。决定不批准的,应当说明理由。

第一百零五条 外商独资银行、中外合资银行、外国银行申请关闭支行,应当在终止业务活动前将下列申请资料报送拟关闭机构所在地银保监局或者经授权的银保监分局(一式两份):

(一)申请人授权签字人签署的申请书;

(二)申请人关于关闭支行的董事会决议或者内部有权部门的决定;

(三)拟关闭支行资产处置、债务清偿、人员安置的计划和负责后续事项的人员名单及联系方式;

(四)银保监会要求的其他资料。

第六节 外国银行代表处关闭

第一百零六条 外国银行申请关闭代表处,应当具备下列条件:

(一)申请人董事会已决议通过关闭代表处;

(二)申请人所在国家或者地区金融监管机构已同意其申请;

(三)具有有效的关闭方案及人员安置计划。

第一百零七条 外国银行关闭代表处的申请,由拟关闭机构所在地银保监局受理、审查和决定。

外国银行申请关闭代表处,应当向拟关闭机构所在地银保监局提交申请资料,并同时抄送拟关闭机构所在地银保监分局。拟关闭机构所在地银保监局应当自受理之日起3个月内,作出批准或者不批准关闭的决定,并书面通知申请人。决定不批准的,应当说明理由。

第一百零八条 外国银行申请关闭代表处,应当将下列申请资料报送拟关闭机构所在地银保监局(一式两份),同时抄送拟关闭机构所在地银保监分局(一份):

(一)申请人董事长或者行长(首席执行官、总经理)签署的申请书,特殊情况下,该申请书可以由授权签字人签署;

(二)申请人关于关闭代表处的董事会决议;

(三)所在国家或者地区金融监管机构对其申请的意见书;

（四）代表处关闭方案、人员安置计划和负责后续事项的人员名单及联系方式；

（五）银保监会要求的其他资料。

第五章 业务范围

第一节 发行债务、资本补充工具

第一百零九条 外商独资银行、中外合资银行申请在境内外发行须经银保监会许可的债务、资本补充工具，应当具备下列条件：

（一）具有良好的公司治理结构；

（二）主要审慎监管指标符合监管要求；

（三）贷款风险分类结果真实准确；

（四）贷款损失准备计提充足；

（五）银保监会规章规定的其他审慎性条件。

第一百一十条 银保监会直接监管的外商独资银行、中外合资银行发行须经银保监会许可的债务、资本补充工具的申请，由银保监会受理、审查和决定，其他外商独资银行、中外合资银行发行须经银保监会许可的债务、资本补充工具的申请，由所在地银保监局受理和初审，银保监会审查和决定。

外商独资银行、中外合资银行申请发行须经银保监会许可的债务、资本补充工具，申请人应当向银保监会或者所在地银保监局提交申请资料。

所在地银保监局应当自受理之日起20日内将申请资料连同审核意见报送银保监会。银保监会应当自申请受理之日起3个月内，作出批准或者不批准发行债务、资本补充工具的决定，并书面通知申请人。决定不批准的，应当说明理由。

第一百一十一条 外商独资银行、中外合资银行申请发行须经银保监会许可的债务、资本补充工具，应当向银保监会或者所在地银保监局提交下列申请资料（一式两份）：

（一）申请人董事长或者行长（首席执行官）签署的申请书；

（二）可行性研究报告及洗钱和恐怖融资风险评估报告；

（三）债务、资本补充工具发行登记表；

（四）申请人关于发行债务、资本补充工具的董事会决议；

（五）申请人股东关于发行债务、资本补充工具的董事会决议；

（六）申请人最近3年经审计的财务会计报告；

（七）募集说明书；

（八）发行公告或者发行章程；

（九）申请人关于本期债券偿债计划及保障措施的专项报告；

（十）信用评级机构出具的金融债券信用评级报告及有关持续跟踪评级安排的说明，但申请人赴境外发行债务、资本补充工具的除外；

（十一）银保监会要求的其他资料。

第二节 开办衍生产品交易业务

第一百一十二条 外资银行营业性机构开办衍生产品交易业务的资格分为下列两类：

（一）基础类资格：只能从事套期保值类衍生产品交易；

（二）普通类资格：除基础类资格可以从事的衍生产品交易之外，还可以从事非套期保值类衍生产品交易。

第一百一十三条 外资银行营业性机构申请开办基础类衍生产品交易业务，应当具备下列条件：

（一）具有健全的衍生产品交易风险管理制度和内部控制制度；

（二）具有接受相关衍生产品交易技能专门培训半年以上且从事衍生产品或者相关交易2年以上的交易人员至少2名，相关风险管理人员至少1名，风险模型研究人员或者风险分析人员至少1名，熟悉套期会计操作程序和制度规范的人员至少1名，以上人员应当专岗专人，相互不得兼任，且无不良记录；

（三）有适当的交易场所和设备；

（四）具有处理法律事务和负责内控合规检查的专业部门及相关专业人员；

（五）主要审慎监管指标符合监管要求；

（六）银保监会规章规定的其他审慎性条件。

第一百一十四条 外资银行营业性机构申请开办普通类衍生产品交易业务，除具备本办法第一百一十三条规定的条件外，还应当具备下列条件：

（一）具有完善的衍生产品交易前台、中台、后台自动联接的业务处理系统和实时风险管理系统；

（二）衍生产品交易业务主管人员应当具备5年以上直接参与衍生产品交易活动或者风险管理的资历，且无不良记录；

（三）具有严格的业务分离制度，确保套期保值类业务与非套期保值类业务的市场信息、风险管理、损益核算有效隔离；

（四）具有完善的市场风险、操作风险、信用风险等风险管理框架；

（五）银保监会规章规定的其他审慎性条件。

第一百一十五条 外国银行分行申请开办衍生产品交易业务，应当获得其总行（地区总部）的正式授权，其母国应当具备对衍生产品交易业务进行监管的法律框架，其母国监管机构应当具备相应的监管能力。

外国银行分行申请开办衍生产品交易业务，若不具备本办法第一百一十三条或者第一百一十四条规定的条件，其总行（地区总部）应当具备上述条件。同时该分行还应当具备下列条件：

（一）其总行（地区总部）对该分行从事衍生产品交易等方面的正式授权应当对交易品种和限额作出明确规定；

（二）除总行另有明确规定外，该分行的全部衍生产品交易统一通过对其授权的总行（地区总部）系统进行实时平盘，并由其总行（地区总部）统一进行平盘、敞口管理和风险控制。

第一百一十六条 银保监会直接监管的外商独资银行、中外合资银行开办衍生产品交易业务的申请，由银保监会受理、审查和决定。其他外资银行营业性机构开办衍生产品交易业务的申请，由所在地银保监局受理、审查和决定。

外资银行营业性机构申请开办衍生产品交易业务，应当向银保监会或者所在地银保监局提交申请资料。银保监会或者所在地银保监局应当自受理之日起3个月内，作出批准或者不批准开办衍生产品交易业务的决定，并书面通知申请人。决定不批准的，应当说明理由。

第一百一十七条 外资银行营业性机构申请开办衍生产品交易业务，应当向银保监会或者所在地银保监局报送下列申请资料（一式两份）：

（一）申请人授权签字人签署的申请书；

（二）可行性研究报告及业务计划书或者展业计划及洗钱和恐怖融资风险评估报告；

（三）衍生产品交易业务内部管理规章制度，内容包括：

1. 衍生产品交易业务的指导原则、操作规程（操作规程应当体现交易前台、中台、后台分离的原则）和针对突发事件的应急计划；

2. 新业务、新产品审批制度及流程；

3. 交易品种及其风险控制制度；

4. 衍生产品交易的风险模型指标及量化管理指标；

5. 风险管理制度和内部审计制度；

6. 衍生产品交易业务研究与开发的管理制度及后评价制度；

7. 交易员守则；

8. 交易主管人员岗位职责制度，对各级主管人员与交易员的问责制度和激励约束机制；

9. 对前台、中台、后台主管人员及工作人员的培训计划；

（四）衍生产品交易会计制度；

（五）主管人员和主要交易人员名单、履历；

（六）衍生产品交易风险管理制度，包括但不限于：风险敞口量化规则或者风险限额授权管理制度；

（七）第三方独立出具的交易场所、设备和系统的安全性和稳定性测试报告；

（八）银保监会要求的其他资料。

外国银行分行申请开办衍生产品交易业务，若不具备本办法第一百一十三条或者第一百一十四条所列条件，除报送其总行（地区总部）的上述文件和资料外，同时还应当报送下列申请资料：

（一）外国银行总行（地区总部）对该分行从事衍生产品交易品种和限额等方面的正式书面授权文件；

（二）除外国银行总行另有明确规定外，外国银行总行（地区总部）出具的确保该分行全部衍生产品交易通过总行（地区总部）交易系统进行实时平盘，并由其总行（地区总部）负责进行平盘、敞口管理和风险控制的承诺函。

第一百一十八条 外国银行在中国境内设立多家分行的，如管理行已获准开办衍生产品交易业务，该管理行可以履行管理职责，在评估并确保中国境内其他拟开办衍生产品交易业务的分行满足条件的前提下，授权其开办衍生产品交易业务。

经管理行授权开办衍生产品交易业务的分行应满足银行业金融机构开办衍生产品交易业务的相关规定，向所在地银保监局报告，提交管理行出具的授权书以及开办衍生产品交易业务所需的材料后方可开办衍生产品交易业务。

第三节 开办信用卡业务

第一百一十九条 外商独资银行、中外合资银行申请开办信用卡业务分为申请开办发卡业务和申请开办收单业务。申请人应当具备下列条件：

（一）公司治理良好，主要审慎监管指标符合银保监会有关规定，具备与业务发展相适应的组织机构和规章制度，内部控制、风险管理和问责机制健全有效；

（二）信誉良好，具有完善、有效的内控机制和案件防控体系，最近3年内无重大违法违规行为和重大恶性案件；

(三)具备符合任职资格条件的董事、高级管理人员和合格从业人员。高级管理人员中应当有具备信用卡业务专业知识和管理经验的人员至少1名,具备开展信用卡业务必需的技术人员和管理人员,并全面实施分级授权管理;

(四)具备与业务经营相适应的营业场所、相关设施和必备的信息技术资源;

(五)已在中国境内建立符合法律法规和业务管理要求的业务系统,具有保障相关业务系统信息安全和运行质量的技术能力;

(六)开办外币信用卡业务的,应当具有结汇、售汇业务资格;

(七)银保监会规章规定的其他审慎性条件。

第一百二十条 外商独资银行、中外合资银行申请开办信用卡发卡业务,除应当具备本办法第一百一十九条规定的条件外,还应当具备下列条件:

(一)具备办理零售业务的良好基础。最近3年个人存贷款业务规模和业务结构稳定,个人存贷款业务客户规模和客户结构良好,银行卡业务运行情况良好,身份证件验证系统和征信系统的连接和使用情况良好;

(二)具备办理信用卡业务的专业系统。在中国境内建有发卡业务主机、信用卡业务申请管理系统、信用评估管理系统、信用卡账户管理系统、信用卡交易授权系统、信用卡交易监测和伪冒交易预警系统、信用卡客户服务中心系统、催收业务管理系统等专业化运营基础设施,相关设施通过了必要的安全检测和业务测试,能够保障客户资料和业务数据的完整性和安全性;

(三)符合外商独资银行、中外合资银行业务经营总体战略和发展规划,有利于提高总体业务竞争能力。能够根据业务发展实际情况持续开展业务成本计量、业务规模监测和基本盈亏平衡测算等工作。

第一百二十一条 外商独资银行、中外合资银行申请开办信用卡收单业务,除应当具备本办法第一百一十九条规定的条件外,还应当具备下列条件:

(一)具备开办收单业务的良好基础。最近3年企业贷款业务规模和业务结构稳定,企业贷款业务客户规模和客户结构较为稳定,身份证件验证系统和征信系统连接和使用情况良好;

(二)具备办理收单业务的专业系统。在中国境内建有收单业务主机、特约商户申请管理系统、特约商户信用评估管理系统、特约商户结算账户管理系统、账务管理系统、收单交易监测和伪冒交易预警系统、交易授权系统等专业化运营基础设施,相关设施通过了必要的安全检测和业务测试,能够保障客户资料和业务数据的完整性和安全性;

(三)符合外商独资银行、中外合资银行业务经营总体战略和发展规划,有利于提高业务竞争能力。能够根据业务发展实际情况持续开展业务成本计量、业务规模监测和基本盈亏平衡测算等工作。

第一百二十二条 银保监会直接监管的外商独资银行、中外合资银行开办信用卡业务的申请,由银保监会受理、审查和决定。其他外商独资银行、中外合资银行开办信用卡业务的申请,由所在地银保监局受理、审查和决定。

外商独资银行、中外合资银行申请开办信用卡业务,应当向银保监会或者所在地银保监局提交申请资料,同时抄送所在地银保监分局。银保监会或者所在地银保监局应当自受理之日起 3 个月内,作出批准或者不批准开办信用卡业务的决定,并书面通知申请人。决定不批准的,应当说明理由。

第一百二十三条 外商独资银行、中外合资银行申请开办信用卡业务,应当向银保监会或者所在地银保监局提交下列申请资料(一式两份),同时抄送所在地银保监分局(一份):

(一)申请人董事长或者行长(首席执行官)签署的申请书;

(二)可行性研究报告及洗钱和恐怖融资风险评估报告;

(三)信用卡业务发展规划;

(四)信用卡业务管理制度;

(五)信用卡章程,内容至少包括信用卡的名称、种类、功能、用途、发行对象、申领条件、申领手续、使用范围(包括使用方面的限制)及使用方法、信用卡账户适用的利率、面向持卡人的收费项目和收费水平,发卡银行、持卡人及其他有关当事人的权利、义务;

(六)信用卡卡样设计草案或者可受理信用卡种类;

(七)信用卡业务运营设施、业务系统和灾备系统介绍;

(八)相关身份证件验证系统和征信系统连接情况和使用情况介绍;

(九)信用卡业务系统和灾备系统的测试报告和安全评估报告;

(十)信用卡业务运行应急方案和业务连续性计划;

(十一)信用卡业务风险管理体系建设和相应的规章制度;

(十二)信用卡业务的管理部门、职责分工、主要负责人介绍;

(十三)申请机构联系人、联系电话、联系地址、传真、电子邮箱等联系方式;

(十四)银保监会要求的其他资料。

第四节 开办其他业务

第一百二十四条 外资银行营业性机构申请开办其他业务,是指申请开办《中华人民共和国外资银行管理条例》第二十九条第(十四)项或者第三十一条第(十三)项所指的业务。

第一百二十五条 外资银行营业性机构申请开办其他业务,应当具备下列条件:

(一)具有与业务发展相适应的组织结构和规章制度,内控制度、风险管理和问责机制健全有效;

(二)与现行法律法规不相冲突;

(三)主要审慎监管指标达到监管要求;

(四)符合外资银行战略发展定位与方向;

(五)经内部决策程序通过;

(六)具备开展业务必需的技术人员和管理人员,并全面实施分级授权管理;

(七)具备与业务经营相适应的营业场所和相关设施;

(八)具备开展该项业务的必要、安全且合规的信息科技系统,具备保障信息科技系统有效安全运行的技术与措施;

(九)无重大违法违规记录和因内部管理问题导致的重大案件;

(十)银保监会规章规定的其他审慎性条件。

第一百二十六条 银保监会直接监管的外商独资银行、中外合资银行开办其他业务的申请,由银保监会受理、审查和决定。其他外资银行营业性机构开办其他业务的申请,由所在地银保监局受理、审查和决定。

外资银行营业性机构申请开办其他业务,应当向银保监会或者所在地银保监局提交申请资料,同时抄送所在地银保监分局。银保监会或者所在地银保监局应当自受理之日起 3 个月内,作出批准或者不批准开办拟经营业务的决定,并书面通知申请人。决定不批准的,应当说明理由。

第一百二十七条 外资银行营业性机构申请开办其他业务,应当向银保监会或者所在地银保监局报送下列申请资料(一式两份),同时抄送所在地银保监分局(一份):

(一)申请人授权签字人签署的申请书;

(二)拟经营业务的详细介绍和可行性研究报告及洗钱和恐怖融资风险评估报告;

(三)拟经营业务的内部控制制度和操作规程;

(四)拟经营业务的人员配备情况及业务系统的介绍;

(五)银保监会要求的其他资料。

第六章 董事和高级管理人员任职资格核准

第一百二十八条 申请担任外资银行董事、高级管理人员和首席代表,拟任人应当是具有完全民事行为能力的自然人，并具备下列基本条件：

（一）熟悉并遵守中国法律、行政法规和规章；

（二）具有良好的职业道德、操守、品行和声誉，有良好的守法合规记录，无不良记录；

（三）具备大学本科以上（包括大学本科）学历，且具有与担任职务相适应的专业知识、工作经验和组织管理能力；不具备大学本科以上学历的，应当相应增加6年以上从事金融或者8年以上从事相关经济工作经历（其中从事金融工作4年以上）；

（四）具有履职所需的独立性。

外资银行董事、高级管理人员和首席代表在银保监会或者所在地银保监局核准其任职资格前不得履职。

第一百二十九条　拟任人有下列情形之一的，不得担任外资银行的董事、高级管理人员和首席代表：

（一）有故意或者重大过失犯罪记录的；

（二）有违反社会公德的不良行为，造成恶劣影响的；

（三）对曾任职机构违法违规经营活动或者重大损失负有个人责任或者直接领导责任，情节严重的；

（四）担任或者曾任被接管、撤销、宣告破产或者吊销营业执照的机构的董事或者高级管理人员的，但能够证明本人对曾任职机构被接管、撤销、宣告破产或者吊销营业执照不负有个人责任的除外；

（五）因违反职业道德、操守或者工作严重失职，造成重大损失或者恶劣影响的；

（六）指使、参与所任职机构不配合依法监管或者案件查处的；

（七）被取消终身的董事和高级管理人员任职资格，或者受到监管机构或者其他金融管理部门处罚累计达到两次以上的；

（八）本人或者其配偶负有数额较大的债务且到期未偿还的，包括但不限于在该外资银行的逾期贷款；

（九）存在其他所任职务与拟任职务有明显利益冲突，或者明显分散其履职时间和精力的情形；

（十）不具备本办法规定的任职资格条件，采取不正当手段以获得任职资格核准的；

（十一）法律、行政法规、部门规章规定的不得担任金融机构董事、高级管理人员或者首席代表的；

（十二）银保监会认定的其他情形。

第一百三十条 外国银行在中国境内设立的外商独资银行或者中外合资银行的董事长、高级管理人员和该外国银行在中国境内设立的分行的高级管理人员不得相互兼职。

第一百三十一条 外资银行董事长、行长(首席执行官)、分行行长、分行级专营机构总经理、支行行长、外国银行代表处首席代表缺位时,外资银行应当指定符合任职资格条件的人员代为履职,并自指定之日起3日内向银保监会或者任职机构所在地银保监局或者银保监分局报告代为履职人员的简历、商业银行从业及相关管理经验、履职计划等详细说明。

代为履职的人员不符合任职资格条件的,监管机构可以责令外资银行限期调整代为履职的人员。代为履职的时间不得超过6个月。外资银行应当在6个月内选聘符合任职资格条件的人员正式任职。

第一百三十二条 具有高级管理人员任职资格且未连续中断任职1年以上的拟任人在同质同类外资银行间平级调动职务(平级兼任)或者改任(兼任)较低职务的,无需重新申请核准任职资格。

拟任人应当在任职后5日内向银保监会或者任职机构所在地银保监局或者银保监分局报告。

第一百三十三条 担任下列职务的外资银行董事、高级管理人员和首席代表除应当具备本办法第一百二十八条所列条件外,还应当分别具备下列条件:

(一)担任外商独资银行、中外合资银行董事长,应当具有8年以上金融工作或者12年以上相关经济工作经历(其中从事金融工作5年以上);

(二)担任外商独资银行、中外合资银行副董事长,应当具有5年以上金融工作或者10年以上相关经济工作经历(其中从事金融工作3年以上);

(三)担任外商独资银行、中外合资银行行长(首席执行官),应当具有8年以上金融工作或者12年以上相关经济工作经历(其中从事金融工作4年以上);

(四)担任外商独资银行、中外合资银行董事会秘书、副行长、行长助理、首席运营官、首席风险控制官、首席财务官(财务总监、财务负责人)、首席技术官(首席信息官),外商独资银行分行行长、中外合资银行分行行长、分行级专营机构总经理、外国银行分行行长,应当具有5年以上金融工作或者10年以上相关经济工作经历(其中从事金融工作3年以上);

(五)担任外商独资银行、中外合资银行董事,应当具有5年以上与经济、金融、法律、财务有关的工作经历,能够运用财务报表和统计报表判断银行的经营、管理和风险状况,理解银行的公司治理结构、公司章程、董事会职责以及董事的权利和义务；

（六）担任外商独资银行分行、中外合资银行分行、外国银行分行副行长，分行级专营机构副总经理，应当具有4年以上金融工作或者6年以上相关经济工作经历（其中从事金融工作2年以上）；

（七）担任外商独资银行、中外合资银行内审负责人和合规负责人，应当具有4年以上金融工作经历；

（八）担任外商独资银行分行、中外合资银行分行、分行级专营机构、外国银行分行合规负责人，应当具有3年以上金融工作经历；

（九）担任外国银行代表处首席代表，应当具有3年以上金融工作或者6年以上相关经济工作经历（其中从事金融工作1年以上）。

第一百三十四条 外资银行下列人员的任职资格核准的申请，由银保监会受理、审查和决定：银保监会直接监管的外商独资银行、中外合资银行董事长、行长（首席执行官）、董事、副董事长、董事会秘书、副行长、行长助理、首席运营官、首席风险控制官、首席财务官（财务总监、财务负责人）、首席技术官（首席信息官）、内审负责人、合规负责人，以及其他对经营管理具有决策权或者对风险控制起重要作用的人员。

外资银行下列人员的任职资格核准的申请，由拟任职机构所在地银保监局受理、审查和决定：其他外商独资银行、中外合资银行董事长、行长（首席执行官）、董事、副董事长、董事会秘书、副行长、行长助理、首席运营官、首席风险控制官、首席财务官（财务总监、财务负责人）、首席技术官（首席信息官）、内审负责人、合规负责人，以及其他对经营管理具有决策权或者对风险控制起重要作用的人员。

外资银行下列人员的任职资格核准的申请，由拟任职机构所在地银保监局或者经授权的银保监分局受理、审查和决定：外商独资银行分行、中外合资银行分行、外国银行分行的行长、副行长、合规负责人；分行级专营机构总经理、副总经理、合规负责人；外国银行代表处首席代表；以及其他对经营管理具有决策权或者对风险控制起重要作用的人员。

第一百三十五条 银保监会或者所在地银保监局或者经授权的银保监分局应当自受理之日起30日内，作出核准或者不核准的决定，并书面通知申请人。决定不核准的，应当说明理由。

随机构设立初次任命的董事长、行长（首席执行官）、分行行长、分行级专营机构总经理任职资格核准的申请，由开业决定机构自受理之日起2个月内，随机构开业批复作出核准或者不核准的决定；随代表处设立初次任命的首席代表任职资格核准的申请，由拟任职机构所在地银保监局自受理之日起6个月内，随代表处设立批复作出核准或者不核准的决定，并书面通知申请人。决定不核准的，应当说明理由。

第一百三十六条 申请核准外资银行董事、高级管理人员和首席代表任职资格，申请人应当将下列申请资料报送银保监会或者拟任职机构所在地银保监局或者经授权的银保监分局（一式两份），同时抄送拟任职机构所在地银保监分局（一份）：

（一）申请人授权签字人签署的申请书，申请书中应当说明拟任人拟任的职务、职责、权限，及该职务在本机构组织结构中的位置；

（二）申请人授权签字人签署的对拟任人的授权书及该签字人的授权书；

（三）经授权签字人签字的拟任人简历、身份证明和学历证明复印件；

（四）拟任人商业银行从业及相关管理经验、履职计划的详细说明；

（五）拟任人签署的无不良记录陈述书以及任职后将守法尽责的承诺书；

（六）拟任人接受反洗钱和反恐怖融资培训情况报告及本人签字的履行反洗钱和反恐怖融资义务的承诺书；

（七）外商独资银行、中外合资银行章程规定应当召开股东会或者董事会会议的，还应当报送相应的会议决议；

（八）拟任人离任审计报告（经济责任审计报告）或者原任职机构出具的履职评价；

（九）拟任人在银行、银行集团及其关联企业中担任、兼任其他职务的情况说明；

（十）银保监会要求的其他资料。

第七章 附 则

第一百三十七条 本办法中的"日"指工作日。

第一百三十八条 本办法中"以上"均含本数或者本级。

第一百三十九条 本办法中银保监会直接监管的外资银行是指在15个以上省（区、市）设立一级分支机构的外资法人银行。

第一百四十条 香港特别行政区、澳门特别行政区和台湾地区的金融机构在内地（大陆）设立的银行机构，比照适用本办法。国务院另有规定的，依照其规定。

第一百四十一条 国务院在自由贸易试验区等特定区域对行政许可事项另有规定的，依照其规定。

第一百四十二条 银保监会负责其直接监管的外资法人银行金融许可证

的颁发与管理;所在地银保监局或者经授权的银保监分局负责其他外资银行营业性机构金融许可证的颁发与管理。

第一百四十三条 银保监会根据法律法规和市场准入工作实际,有权对行政许可事项的受理、审查和决定机关进行动态调整。

第一百四十四条 本办法由银保监会负责解释。

第一百四十五条 本办法自公布之日起施行,《中国银监会外资银行行政许可事项实施办法》(中国银监会令 2018 年第 3 号)同时废止。

中国银保监会规范性文件管理办法

(2020 年 1 月 3 日中国银行保险监督管理委员会令 2020 年第 1 号公布 自 2020 年 3 月 1 日起施行 国司备字[2020001670])

第一章 总 则

第一条 为规范中国银行保险监督管理委员会(下称银保监会)规范性文件的制定程序,提高立法质量和依法监管水平,根据《中华人民共和国立法法》《规章制定程序条例》《国务院办公厅关于加强行政规范性文件制定和监督管理工作的通知》等规定,制定本办法。

第二条 本办法所称规范性文件是除部门规章外,由银保监会依照法定权限、程序制定并公开发布,涉及银行业保险业监管行政相对人等的权利义务,具有普遍约束力,在一定期限内反复适用的公文。

第三条 下列公文不属于本办法规定的规范性文件范围:

(一)组织人事、财务、外事等内部公文;

(二)党务、纪检监察公文;

(三)发送上级机关的请示和报告;

(四)落实上级文件、未提出新的实质性内容的转发性公文;

(五)不作为监管依据的事务性公文;

(六)涉及行政相对人有关具体事项的决定、批复、监管意见、风险提示、行政处罚文书、行政复议文书、现场检查文书;

(七)其他不涉及行政相对人权利和义务、不具有普遍约束力或者不可以反复适用的文件。

第四条 制定规范性文件,应当遵循《中华人民共和国立法法》确定的立法原则,符合法律、法规、规章、国务院文件等(下称"上位法规")关于立法的规定，严格遵守本办法规定的管理规则和制定程序。

第五条 制定规范性文件应当严格执行评估论证、征求意见、合法性审核、集体审议决定、公开发布等程序。

为预防、应对和处置金融风险、灾难事故、公共安全和社会安全等突发事件或者执行上级行政机关的紧急命令和决定，对于制定需要立即制定和实施的规范性文件，可以缩短时限或简化程序。

第二章 评估论证和起草

第六条 规范性文件的起草部门根据监管职责分工确定。涉及两个或者两个以上部门的，根据工作需要协商确定牵头起草部门。

第七条 起草部门应当对制定规范性文件的必要性、可行性、合法性和合理性进行全面论证，并对规范性文件需要解决的问题、拟规定的主要制度措施、有关制度措施的预期效果和可能产生的影响进行评估。对专业性、技术性较强的规范性文件，可以组织相关领域专家进行论证。

第八条 起草部门应当严控发文数量。上位法规已有明确规定或现行规范性文件已有效部署且仍然适用的，除部署新的工作或细化相关内容，一般不再制定新的规范性文件。

第九条 规范性文件的名称应当根据文件具体内容确定，一般使用"办法""规定""通知""决定""意见""公告"等名称，但不得使用"法""条例"等名称。

第十条 规范性文件一般以条文的形式制定，序号用中文数字依次表述。文字表述应当准确、规范、简洁。内容应当明确、具体，具有可操作性。

第十一条 规范性文件应当根据需要明确制定目的和依据、适用范围、相关主体权利义务、拟规范事项的内容和程序、施行日期等内容。

规范性文件应当明确列明因该文件施行而失效或者废止的文件的名称、文号；仅涉及部分条款失效或者废止的，应当列明相关条款。

第十二条 规范性文件起草过程中，起草部门应当向会内相关部门、派出机构征求意见。

对于涉及社会公众重大利益调整或者对行政相对人权利义务有重大影响的规范性文件，起草部门要深入调查研究，采取座谈会、论证会、实地走访等方式充分听取各方面意见，特别是被监管机构、行业协会、金融消费者等利益相关方的意见。

除依法需要保密的外，对于涉及社会公众重大利益调整或者对行政相对人权利义务有重大影响的规范性文件,要向社会公开征求意见。起草部门可以通过银保监会官方网站、新闻发布会以及报刊、广播、电视等便于群众知晓的方式,公布文件草案及其说明等材料。公开征求意见时间一般不少于30日。起草部门认为社会影响特别重大的,可经集体审议后再向社会公开征求意见。对公开征求意见时相对集中的意见建议不予采纳的,公布时要通过适当方式说明理由。

第十三条 起草部门应当一并制备起草说明,说明下列内容:

(一)制定该文件的背景、宗旨;

(二)依据的上位法规;

(三)第七条规定的评估论证过程和结论;

(四)征求意见及意见采纳情况;

(五)与此前发布的相关规范性文件的合并、衔接、替代、废止等关系;

(六)其他需要说明的问题。

第十四条 起草部门应当依照国务院及有关部门关于贸易政策合规和公平竞争审查制度文件的要求,对规范性文件进行贸易政策合规审查和公平竞争审查,填写公平竞争审查表。

第三章 合法性审核

第十五条 起草部门应当将规范性文件草案、起草说明、贸易政策合规审查结论、公平竞争审查表、制定依据以及其他必要材料一并提交法规部门进行合法性审核。

第十六条 法规部门对材料的完备性、规范性进行审核,不符合要求的可以退回,或者要求起草部门在规定时间内补充材料或说明情况。补充材料或说明情况时间不计算在第十七条规定的合法性审核期限内。

第十七条 合法性审核期限自收到全部送审材料之日起一般不少于5个工作日,但最长不得超过15个工作日。

第十八条 合法性审核的内容包括:

(一)不得违反上位法规;

(二)不得违反我国加入的国际条约;

(三)不得超越法定职权或减少法定职责;

(四)不得违法设定行政许可、行政处罚、行政强制、行政收费等事项;

(五)不得违反国务院关于公平竞争审查方面的规定;

(六)不得违反国务院关于贸易政策合规工作方面的规定;

（七）符合本办法规定的制定程序；

（八）其他审查要求。

第十九条 法规部门进行合法性审核，可以根据实际情况，采用书面征求意见、座谈会、论证会等多种方式，组织有关专家协助审查，并发挥政府法律顾问、公职律师等的作用。

第二十条 法规部门根据审查情况，作出予以通过、不予通过或应当修改的书面合法性审核意见。

第二十一条 起草部门应当根据合法性审核意见对规范性文件草案进行相应修改或补充。起草部门未完全采纳合法性审核意见的，应当在提交集体审议时说明理由和依据。

第二十二条 合法性审核后，起草部门对规范性文件草案有重大修改的，应当根据本办法规定重新进行合法性审核。

第四章 批准和公布

第二十三条 批准规范性文件，应当经集体审议决定。

第二十四条 起草部门应当将规范性文件草案、起草说明、意见采纳情况表、合法性审核意见等提交办公厅。办公厅应当在提交审议前对起草部门是否遵守本办法规定的程序进行审核。规范性文件草案未经合法性审核或合法性审核不予通过的，不得提交审议。

第二十五条 起草部门应当根据审议意见和公开征求意见情况修改完善规范性文件草案。经审议后对规范性文件草案进行重大修改的，应当再次报经审议决定。

第二十六条 规范性文件应当由办公厅统一登记、统一编号、统一印发。不得以便函、白头文、电子邮件、内设部门发文等方式印发规范性文件。

第二十七条 起草部门应当按照政府信息公开的有关要求，及时将规范性文件通过银保监会官方网站等向社会公开发布，并抄送法规部门。

第二十八条 起草部门应当做好规范性文件的发布解读，加强市场预期管理，准确传达监管意图，有效回应社会关切。

第五章 解释和清理

第二十九条 起草部门或履行规范性文件所规定职权的部门解释规范性文件，应当参照本办法规定的规范性文件制定程序。

第三十条 起草部门或履行规范性文件所规定职权的部门根据实际工作需要开展规范性文件动态清理。

法规部门应当定期组织开展规范性文件集中清理,清理结果应当及时向社会公布。

第三十一条 规范性文件有下列情形之一的,应当及时修改:

(一)个别条款与现行上位法规不一致,但基本适应经济社会发展需要、有必要继续实施;

(二)规范性文件之间对同一事项规定不一致;

(三)作为主要依据的上位法规已经修改;

(四)个别条款不能适应经济社会发展需要。

第三十二条 规范性文件有下列情形之一的,应当及时废止:

(一)主要内容与现行上位法规相抵触;

(二)主要内容已经不能适应经济社会发展需要,调整对象已消失或规定的事项、任务已完成;

(三)主要内容已被新的上位法规或规范性文件代替;

(四)作为主要依据的上位法规已废止或者失效。

第六章 附 则

第三十三条 银保监会派出机构应当参照本办法,制定辖内规范性文件管理制度。银保监会派出机构制定的规范性文件除依法向上一级机关备案外,应当同时抄送所在地人民政府。

第三十四条 本办法自 2020 年 3 月 1 日起施行。《中国保险监督管理委员会规范性文件制定管理办法》(保监发〔2013〕101 号)同时废止。

第三十五条 本办法由银保监会负责解释。

附件:1. 合法性审核意见表

2. 公平竞争审查表

附件1

合法性审核意见表

编号：

名　　称			
文件性质	规章□　规范性文件□		
起草部门		起草部门联系人	
起草部门送审材料是否完整		□是/□否	
起草部门是否进行贸易政策合规审核		□是/□否	
起草部门是否进行公平竞争审查		□是/□否	
经办人		联系方式	
合法性审核结论	是否通过	□是/□否/□应当修改	
具体审查意见			

附件2

公平竞争审查表

编号：

政策措施名称		
涉及行业领域		
性质	规章□ 规范性文件□ 其他政策措施□	
起草部门	名称：	
	经办人：	
征求意见情况	征求利害关系人意见□ 向社会公开征求意见□	
	具体情况（时间、对象、意见反馈和采纳情况） （可附相关报告）	
专家咨询意见（可选）	（可附专家意见书）	
竞争影响评估		
一、是否违反市场准入与退出标准		
1. 设置不合理和歧视性的准入和退出条件		□是/□否/□不涉及
2. 未经公平竞争授予经营者特许经营权		□是/□否/□不涉及
3. 限定经营、购买、使用特定经营者提供的商品和服务		□是/□否/□不涉及
4. 设置没有法律法规依据的审批或者具有行政审批性质的事前备案程序		□是/□否/□不涉及
5. 对市场准入负面清单以外的行业、领域、业务设置审批程序		□是/□否/□不涉及
二、是否违反商品要素自由流通标准		
1. 对外地和进口商品、服务实行歧视性价格或补贴政策		□是/□否/□不涉及

续表

2. 限制外地和进口商品、服务进入本地市场或阻碍本地商品运出	□是/□否/□不涉及
3. 排斥或限制外地经营者参加本地招标投标活动	□是/□否/□不涉及
4. 排斥限制或强制外地经营者在本地投资或设立分支机构	□是/□否/□不涉及
5. 对外地经营者在本地投资或设立的分支机构实行歧视性待遇	□是/□否/□不涉及
三、是否违反影响生产经营成本标准	
1. 违法给予特定经营者优惠政策	□是/□否/□不涉及
2. 将财政支出安排与企业缴纳的税收或非税收入挂钩	□是/□否/□不涉及
3. 违法免除特定经营者需要缴纳的社会保险费用	□是/□否/□不涉及
4. 违法要求经营者提供各类保证金或扣留经营者保证金	□是/□否/□不涉及
四、是否违反影响生产经营行为标准	
1. 强制经营者从事《反垄断法》规定的垄断行为	□是/□否/□不涉及
2. 违法披露或者要求经营者披露生产经营敏感信息	□是/□否/□不涉及
3. 超越定价权限进行政府定价	□是/□否/□不涉及
4. 违法干预实行市场调节价的商品服务价格水平	□是/□否/□不涉及
五、是否违反兜底条款	
1. 没有法律法规依据减损市场主体合法权益或者增加其义务	□是/□否/□不涉及
2. 违反《反垄断法》制定含有排除限制竞争内容的政策措施	□是/□否/□不涉及
是否违反相关标准的结论（如违反，请详细说明情况）	（可附相关报告）
适用例外规定（在违反相关标准时填写）	□是/□否 （选择“是”时详细说明理由）
其他需要说明的情况	
起草部门主要负责人意见	

中国银保监会信访工作办法

（2020年1月14日中国银行保险监督管理委员会令2020年第2号公布　自2020年3月1日起施行　国司备字[2020001669]）

第一章　总　　则

第一条　为规范中国银行保险监督管理委员会及其派出机构（以下简称“银行保险监督管理机构”）信访工作，保障信访人合法权益，维护信访秩序，依据《中华人民共和国银行业监督管理法》《中华人民共和国保险法》《信访条例》《信访工作责任制实施办法》等规定，制定本办法。

第二条　本办法所称信访，是指公民、法人或其他组织采用书信、传真、电话、走访等形式，向银行保险监督管理机构反映情况，提出建议、意见或者请求，依法应当由银行保险监督管理机构处理的活动。

本办法所称信访人，指采用前款规定的形式反映情况，提出建议、意见或者请求的公民、法人或者其他组织。

第三条　银行保险监督管理机构应当做好信访工作，认真处理来信、接待来访，倾听人民群众的意见、建议和要求，接受人民群众的监督，努力为人民服务。

第四条　银行保险监督管理机构应当遵循“属地管理、分级负责，谁主管、谁负责，依法、及时、就地解决问题与疏导教育相结合”的工作原则，处理职责范围内的信访事项。

第五条　银行保险监督管理机构应当建立统一领导、分工协调，统筹兼顾、标本兼治，各负其责、齐抓共管的信访工作格局，建立健全信访工作联席会议、信访矛盾纠纷排查调处、信访调查处理、信访应急处置等机制。

第六条　银行保险监督管理机构应当落实信访工作责任制。各级机构及其部门的主要负责人对本单位、本部门信访工作负总责，其他负责人根据工作分工，对职责范围内的信访工作负主要领导责任。

各级领导干部应当阅批群众来信，定期接待群众来访，协调处理复杂疑难信访问题。

第七条　银行保险监督管理机构应当建立健全信访工作考核评价机制，每年对本系统信访工作情况进行考核。考核结果作为对领导班子和领导干部综合考核以及其他有关干部考核、奖评的重要参考。对在信访工作中作出优异成绩的单位或个人，应予以表彰奖励。

第八条 银行保险监督管理机构应当明确信访工作部门和信访承办部门。信访工作部门负责对本单位、本系统信访工作进行管理，具体负责分办本单位信访事项，督查指导本单位信访事项办理，协调本单位重大信访问题处理，督促指导下级机构信访工作，联系同级党委政府信访工作机构。信访承办部门负责职责范围内信访事项的受理、调查、核实、答复意见拟制，配合信访工作部门接谈等。

第九条 银行保险监督管理机构应当从人力物力财力上保证信访工作顺利开展。为信访工作部门配备充足、合格的工作人员，加强对信访干部的培训。设立专门的信访接待场所，配备录音录像等设备设施。加强信访信息系统建设，增强运用效果。

第十条 银行保险监督管理机构应当建立信访工作报告制度和通报制度，加强信访信息工作。

第十一条 银行保险监督管理机构对于可能或者已经造成社会影响的重大、紧急信访事项和信访信息，应当在职责范围内依法及时采取措施，并及时报告情况。

第十二条 银行保险监督管理机构及其工作人员在信访工作中依法保护国家秘密、工作秘密、商业秘密和个人隐私。

第十三条 银行保险监督管理机构处理信访事项的工作人员与信访事项或者信访人有直接利害关系的，应当回避。

第十四条 银行保险监督管理机构应当对信访工作重要资料，按档案管理规定予以立卷保存。

第二章 信访事项的提出

第十五条 银行保险监督管理机构应当通过网站等方式向社会公布信访工作部门的通信地址、信访电话、来访接待时间和地点等信息。

银行保险监督管理机构应当在信访接待场所或网站公布与本单位信访工作相关的主要法律法规、工作制度及处理程序，以及其他为信访人依照法定途径反映诉求提供便利的事项。

第十六条 信访人对银行保险监督管理机构及其工作人员的职务行为反映情况，提出建议、意见，或者不服银行保险监督管理机构及其工作人员的职务行为，可以依照本办法向银行保险监督管理机构提出信访事项。

信访人提出信访事项，一般应当采用书面形式，应载明信访人的姓名（名称)、住址、联系方式,并提供有效的身份信息。信访人提出诉求的,还应当写明被反映单位名称或者人员姓名、诉求事项、主要事实及理由,并附上相关证明材料。

信访人采用传真或书信形式提出信访事项的,应当向被反映单位或人员所在地的本级银行保险监督管理机构提出。

信访人采用走访形式提出信访事项的,应当按照逐级走访的规定,到依法有权处理的本级或上一级银行保险监督管理机构设立或者指定的信访接待场所提出。多人采用走访形式提出共同信访事项的,应当推选代表,代表人数不得超过5人。

信访人采用口头形式提出信访事项的,银行保险监督管理机构信访工作人员应当引导其补充书面材料,或者记录信访人的姓名(名称)、住址、联系方式和诉求、事实及理由,信访人对记录的内容以签字、盖章等适当方式进行确认后提交,信访人拒绝确认的视同放弃信访。

信访人采用电话形式提出信访事项的,银行保险监督管理机构信访工作人员应当引导其补充书面材料,或者告知信访工作部门通讯地址、信访接待场所。

第十七条 信访人提出信访事项,应当客观真实,对其所提供材料内容的真实性负责,不得捏造歪曲事实,不得诬告陷害他人。

信访人捏造歪曲事实,诬告陷害他人,构成犯罪的,依法追究刑事责任;尚不构成犯罪的,由公安机关依法给予治安管理处罚。

银行保险监督管理机构在信访事项办理中发现信访人提出的信访事项及材料内容不符合上述规定的,可以终止信访程序。

第十八条 信访人在信访过程中应当遵守法律、法规,不得损害国家、社会、集体和他人的合法权益,自觉维护社会公共秩序和信访秩序。

信访人在银行保险监督管理机构办公场所周围非法聚集,或在信访接待场所滞留、滋事,扰乱、妨碍社会公共秩序或信访秩序的,银行保险监督管理机构应对信访人进行劝阻、批评或教育;信访人违反治安管理法律法规的,银行保险监督管理机构报请公安机关依法处理。

第三章 信访事项的受理

第十九条 银行保险监督管理机构应当依照规定,制定分类清单和处理程序,依法分类处理信访诉求。

银行保险监督管理机构按照职责范围,分级、按权限受理信访事项。信访事项涉及银行保险监督管理机构和其他有权机关的,可按照职责部分受理。信访事项涉及两个或者两个以上银行保险监督管理机构职责范围的,由所涉及的机构协商受理;受理有争议的,由共同的上级机构指定其中的一个机构受理,其他相关机构配合。

第二十条 银行保险监督管理机构对下列属于职责范围的信访事项应当予以受理,并在收到完备材料之日起15日内向信访人出具受理告知书。

(一)对银行保险监督管理机构制定和实施的银行保险监督管理规章、制度和办法等提出建议、意见和批评的;

(二)对银行保险监督管理机构及其工作人员的职务行为提出建议、意见和批评或者不服银行保险监督管理机构及其工作人员的职务行为的;

(三)其他应当受理的信访事项。

第二十一条 银行保险监督管理机构对下列信访事项不予受理或不再受理,并在收到完备材料之日起15日内告知信访人。

(一)不属于银行保险监督管理机构信访职责范围的;

(二)已经或依法应当通过诉讼、仲裁、行政复议等法定途径解决的;

(三)已经受理或正在办理的,在规定期限内向受理或办理上级机关再提出同一事项或复查、复核申请的;

(四)收到书面答复后,未在规定时限内提出复查、复核申请,仍就同一事项重复信访的;

(五)已经完成复核并答复或已经中国银行保险监督管理委员会答复,仍就同一事项重复信访的;

(六)反映的信访事项已由银行保险监督管理机构通过信访以外的途径发现并依法依规处理的;

(七)撤回信访事项后仍就同一事项再次信访的;

(八)其他依法依规不予受理或不再受理的信访事项。

银行保险监督管理机构在受理信访事项后发现存在本条所列情形的,可作出撤销受理的决定,并告知材料提交人。

第二十二条 银行保险监督管理机构对下列不属于信访事项的请求,应依照有关规定程序处理并告知材料提交人。

(一)举报银行保险机构或其工作人员违反相关银行保险监管法律、行政法规、部门规章和其他规范性文件;举报公民、法人或者其他组织涉嫌非法设立银行保险机构或从事银行保险业务,要求监管部门查处的,依照有关银行保险违法行为举报处理规定程序处理。

(二)投诉与银行保险机构或其从业人员因购买银行、保险产品或接受银行、保险相关服务，产生纠纷并向银行保险机构主张其民事权益的，应当转本级消费者权益保护部门，依照有关银行保险消费投诉处理管理规定程序处理。

（三）检举、揭发、控告银行保险监督管理机构或其工作人员涉嫌违纪违法行为的，应当转本级纪检监察机构，依照有关纪检监察规定程序处理。

（四）银行保险监督管理机构工作人员对涉及本人的人事处理、行政处分不服的，应当转本级组织人事部门，依照有关规定程序处理；对党纪政务处分不服，应当转本级纪检监察机构，依照有关规定程序处理。

本条所称银行保险机构指依照《中华人民共和国银行业监督管理法》和《中华人民共和国保险法》，由银行保险监督管理机构负责监管的各类主体。

银行保险监督管理机构在受理信访事项后发现存在本条所列情形的，可作出撤销受理的决定，依照有关规定程序依法分类处理，并告知材料提交人。

第二十三条 银行保险监督管理机构对于收到不属于本机构职责范围处理事项材料的，不作为信访事项予以受理，引导材料提交人向有权机关反映。

第二十四条 银行保险监督管理机构对不属于本机构职责范围，但属于其他银行保险监督管理机构职责范围的信访事项，应当在收到材料之日起 15 日内转交其他有职责的银行保险监督管理机构；有职责的银行保险监督管理机构应当自收到完备材料之日起 15 日内告知信访人相关受理情况。

第二十五条 对于因信访人提交材料反映信访事项不清而不能办理的，银行保险监督管理机构可以在接到信访事项之日起 15 日内告知信访人补充相关材料；有关信访受理、答复等期限自收到完备材料之日起重新计算；信访人拒绝补充材料或不能补充的，视同放弃信访。

信访人在处理期限内针对已经受理的信访事项提出新的事实、证明材料和理由需要查证的，可以合并处理，信访期限自银行保险监督管理机构收到新材料之日起重新计算。

第二十六条 银行保险监督管理机构对属于职责范围的匿名信访事项，应当区别情况，妥善处理，但不进行信访事项的告知、受理、答复等。

信访事项反映对象明确，内容和提供的线索具体清楚的，应当核查处理；反映对象或所反映内容陈述模糊的，可酌情处理。

第二十七条 银行保险监督管理机构对于署名信访事项，但材料提交人提供的联系方式、地址等不明确或存在冒名、假名，联系方式、地址不实，冒用他人联系方式、地址等情形的，按匿名信访事项处理。

第二十八条 信访人可以申请撤回信访事项，信访工作程序自银行保险监督管理机构收到申请当日终止。

第四章 信访事项的办理

第二十九条 银行保险监督管理机构应当依法按程序办理信访事项，恪尽职守、秉公办事，规范细致、及时稳妥，不得推诿、敷衍、拖延。

第三十条 银行保险监督管理机构办理信访事项，可听取或阅悉信访人陈述事实和理由；可要求信访人、相关组织或人员说明情况，需要进一步核实有关情况的，可进行调查。对重大、复杂、疑难的信访事项，可根据利益相关方申请举行听证。

第三十一条 银行保险监督管理机构对已受理的信访事项，经核实、调查，依照相关法律法规和监管规定，针对信访人的诉求事项按程序提出意见，应自受理之日起60日内办结并书面答复信访人，但答复内容不得违反相关保密规定。

信访事项办理过程中需其他国家机关协查等所需的时间，不计入前款规定的期限。

在前述60日期限内发现情况复杂，需要延长调查期限的，经本单位负责人批准，可以适当延期，但延长期限不得超过30日，并告知信访人延期理由。

信访事项办理中，信访人要求查询信访办理进度的，可以告知，但不得涉及保密、敏感性事项或尚未明确的事实、结论等信息。

对匿名信访事项或信访人提供的姓名（名称）、联系方式、地址等不明确的，不适用本条，不予告知或答复。

第三十二条 信访人对银行保险监督管理机构信访事项答复意见不服的，可以自收到书面答复之日起30日内向原办理机构的上一级机构书面提出复查，申请材料应包括原处理意见、不服意见的事实和理由。信访人再次向原办理机构以同一事项提出信访诉求的，原办理机构不予受理。

收到复查请求的机构应当自收到复查请求之日起30日内提出复查意见，对信访人不服意见的事实和理由进行核查，并书面答复信访人。

第三十三条 信访人对银行保险监督管理机构复查意见不服的，可以自收到书面答复之日起30日内向复查机构的上一级机构书面提出复核，申请材料应包括原处理意见、不服意见的事实和理由。信访人再次向原复查机构以同一事项提出重新复查请求的，原复查机构不予受理。

收到复核请求的机构应当自收到复核请求之日起30日内提出复核意见，对信访人不服复查意见的事实和理由进行核查，并书面答复信访人。

第三十四条 银行保险监督管理机构信访工作部门发现有下列情形之一

的，应当及时督办信访承办部门，并提出改进建议。

（一）无正当理由未按规定时限受理应当受理的信访事项的；

（二）无正当理由未按规定时限办结已受理的信访事项的；

（三）未按规定反馈信访事项办理结果的；

（四）受理、办理信访事项推诿、扯皮的；

（五）其他需要督办的情形。

第三十五条 银行保险监督管理机构信访承办部门收到信访工作部门改正建议的，应当及时进行改正；收到书面督办意见的，应当书面反馈信访工作部门。

第三十六条 银行保险监督管理机构对转到下级机构办理的信访事项，应当加强督促、指导，要求按规定告知信访人受理情况、按时限答复信访人。

第五章 责任追究

第三十七条 银行保险监督管理机构及其领导干部、工作人员不履行或者未能正确履行信访工作职责，有下列情形之一的，应当按照中国银行保险监督管理委员会相关问责规定追究责任。

（一）因决策失误、工作失职，损害群众利益，导致信访问题产生，造成严重后果的；

（二）未按规定受理、交办、转送和督办信访事项，严重损害信访人合法权益的；

（三）违反群众纪律，对应当依法处理的合理合法诉求消极应付、推诿敷衍，或者对待信访人态度恶劣、简单粗暴，损害党群干群关系或银行保险监督管理机构形象，造成严重后果的；

（四）对发生的集体访或者信访负面舆情处置不力，导致事态扩大，造成严重不良影响的；

（五）对信访工作部门提出的改进工作、完善政策和给予处分等建议重视不够、落实不力，导致问题长期得不到解决，造成严重后果的；

（六）其他应当追究责任的失职失责情形。

第三十八条 对具有本办法第三十七条所列情形，情节较轻的，银行保险监督管理机构对相关责任人进行通报，限期整改。

涉嫌违法犯罪的，按照国家有关法律法规处理。

第三十九条 对在信访工作中失职失责的银行保险监督管理机构相关责任人，应当给予党纪政纪处分的，依纪依法追究责任。

第六章　附　　则

第四十条　银行保险监督管理机构应使用信访专用章办理本办法规定的信访事项。

第四十一条　本办法所称“告知”，可采取纸面告知、平台短信、录音电话等适当方式。

第四十二条　各级派出机构可结合工作实际，制定实施细则。

第四十三条　对外国人、无国籍人、外国组织涉及银行保险监督管理机构信访事项的处理，参照本办法执行。

第四十四条　本办法所规定的“以内”包括本数；本办法所称“日”指自然日。

第四十五条　本办法由中国银行保险监督管理委员会负责解释。

第四十六条　本办法自2020年3月1日起施行。《中国银监会信访工作办法》和《中国保险监督管理委员会信访工作办法》同时废止。原中国银监会、原中国保监会发布规定与本办法不一致的，以本办法为准。

银行业保险业消费投诉处理管理办法

（2020年1月14日中国银行保险监督管理委员会令2020年第3号公布　自2020年3月1日起施行　国司备字[2020001672]）

第一章　总　　则

第一条　为了规范银行业保险业消费投诉处理工作，保护消费者合法权益，根据《中华人民共和国银行业监督管理法》《中华人民共和国商业银行法》《中华人民共和国保险法》《中华人民共和国消费者权益保护法》等法律法规，制定本办法。

第二条　本办法所称银行业保险业消费投诉（以下简称“消费投诉”），是指消费者因购买银行、保险产品或者接受银行、保险相关服务与银行保险机构或者其从业人员产生纠纷（以下简称“消费纠纷”），并向银行保险机构主张其民事权益的行为。

第三条　银行业保险业消费投诉处理工作应当坚持依法合规、便捷高效、标本兼治和多元化解原则。

第四条 银行保险机构是维护消费者合法权益、处理消费投诉的责任主体，负责对本单位及其分支机构消费投诉处理工作的管理、指导和考核，协调、督促其分支机构妥善处理各类消费投诉。

第五条 各相关行业协会应当充分发挥在消费纠纷化解方面的行业自律作用，协调、促进其会员单位通过协商、调解、仲裁、诉讼等方式妥善处理消费纠纷。

第六条 中国银行保险监督管理委员会（以下简称"中国银保监会"）是全国银行业保险业消费投诉处理工作的监督单位，对全国银行业保险业消费投诉处理工作进行监督指导。

中国银保监会各级派出机构应当对辖区内银行业保险业消费投诉处理工作进行监督指导，推动辖区内建立完善消费纠纷多元化解机制。

第二章 组织管理

第七条 银行保险机构应当从人力物力财力上保证消费投诉处理工作顺利开展，指定高级管理人员或者机构负责人分管本单位消费投诉处理工作，设立或者指定本单位消费投诉处理工作的管理部门和岗位，合理配备工作人员。

银行保险机构应当畅通投诉渠道，设立或者指定投诉接待区域，配备录音录像等设备记录并保存消费投诉接待处理过程，加强消费投诉管理信息系统建设，规范消费投诉处理流程和管理。

第八条 银行保险机构应当在官方网站、移动客户端、营业场所或者办公场所醒目位置公布本单位的投诉电话、通讯地址等投诉渠道信息和消费投诉处理流程，开通电子邮件、官网平台等互联网投诉渠道的，应当公布本单位接收消费投诉的电子邮箱、网址等。在产品或者服务合约中，银行保险机构应当提供投诉电话或者其他投诉渠道信息。

第九条 银行保险机构开展消费投诉处理工作应当属地管理、分级负责，充分考虑和尊重消费者的合理诉求，公平合法作出处理结论。及时查找引发投诉事项的原因，健全完善溯源整改机制，切实注重消费者消费体验，提升服务水平。

第十条 银行保险机构应当加强对第三方机构合作业务消费投诉的管理，因合作销售产品或者提供服务而产生消费纠纷的，银行保险机构应当要求相关第三方机构配合处理消费投诉，对消费投诉事项进行核实，及时提供相关情况，促进消费投诉顺利解决。银行保险机构应当将第三方机构对消费投诉处理工作的配合情况纳入合作第三方机构的准入退出评估机制。

第三章 银行业保险业消费投诉处理

第十一条 银行保险机构应当负责处理因购买其产品或者接受其服务产生的消费投诉。

第十二条 银行保险机构可以要求投诉人通过其公布的投诉渠道提出消费投诉。

采取面谈方式提出消费投诉的，银行保险机构可以要求投诉人在其指定的接待场所提出。多名投诉人采取面谈方式提出共同消费投诉的，应当推选代表，代表人数不超过5名。

第十三条 银行保险机构可以要求投诉人提供以下材料或者信息：

（一）投诉人的基本情况，包括：自然人或者其法定代理人姓名、身份信息、联系方式；法人或者其他组织的名称、住所、统一社会信用代码，法定代表人或者主要负责人的姓名、身份信息、联系方式，法人或者其他组织投诉代理人的姓名、身份信息、联系方式、授权委托书；

（二）被投诉人的基本情况，包括：被投诉的银行保险机构的名称；被投诉的银行业保险业从业人员的相关情况以及其所属机构的名称；

（三）投诉请求、主要事实和相关依据；

（四）投诉人提交书面材料的，应当由投诉人签字或者盖章。

银行保险机构已经掌握或者通过查询内部信息档案可以获得的材料，不得要求投诉人提供。

第十四条 投诉人提出消费投诉确有困难的，银行保险机构应当接受投诉人委托他人代为投诉，除第十三条规定材料或者信息外，可以要求提供经投诉人亲笔签名或者盖章的授权委托书原件，受托人身份证明和有效联系方式。

银行保险机构应当接受消费者继承人提出的消费投诉，除第十三条规定材料或者信息外，可以要求提供继承关系证明。

第十五条 银行保险机构可以接受投诉人撤回消费投诉。投诉人撤回消费投诉的，消费投诉处理程序自银行保险机构收到撤回申请当日终止。

第十六条 投诉人提出消费投诉，应当客观真实，对所提供材料内容的真实性负责，不得提供虚假信息或者捏造、歪曲事实，不得诬告、陷害他人。

投诉人在消费投诉过程中应当遵守法律、行政法规和国家有关规定，维护社会公共秩序和消费投诉处理单位的办公经营秩序。

第十七条 银行保险机构应当建立消费投诉处理回避制度，收到消费投诉后，应当指定与被投诉事项无直接利益关系的人员核实消费投诉内容，及时与投诉人沟通，积极通过协商方式解决消费纠纷。

第十八条 银行保险机构应当依照相关法律法规、合同约定，公平公正作出处理决定，对于事实清楚、争议情况简单的消费投诉，应当自收到消费投诉之日起15日内作出处理决定并告知投诉人，情况复杂的可以延长至30日；情况特别复杂或者有其他特殊原因的，经其上级机构或者总行、总公司高级管理人员审批并告知投诉人，可以再延长30日。

消费投诉处理过程中需外部机构进行鉴定、检测、评估等工作的，相关期间可以不计入消费投诉处理期限，但应当及时告知投诉人。

投诉人在消费投诉处理期限内再次提出同一消费投诉的，银行保险机构可以合并处理，如投诉人提出新的事实和理由，处理期限自收到新的投诉材料之日起重新计算。

在消费投诉处理过程中，发现消费投诉不是由投诉人或者其法定代理人、受托人提出的，银行保险机构可以不予办理，并告知投诉提出人。

第十九条 银行保险机构在告知投诉人处理决定的同时，应当说明对消费投诉内容的核实情况、作出决定的有关依据和理由，以及投诉人可以采取的申请核查、调解、仲裁、诉讼等救济途径。

第二十条 投诉人对银行保险机构分支机构消费投诉处理结果有异议的，可以自收到处理决定之日起30日内向其上级机构书面申请核查。核查机构应当对消费投诉处理过程、处理时限和处理结果进行核查，自收到核查申请之日起30日内作出核查决定并告知投诉人。

第二十一条 银行保险机构应当依照本办法的规定向投诉人告知相关事项并保留相关证明资料，投诉人无法联系的除外。

采取书面形式告知的，应当在本办法规定的告知期限内当面递交，或者通过邮寄方式寄出。

采取短信、电子邮件等可以保存的电子信息形式告知的，应当在本办法规定的告知期限内发出。

采取电话形式告知的，应当在本办法规定的告知期限内拨打投诉人电话。

银行保险机构与投诉人对消费投诉处理决定、告知期限、告知方式等事项协商一致的，按照协商确定的内容履行。

第二十二条 银行保险机构在消费投诉处理工作中，应当核实投诉人身份，保护投诉人信息安全，依法保护国家秘密、商业秘密和个人隐私不受侵犯。

第二十三条 银行保险机构在消费投诉处理过程中，可以根据需要向投诉人提出通过调解方式解决消费纠纷的建议。投诉人同意调解的，银行保险机构和投诉人应当向调解组织提出申请。调解期间不计入消费投诉处理期限。

第二十四条 银行保险机构应当充分运用当地消费纠纷调解处理机制，通过建立临时授权、异地授权、快速审批等机制促进消费纠纷化解。

第四章 银行业保险业消费投诉处理工作制度

第二十五条 银行保险机构应当根据本办法健全本单位消费投诉处理工作制度，明确消费投诉处理流程、责任分工、处理时限等要求。

第二十六条 银行保险机构应当建立消费投诉统计分析、溯源整改、信息披露、责任追究制度，定期开展消费投诉情况分析，及时有效整改问题；通过年报等方式对年度消费投诉情况进行披露；对于消费投诉处理中发现的违规行为，要依照相关规定追究直接责任人员和管理人员责任。

第二十七条 银行保险机构应当健全消费投诉处理考核评价制度，综合运用正向激励和负面约束手段，将消费投诉以及处理工作情况纳入各级机构综合绩效考核指标体系，并在各级机构高级管理人员、机构负责人和相关部门人员的薪酬分配、职务晋升等方面设定合理考核权重。

第二十八条 银行保险机构应当建立消费投诉处理登记制度和档案管理制度。消费投诉登记记录、处理意见等书面资料或者信息档案应当存档备查，法律、行政法规对保存期限有规定的，依照其规定执行。

第二十九条 银行保险机构应当依照国家有关规定制定重大消费投诉处理应急预案，做好重大消费投诉的预防、报告和应急处理工作。

重大消费投诉包括以下情形：

（一）因重大自然灾害、安全事故、公共卫生事件等引发的消费投诉；

（二）20 名以上投诉人采取面谈方式提出共同消费投诉的群体性投诉；

（三）中国银保监会及其派出机构（以下统称“银行保险监督管理机构”）认定的其他重大消费投诉。

第五章 监督管理

第三十条 银行保险监督管理机构应当明确银行保险机构消费投诉处理工作的监督管理部门。

第三十一条 银行保险监督管理机构设立消费投诉转办服务渠道，方便投诉人反映与银行保险机构的消费纠纷。

第三十二条 投诉人反映与银行保险机构的消费纠纷，同时提出应当由银行保险监督管理机构负责处理的其他事项的，依照有关规定处理。

第三十三条 银行保险监督管理机构的消费投诉处理监督管理部门应当自收到辖区内消费投诉之日起7个工作日内，将消费投诉转送被投诉银行保险机构并告知投诉人，投诉人无法联系的除外。

第三十四条 银行保险监督管理机构应当对银行保险机构消费投诉处理情况进行监督检查。

第三十五条 银行保险机构应当按照银行保险监督管理机构的要求，报告本单位消费投诉处理工作相关制度、消费投诉管理工作责任人名单，以及上述事项的变动情况。

第三十六条 银行保险机构应当按照银行保险监督管理机构的要求，报告本单位消费投诉数据、消费投诉处理工作情况，并对报送的数据、文件、资料的真实性、完整性、准确性负责。

第三十七条 银行保险监督管理机构应当定期将转送银行保险机构的消费投诉情况进行通报和对外披露，督促银行保险机构做好消费者权益保护工作。

第三十八条 银行保险监督管理机构应当将银行保险机构消费投诉处理工作情况纳入年度消费者权益保护监管评价。

第三十九条 银行保险监督管理机构要加强对银行业保险业消费纠纷调解组织建设的指导，推动建立行业调解规则和标准，促进行业调解组织各项工作健康、规范、有序开展。

第四十条 银行保险机构在处理消费投诉中有下列情形之一的，银行保险监督管理机构可以提出整改要求，并监督其限期整改：

（一）未按照本办法第八条规定公布消费投诉处理相关信息的；

（二）未按照本办法规定程序办理消费投诉并告知的；

（三）无正当理由拒绝配合调解工作或者履行调解协议的。

第四十一条 银行保险机构违反本办法规定，有下列情形之一的，银行保险监督管理机构应当责令限期改正；逾期未改正的，区别情形，银行保险监督管理机构可以进行监督管理谈话，并对银行业金融机构依照《中华人民共和国银行业监督管理法》采取暂停相关业务、责令调整高级管理人员、停止批准增设分支机构以及行政处罚等措施，对保险机构、保险中介机构依照《中华人民共和国保险法》采取罚款、限制其业务范围、责令停止接受新业务等措施，对银行保险监督管理机构负责监管的其他主体依照相关法律法规采取相应措施。

（一）未按照本办法规定建立并实施消费投诉处理相关制度的；

（二）未按照本办法规定报告消费投诉处理工作有关情况的；

（三）违反本办法第四十条规定并未按照要求整改的；

（四）其他违反本办法规定，造成严重后果的。

第六章　附　　则

第四十二条　本办法所称银行保险机构包括银行业金融机构、保险机构、保险中介机构以及银行保险监督管理机构负责监管的其他主体。

第四十三条　本办法所称的“以内”“以上”均包含本数。

本办法中除“7个工作日”以外的“日”均为自然日。

第四十四条　本办法由中国银保监会负责解释。

第四十五条　本办法自2020年3月1日起施行，原《保险消费投诉处理管理办法》（保监会令2013年第8号）和《中国银监会办公厅关于印发银监会机关银行业消费者投诉处理规程的通知》（银监办发〔2018〕13号）同时废止。原中国银监会、原中国保监会发布的规定与本办法不一致的，以本办法为准。

新时代高等学校思想政治理论课教师队伍建设规定

（2020年1月16日教育部令第46号公布　自2020年3月1日起施行　国司备字［2020001583］）

第一章　总　　则

第一条　为深入贯彻落实习近平新时代中国特色社会主义思想和党的十九大精神，贯彻落实习近平总书记关于教育的重要论述，全面贯彻党的教育方针，加强新时代高等学校思想政治理论课（以下简称思政课）教师队伍建设，根据《中华人民共和国教师法》，中共中央办公厅、国务院办公厅印发的《关于深化新时代学校思想政治理论课改革创新的若干意见》，制定本规定。

第二条　思政课是高等学校落实立德树人根本任务的关键课程，是必须按照国家要求设置的课程。

思政课教师是指承担高等学校思政课教育教学和研究职责的专兼职教师，是高等学校教师队伍中承担开展马克思主义理论教育、用习近平新时代中国特色社会主义思想铸魂育人的中坚力量。

第三条 主管教育部门、高等学校应当加强思政课教师队伍建设,把思政课教师队伍建设纳入教育事业发展和干部人才队伍建设总体规划,在师资建设上优先考虑,在资金投入上优先保障,在资源配置上优先满足。

第四条 高等学校应当落实全员育人、全程育人、全方位育人要求,构建完善立德树人工作体系,调动广大教职工参与思想政治理论教育的积极性、主动性,动员各方面力量支持、配合思政课教师开展教学科研、组织学生社会实践等工作,提升思政课教学效果。

第二章 职责与要求

第五条 思政课教师的首要岗位职责是讲好思政课。思政课教师要引导学生立德成人、立志成才,树立正确世界观、人生观、价值观,坚定对马克思主义的信仰,坚定对社会主义和共产主义的信念,增强中国特色社会主义道路自信、理论自信、制度自信、文化自信,厚植爱国主义情怀,把爱国情、强国志、报国行自觉融入坚持和发展中国特色社会主义事业、建设社会主义现代化强国、实现中华民族伟大复兴的奋斗之中,为培养德智体美劳全面发展的社会主义建设者和接班人作出积极贡献。

第六条 对思政课教师的岗位要求是:

(一)思政课教师应当增强"四个意识",坚定"四个自信",做到"两个维护",始终在政治立场、政治方向、政治原则、政治道路上同以习近平同志为核心的党中央保持高度一致,模范践行高等学校教师师德规范。做到信仰坚定、学识渊博、理论功底深厚,努力做到政治强、情怀深、思维新、视野广、自律严、人格正,自觉用习近平新时代中国特色社会主义思想武装头脑,做学习和实践马克思主义的典范,做为学为人的表率。

(二)思政课教师应当用好国家统编教材。以讲好用好教材为基础,认真参加教材使用培训和集体备课,深入研究教材内容,吃准吃透教材基本精神,全面把握教材重点、难点,认真做好教材转化工作,编写好教案,切实推动教材体系向教学体系转化。

(三)思政课教师应当加强教学研究。坚持以思政课教学为核心的科研导向,紧紧围绕马克思主义理论学科内涵开展科研,深入研究思政课教学方法和教学重点难点问题,深入研究坚持和发展中国特色社会主义的重大理论和实践问题。

(四)思政课教师应当深化教学改革创新。按照政治性和学理性相统一、价值性和知识性相统一、建设性和批判性相统一、理论性和实践性相统一、统一性和多样性相统一、主导性和主体性相统一、灌输性和启发性相统一、显性教育和隐性教育相统一的要求，增强思政课的思想性、理论性和亲和力、针对性，全面提高思政课质量和水平。

第三章 配备与选聘

第七条 高等学校应当配齐建强思政课专职教师队伍，建设专职为主、专兼结合、数量充足、素质优良的思政课教师队伍。

高等学校应当根据全日制在校生总数，严格按照师生比不低于1:350的比例核定专职思政课教师岗位。公办高等学校要在编制内配足，且不得挪作他用。

第八条 高等学校应当根据思政课教师工作职责、岗位要求，制定任职资格标准和选聘办法。

高等学校可以在与思政课教学内容相关的学科遴选优秀教师进行培训后加入思政课教师队伍，专职从事思政课教学；并可以探索胜任思政课教学的党政管理干部转岗为专职思政课教师，积极推动符合条件的辅导员参与思政课教学，鼓励政治素质过硬的相关学科专家转任思政课教师。

第九条 高等学校可以实行思政课特聘教师、兼职教师制度。鼓励高等学校统筹地方党政领导干部、企事业单位管理专家、社科理论界专家、各行业先进模范以及高等学校党委书记校长、院(系)党政负责人、名家大师和专业课骨干、日常思想政治教育骨干等讲授思政课。支持高等学校建立两院院士、国有企业领导等人士经常性进高校、上思政课讲台的长效机制。

第十条 主管教育部门应当加大高等学校思政课校际协作力度，加强区域内高等学校思政课教师柔性流动和协同机制建设，支持高水平思政课教师采取多种方式开展思政课教学工作。采取派驻支援或组建讲师团等形式支持民办高等学校配备思政课教师。

第十一条 高等学校应当严把思政课教师政治关、师德关、业务关，明确思政课教师任职条件，根据国家有关规定和本规定要求，制定思政课教师规范或者在聘任合同中明确思政课教师权利义务与职责。

第十二条 高等学校应当设置独立的马克思主义学院等思政课教学科研二级机构，统筹思政课教学科研和教师队伍的管理、培养、培训。

思政课教学科研机构负责人应当是中国共产党党员，并有长期从事思政课教学或者马克思主义理论学科研究的经历。缺少合适人选的高等学校可以采取兼职等办法，从相关单位聘任思政课教学科研机构负责人。

第四章　培养与培训

第十三条　主管教育部门和高等学校应当加强思政课教师队伍后备人才培养。

国务院教育行政部门应当制定马克思主义理论专业类教学质量国家标准，加强本硕博课程教材体系建设，可统筹推进马克思主义理论本硕博一体化人才培养工作。实施"高校思政课教师队伍后备人才培养专项支持计划"，专门招收马克思主义理论学科研究生，不断为思政课教师队伍输送高水平人才。高等学校应当注重选拔高素质人才从事马克思主义理论学习研究和教育教学，加强思政课教师队伍后备人才思想政治工作。

第十四条　建立国家、省（区、市）、高等学校三级思政课教师培训体系。国务院教育行政部门建立高等学校思政课教师研修基地，开展国家级示范培训，建立思政课教师教学研究交流平台。主管教育部门和高等学校应当建立健全思政课教师专业发展体系，定期组织开展教学研讨，保证思政课专职教师每3年至少接受一次专业培训，新入职教师应参加岗前专项培训。

第十五条　主管教育部门和高等学校应当拓展思政课教师培训渠道，设立思政课教师研学基地，定期安排思政课教师实地了解中国改革发展成果、组织思政课教师实地考察和比较分析国内外经济社会发展状况，创造条件支持思政课教师到地方党政机关、企事业单位、基层等开展实践锻炼。

高等学校应当根据全日制在校生总数，按照本科院校每生每年不低于40元、专科院校每生每年不低于30元的标准安排专项经费，用于保障思政课教师的学术交流、实践研修等，并根据实际情况逐步加大支持力度。

第十六条　主管教育部门和高等学校应当加大对思政课教师科学研究的支持力度。教育部人文社科研究项目要设立专项课题，主管教育部门要设立相关项目，持续有力支持思政课教师开展教学研究。主管教育部门和高等学校应当加强马克思主义理论教学科研成果学术阵地建设，支持新创办思政课研究学术期刊，相关哲学社会科学类学术期刊要设立思政课研究栏目。

第五章　考核与评价

第十七条　高等学校应当科学设置思政课教师专业技术职务（职称）岗位，按教师比例核定思政课教师专业技术职务（职称）各类岗位占比，高级岗位比例不低于学校平均水平，不得挪作他用。

第十八条 高等学校应当制定符合思政课教师职业特点和岗位要求的专业技术职务(职称)评聘标准,提高教学和教学研究在评聘条件中的占比。

高等学校可以结合实际分类设置教学研究型、教学型思政课教师专业技术职务(职称),两种类型都要在教学方面设置基本任务要求,要将教学效果作为思政课教师专业技术职务(职称)评聘的根本标准,同时要重视考查科研成果。

高等学校可以设置具体条件,将承担思政课教学的基本情况以及教学实效作为思政课教师参加高一级专业技术职务(职称)评聘的首要考查条件和必要条件。将为本专科生上思政课作为思政课教师参加高级专业技术职务(职称)评聘的必要条件。将至少一年兼任辅导员、班主任等日常思想政治教育工作经历并考核合格作为青年教师晋升高一级专业技术职务(职称)的必要条件。

思政课教师指导1个马克思主义理论类学生社团1年以上,且较好履行政治把关、理论学习、业务指导等职责的,在专业技术职务(职称)评聘中同等条件下可以优先考虑。

思政课教师在思想素质、政治素质、师德师风等方面存在突出问题的,在专业技术职务(职称)评聘中实行“一票否决”。

第十九条 高等学校应当完善思政课教师教学和科研成果认定制度,推行科研成果代表作制度,制定思政课教师发表文章的重点报刊目录,将思政课教师在中央和地方主要媒体发表的理论文章纳入学术成果范围,细化相关认定办法。教学和科研成果可以是专著、论文、教学参考资料、调查报告、教书育人经验总结等。在制定思政课教师专业技术职务(职称)评聘指标和排次定序依据时,要结合实际设置规则,不得将国外期刊论文发表情况和出国访学留学情况作为必要条件。

第二十条 高等学校应当健全思政课教师专业技术职务(职称)评价机制,建立以同行专家评价为主的评价机制,突出思政课的政治性、思想性、学术性、专业性、实效性,评价专家应以马克思主义理论学科为主,同时可适当吸收相关学科专家参加。

思政课教师专业技术职务(职称)评审委员会应当包含学校党委有关负责同志、思政课教学科研部门负责人,校内专业技术职务(职称)评聘委员会应有同比例的马克思主义理论学科专家。

高等学校应当制定思政课教师专业技术职务(职称)管理办法。完善专业技术职务(职称)退出机制,加强聘期考核,加大激励力度,准聘与长聘相结合。

第六章 保障与管理

第二十一条 高等学校应当切实提高专职思政课教师待遇，要因地制宜设立思政课教师岗位津贴。高等学校要为思政课教师的教学科研工作创造便利条件，配备满足教学科研需要的办公空间、硬件设备和图书资料。

第二十二条 高等学校思政课教师由马克思主义学院等思政课教学科研机构统一管理。每门课程都应当建立相应的教学科研组织，并可以根据需要配备管理人员。

第二十三条 主管教育部门和高等学校要大力培养、推荐、表彰思政课教师中的先进典型。全国教育系统先进个人表彰中对思政课教师比例或名额作出规定；国家级教学成果奖、高等学校科学研究优秀成果奖（人文社科）中加大力度支持思政课；“长江学者奖励计划”等高层次人才项目中加大倾斜支持优秀思政课教师的力度。

第二十四条 主管教育部门和高等学校应当加强宣传、引导，并采取设立奖励基金等方式支持高等学校思政课教师队伍建设，以各种方式定期对优秀思政课教师和马克思主义理论学科学生给予奖励。

第二十五条 高等学校应当加强对思政课教师的考核，健全退出机制，对政治立场、政治方向、政治原则、政治道路上不能同党中央保持一致的，或理论素养、教学水平达不到标准的教师，不得继续担任思政课教师或马克思主义理论学科研究生导师。

第七章 附 则

第二十六条 本规定适用于普通高等学校（包括民办高等学校）思政课教师队伍建设。其他类型高等学校的思政课教师队伍建设可以参照本规定执行。

第二十七条 省级教育部门可以根据本规定，结合本地实际制定相关实施细则。

第二十八条 本规定自 2020 年 3 月 1 日起施行。

国家广播电视总局立法工作规定

（2020年1月20日国家广播电视总局令第4号公布　自2020年3月1日起施行　国司备字［2020001623］）

第一章　总　　则

第一条　为了规范国家广播电视总局（以下简称总局）立法工作，提高立法质量和效率，根据《中华人民共和国立法法》《行政法规制定程序条例》《规章制定程序条例》《法规规章备案条例》等有关法律、行政法规，结合总局实际情况，制定本规定。

第二条　本规定适用于下列立法工作：

（一）编制中长期立法规划和年度立法工作计划；

（二）根据全国人大常委会、国务院委托或者授权，起草法律、行政法规草案，并提出相关立法建议；

（三）根据法律、行政法规、国务院决定和总局职权规定，制定、修订、解释和废止部门规章；

（四）其他立法工作。

第三条　立法工作应当坚持和加强党的全面领导，增强“四个意识”，坚定“四个自信”，做到“两个维护”，全面贯彻落实党的路线方针政策和决策部署，切实推动党的宣传思想方针政策通过法定程序成为国家意志。

立法工作应当坚持科学立法、民主立法、依法立法，及时准确反映改革发展要求，积极引导公民、法人和其他组织有序参与立法、表达意见，维护社会主义法制统一，不断提高立法质量和效率。

立法工作应当将社会主义核心价值观融入立法全过程，推动德法统一，推进行业治理体系和治理能力现代化。

立法工作应当落实党管意识形态原则，巩固马克思主义在意识形态领域的指导地位，体现属地管理、分级负责和谁主管谁负责等管理原则。

第四条　涉及重大体制和重大政策调整的立法工作，应当按照有关规定及时报告总局党组；其中涉及法律、行政法规的，或者总局党组认为确有必要的，应当按照有关规定提请上级部门党委（党组）及时报告党中央。

第五条　政策法规司负责组织、协调总局立法工作。

总局其他部门在职责范围内配合政策法规司开展相关立法工作。

第二章 立 项

第六条 政策法规司根据全国人大常委会、国务院立法工作安排和宣传文化领域立法规划，立足于为依法落实意识形态工作责任制，推动制度创新，引领广播电视高质量创新性发展提供法治保障，紧紧围绕总局党组重大决策部署，按照统筹兼顾、突出重点的原则，组织编制中长期立法规划，报总局党组会议审议通过后向社会公布。

政策法规司根据中长期立法规划，与全国人大常委会、国务院年度立法计划相衔接，结合工作需要，组织编制总局年度立法计划。

第七条 政策法规司在编制下一年度立法计划时，应当向总局其他部门征集法律、行政法规和规章的立项建议。

总局其他部门应当按照法定职能和意识形态工作责任分工，紧密结合总局党组年度重点工作，按照要求的形式和期限提出立项建议。立项建议涉及两个以上总局部门职责的，由所有关联部门共同报送。立项建议涉及国务院其他部门职责的，提出立项建议的总局部门应当在事前征求国务院相关部门的意见。

必要时，政策法规司可以向省、自治区、直辖市人民政府广播电视主管部门和社会公开征集立项建议。

第八条 立法项目属于立法法第八条、第六十五条规定的事项，应当制定为法律、行政法规。

涉及国务院其他部门职责的事项，制定行政法规条件尚不成熟的，应当与国务院相关部门联合制定规章。

在总局职权范围内的下列事项，应当制定规章：

（一）依法设定行政处罚的；

（二）依法实施行政许可的；

（三）依据有关法律、行政法规的授权和国务院的决定、命令，需要制定具体实施办法的；

（四）属于其他执行法律、行政法规、国务院决定或者命令的。

第九条 立项建议应当包括下列内容：

（一）拟制定、修订的法律、行政法规、规章的名称、起草部门、项目负责人；

（二）立法的必要性，贯彻落实党中央、国务院的决策部署等立法依据以及拟通过立法解决的主要问题；

（三）拟确立的主要制度、措施。如需设定行政许可、行政处罚、行政强制等措施的，说明设定该项措施的必要性、法律依据及对经济和社会可能产生的影响；

（四）起草部门完成时间和进度安排；

（五）其他需要说明的问题。

第十条 政策法规司应当对立项建议进行评估论证，与有关部门充分沟通，提出予以立项或者不予立项的意见。

第十一条 政策法规司编制完成总局年度立法计划后，应当将计划及其说明报总局党组会议审议通过后向社会公布。

第十二条 年度立法计划包括以下两类立法项目：

（一）一档项目，指调研论证充分、立法条件成熟、立法草案已经报送政策法规司审查、可以在计划年度内提交总局局务会议审议的项目和为贯彻落实党中央、国务院的决策部署，应当在计划年度内提交总局局务会议审议的项目；

（二）二档项目，指尚需进一步调研论证或者意见分歧较大的项目。

年度立法计划应当明确立法项目的起草负责部门和工作时限。法律、行政法规和总局局长交办的规章由政策法规司组织起草。其他规章根据职责分工确定相应起草部门；不能确定起草部门的，由总局局长指定。

第十三条 对列入年度立法计划的项目，起草部门应当按照计划执行；政策法规司应当及时跟踪了解计划实施情况，加强组织协调和督促指导。

年度立法计划执行过程中，有关部门根据实际工作情况，认为需要调整个别立法项目的，应当按照本规定第七条至第九条的要求向政策法规司提出调整建议，由政策法规司审核后报总局局长批准。

第十四条 法律、行政法规的立项申请符合有关要求的，经总局局长批准后报送全国人大常委会、国务院。

与国务院相关部门联合制定规章的立项申请，涉及公众权益、社会关注度高等事项的，由提出立项申请的总局部门或者政策法规司报总局局长批准后报国务院审核同意。

第三章 起草、审查

第十五条 起草部门应当按照年度立法计划的要求制定工作方案，确定专人或者成立工作小组从事起草工作。

起草法律、行政法规，应当成立领导小组和工作小组。领导小组的组长由总局局长担任。工作小组的组长、副组长由政策法规司和相关部门主要负责人担任，成员由政策法规司和相关部门人员共同组成。人员应当相对固定，并配备必要的资金。原则上应当成立专家咨询小组。

起草专业性较强的法律、行政法规、规章，可以吸收相关领域的专家、总局法律顾问、公职律师参与工作，或者委托有关单位、专家组织起草。

第十六条 起草法律、行政法规、规章，应当深入调查研究，了解行业发展、监管、服务等方面的现状和问题，借鉴国内外成熟立法经验，保障立法草案质量。

起草规章，原则上不再重复法律、行政法规已经明确规定的内容。

第十七条 立法草案应当符合立法用语、形式和技术规范，框架结构严谨，逻辑严密，层次清楚，条文明确、具体，用语准确、简洁，具有可操作性。

第十八条 起草部门应当采取书面征求意见、座谈会、论证会、实地调研等多种形式，广泛听取人大代表、政协委员、广播电视系统从业主体、行业协会、商会、行政相对人等方面意见。

法律、行政法规、规章草案涉及社会公众普遍关注的热点难点问题等事项的，起草部门应当依法开展论证咨询；涉及重大利益调整或者存在重大意见分歧等事项的，应当依法举行听证会。

法律、行政法规、规章草案涉及突出矛盾解决、重大制度调整的，或者影响重大公共利益和公众权益、容易引发社会稳定等问题的，或者可能在国内外造成较大舆论影响的，起草部门应当报总局党组会议审议决定，依法进行风险评估，并做好相关应对工作。

第十九条 法律、行政法规、规章草案涉及总局其他部门职责或者与国务院其他部门关系紧密的，起草部门应当征求该部门意见并进行充分协商。

第二十条 法律、行政法规、规章草案涉及需要国务院决策的重大问题的，起草部门应当拟定解决方案，提请总局局务会议审议后报国务院决定。

第二十一条 起草部门应当认真研究、吸收各方面意见，对法律、行政法规、规章草案进行修改并形成起草说明。

起草说明应当包括以下内容：

（一）立法的必要性，包括管理现状、拟通过立法解决的主要问题等；

（二）立法依据；

（三）起草过程；

（四）拟确立的主要制度和措施；

（五）征求、协调意见情况，对重大原则问题不能取得一致意见的，应当说明具体情况和取舍理由；

（六）现行有关的法律、行政法规、规章是否需要修改或者废止；

（七）起草部门的初步公平竞争审查意见；

（八）需要说明的其他问题；

起草说明应当附具有关材料，包括意见汇总、听证会笔录、调研报告、风险评估报告、国内外有关立法资料等。

第二十二条 其他部门负责规章起草的，应当将规章草案送审稿（以下简称规章送审稿）及其说明等材料送政策法规司审查。

规章送审稿及其说明应当由起草部门主要负责人签署；多个起草部门共同起草的，应当由相关部门主要负责人共同签署。

第二十三条 政策法规司主要从以下方面对规章送审稿进行审查：

（一）是否符合法定权限和程序；

（二）是否符合宪法的精神和原则；

（三）是否符合社会主义核心价值观的要求；

（四）是否符合法律、行政法规和其他上位法的要求，特别是是否存在违法设定行政许可、行政处罚、行政强制等措施的情况；

（五）是否适应改革发展要求，有效解决相关领域存在的问题；

（六）是否存在排除、限制公平竞争的情况；

（七）是否存在应由市场调节、企业和社会自律、公民自我管理的事项；

（八）是否正确处理各方面的意见，合理调整行政相对人和相关方的权利义务关系；

（九）是否符合立法技术要求；

（十）需要审查的其他内容。

第二十四条 规章送审稿有下列情形之一的，政策法规司可以缓办或者退回起草部门：

（一）立法基本条件尚不成熟或者发生重大变化的；

（二）起草工作或者送审材料不符合本规定第十七条至第二十一条规定的。

第二十五条 起草行政法规、规章草案或者审查规章送审稿，除依法需要保密的外，政策法规司应当将草案、送审稿及其说明等材料向社会公开征求意见，期限一般不少于 30 日。

第二十六条 规章送审稿涉及重大利益调整或者存在重大意见分歧的，政策法规司应当组织座谈会、专家论证会、听证会、委托研究等进行论证咨询。

规章送审稿在起草过程中应当进行而未进行听证的，政策法规司报总局领导批准后，依法举行听证会。

第二十七条 对规章送审稿中涉及的主要措施、管理体制、权限分工等问题有不同意见的，政策法规司应当进行协调。经协调仍达不成一致意见的，政策法规司应当提出倾向性意见报总局领导协调、决定。

第二十八条 根据审查情况，政策法规司会同起草部门对规章送审稿进行修改，形成草案及其说明，由政策法规司和起草部门主要负责人签署后，提请总局局务会议审议。

法律、行政法规和由政策法规司负责起草的规章草案及其说明，由政策法规司主要负责人签署，提请总局局务会议审议。

第四章 决定和公布

第二十九条 法律、行政法规、规章草案应当经总局局务会议审议决定。

总局局务会议审议法律、行政法规、规章草案时，由政策法规司主要负责人作说明。

第三十条 总局局务会议审议通过法律、行政法规、规章草案及其说明后，政策法规司会同有关部门根据审议意见对草案及其说明进行修改后，报总局局长签发。其中法律、行政法规形成送审稿及其说明，依法报全国人大常委会审议、国务院审查，规章以总局令形式公布。

规章草案涉及对外开放的方针性、政策性、原则性的制度设定或者调整的，专门规范外国人和外国企业、组织及其活动的制度设定或者调整的，以及在制定过程中有关方面意见分歧较大的，应当在正式公布前向国务院请示报告。

公布规章的总局令应当载明该规章的序号、名称、通过日期、公布日期、施行日期以及总局局长署名等。

第三十一条 总局与国务院相关部门联合公布的规章，应当在草案经总局局务会议审议通过并由总局局长签发后送联合发布的部门签发。

由国务院其他部门主办并与总局联合公布的规章，由政策法规司会同相关部门审查后报总局局长签发。

联合公布的规章由总局局长及联合制定部门的首长共同署名公布，使用主办机关的命令序号。

第三十二条 规章原则上应当自公布之日起30日后施行。

第三十三条 规章签署公布后7日内，政策法规司应当将规章正式文本送总局网站指定栏目刊载，并按照有关规定送国务院公报、中国政府法制信息网和在全国范围内发行的报纸上刊载。

政策法规司可以会同有关部门，通过新闻发言人等形式，对规章的制定背景、起草情况、主要内容等进行解读，做好宣传贯彻落实工作，避免或者回应误解误读情况，并主动收集社会舆情进行分析研究。

第五章　备案、解释、汇编、清理与翻译

第三十四条　政策法规司应当在规章公布后30日内，依法向国务院办理备案手续。

第三十五条　全国人大常委会、国务院要求就法律、行政法规条文提出解释意见，或者总局认为需要进一步明确含义、界限或者作出补充规定的，由政策法规司会同有关部门提出意见，经总局领导签发后，报该法律、行政法规制定机关作出解释。

第三十六条　行政工作中涉及法律、行政法规的具体应用问题，由有关司局提出意见初稿，经政策法规司审查，报总局领导同意后，以总局发文形式公布，必要时可以请求全国人大常委会有关部门或者国务院法制机构解释。

第三十七条　规章有下列情形之一的，由总局负责解释：

（一）规章的规定需要进一步明确具体含义的；

（二）规章制定后出现新的情况，需要明确适用依据的。

第三十八条　规章解释由政策法规司会同起草部门提出意见，报总局领导批准后公布。

规章的解释与规章具有同等效力。

第三十九条　政策法规司负责法律、行政法规和规章的汇编工作。

第四十条　政策法规司应当会同有关部门，对规章进行立法后评估，并把评估结果作为解释、修改、废止规章的重要参考。

政策法规司应当会同总局有关部门，根据全面深化改革、全面依法治国要求和经济社会发展需求，以及上位法制定、修改、废止情况，及时对规章进行清理，并根据清理情况及时解释、修改、废止相关规章。

第四十一条　规章有下列情形之一的，应当予以修改：

（一）与法律、行政法规等上位法不一致，应当作出相应修改的；

（二）基于政策或者客观实际的需要，有必要调整相关内容的；

（三）同一事项在两个以上规章中规定不一致的；

（四）其他应予修改的情形。

第四十二条　规章有下列情形之一的，应当予以废止：

（一）因有关法律、行政法规等上位法废止或者修改，立法依据缺失的；

（二）不适应全面深化改革、全面依法治国要求和经济社会发展需要的；

（三）规定的事项已执行完毕或者因实际情况变化，没有必要继续执行的；

（四）对同一事项已做出新规定的；

（五）其他应予废止的情形。

第四十三条 规章清理结果应当提请总局局务会议审议。清理后继续有效、废止和失效的规章目录，应当向社会公布。

规章清理、修改、废止程序适用本规定第三章、第四章的有关规定。

第四十四条 规章文本的外文翻译工作由政策法规司组织。

规章公布后30日内，起草部门应当将外文译本送审稿送政策法规司。政策法规司应当组织专家进行审查，报总局领导审定后向社会公布。规章以中文文本为标准文本。

第六章 附 则

第四十五条 各省、自治区、直辖市人民政府广播电视主管部门可以参照本规定，制定本部门的立法工作规定。

第四十六条 本规定自2020年3月1日起施行，2004年6月18日国家广播电影电视总局发布的《广播电影电视立法程序规定》（国家广播电影电视总局令第23号）同时废止。

国家广播电视总局
行政规范性文件管理规定

（2020年1月20日国家广播电视总局令第5号公布 自2020年3月1日起施行 国司备字［2020001624］）

第一条 为了规范国家广播电视总局（以下简称总局）行政规范性文件（以下简称规范性文件）制定工作，全面推进总局依法行政，根据国务院关于法治政府建设的相关规定，结合总局实际情况，制定本规定。

第二条 总局规范性文件的起草、合法性审核、集体审议、发布、清理等事项，适用本规定。

本规定所称总局规范性文件，是指除规章以外，总局为执行有关法律、行政法规、规章和上级文件，依照法定权限、程序制定，涉及公民、法人和其他组织权利义务，具有普遍约束力，在一定期限内反复适用，并以总局名义公开发布的文件。

总局各部门不得以本部门名义发布规范性文件。

第三条 规范性文件制定工作应当坚持和加强党的全面领导，增强“四个意识”，坚定“四个自信”，做到“两个维护”，全面贯彻落实党的路线方针政策和决策部署，切实推动党的宣传思想方针政策通过法定程序成为国家意志。

规范性文件制定工作应当坚持科学、民主、依法，及时准确反映改革发展要求，积极引导公民、法人和其他组织有序参与、表达意见，维护社会主义法制统一，不断提高文件质量和效率。

规范性文件制定工作应当将社会主义核心价值观融入全过程，推动德法统一，推进行业治理体系和治理能力现代化。

规范性文件制定工作应当落实党管意识形态原则，巩固马克思主义在意识形态领域的指导地位，体现属地管理、分级负责和谁主管谁负责等管理原则。

第四条 总局将规范性文件制定和监督管理工作纳入法治政府建设督察内容，作为依法行政考核内容列入法治政府建设考评指标体系，并建立督察情况通报制度。

第五条 总局各部门按照法定职能和意识形态工作责任分工，负责相应规范性文件起草等工作；不能确定起草部门的，由总局领导指定。

政策法规司负责对规范性文件进行合法性审核、清理等工作。

办公厅应当加强规范性文件管理信息化建设，对规范性文件进行统一登记、统一编号、统一发布。

第六条 起草部门应当对所制定规范性文件的合法性、必要性、科学性、可行性、可控性进行全面论证。

法律、行政法规、规章和上级文件已经作出明确规定的，现行规范性文件已有具体规定并且仍然适用的，不得重复制定规范性文件。

第七条 制定规范性文件，应当讲求实际效果，注重针对性和可操作性，并严格文字把关，确保政策措施表述严谨、文字精练、准确无误。

规范性文件不得规定下列事项：

（一）增加法律、行政法规、总局规章规定之外的行政权力事项或者减少法定职责；

（二）设定行政许可、行政处罚、行政强制、行政征收、行政收费等事项，增加办理行政许可事项的条件，规定出具循环证明、重复证明、无谓证明的内容；

（三）减损公民、法人和其他组织的合法权益或者增加其义务，侵犯公民人身权、财产权、人格权、劳动权、休息权等基本权利；

（四）含有排除或者限制公平竞争内容、违法干预或者影响市场主体正常生产经营活动的措施，或者违法设置市场准入和退出条件等；

（五）规定应由市场调节、企业和社会自律、公民自我管理的事项。

第八条 规范性文件涉及总局其他部门职责的，起草部门应当与有关部门进行充分协商。

规范性文件涉及国务院其他部门职责或者与国务院其他部门关系紧密的，起草部门应当征求该部门意见或者取得其同意。其中，涉及社会公众权益、社会舆论高度关注的，起草部门应当在总局党组会议审议后，向党中央、国务院请示报告。

第九条 起草部门应当对规范性文件中有关行政措施的预期效果和可能产生的影响进行评估，对专业性、技术性较强的内容组织专家论证，并应当在起草说明中写明评估论证结论，作为制定规范性文件的重要依据。

第十条 起草部门应当充分听取地方广播电视主管部门、行业组织、社会团体、行政相对人和社会公众特别是利益相关方的意见；必要时，应当通过召开座谈会、听证会，实地走访等形式充分听取意见。

除依法需要保密或者不宜公开的外，规范性文件涉及重大公共利益或者对公众权益有重大影响的，应当向社会公开征求意见，期限一般不少于15日。起草部门应当通过总局网站、广播电视媒体和政务新媒体等便于群众知晓的方式，公布规范性文件草案及其说明等材料，并明确提出意见的方式和期限。

规范性文件涉及突出矛盾解决、重大制度调整的，或者影响重大公共利益和公众权益、容易引发社会稳定问题的，或者可能在国内外造成较大舆论影响的，起草部门应当在公开征求意见前报总局党组会议审议决定，依法进行风险评估，并做好相关应对工作。

第十一条 规范性文件草案送审稿经起草部门主要负责人签署后，送政策法规司进行合法性审核。不得以征求意见、会签、参加审议等方式代替合法性审核。

送审材料应当包括以下内容：

（一）规范性文件草案送审稿及其说明；

（二）法律、行政法规、规章和上级文件等制定依据；

（三）征求意见及意见采纳情况；

（四）起草部门初步的合法性审核和公平竞争审查意见；

（五）针对不同审核内容需要的其他材料。

第十二条 起草部门直接将规范性文件草案送审稿等材料送办公厅的，办公厅应当对所送材料的完备性、规范性进行审核。符合要求的，转送政策法规司进行审核;不符合要求的,可以退回,或者要求起草部门在 3 个工作日内补齐材料或者说明情况后送政策法规司进行合法性审核。

第十三条 政策法规司主要从以下方面对规范性文件草案送审稿进行合法性审核:

(一)是否超越制定机关法定职权;

(二)是否符合宪法的精神和原则;

(三)是否符合社会主义核心价值观的要求;

(四)是否符合法律、行政法规、总局规章和其他上位法的规定,是否与相关规范性文件相协调、衔接;

(五)是否属于执行有关法律、行政法规、规章和上级文件且需要制定规范性文件的事项;

(六)是否存在违法设定行政许可、行政处罚、行政强制、行政征收、行政收费以及其他不得由规范性文件设定措施的情况;

(七)是否存在没有法律、行政法规依据,减损公民、法人和其他组织权利或者增加其义务的规定,以及增加本部门权力或者减少本部门法定职责的情况;

(八)是否存在排除、限制公平竞争的情况;

(九)是否符合规范性文件制定程序;

(十)需要审核的其他内容。

第十四条 政策法规司建立健全专家协助审核机制,在规范性文件合法性审核过程中充分发挥总局法律顾问、公职律师和有关专家的作用。

第十五条 规范性文件影响面广、情况复杂、社会高度关注,或者存在疑难法律问题的,政策法规司应当在书面征求意见的基础上,采取召开座谈会、论证会等方式听取利益相关方、有关专家等方面意见。

第十六条 除为了预防、应对和处置突发事件,或者执行上级机关的紧急命令和决定需要立即制定实施规范性文件等情形外,合法性审核的时限一般不少于 5 个工作日,最长不超过 15 个工作日。

第十七条 政策法规司应当根据合法性审核结果,提出合法、不合法或者应当予以修改的审核意见。

起草部门应当根据审核意见对规范性文件进行必要的修改或者补充;特殊情况下起草部门未完全采纳审核意见的,应当在提请总局局务会议集体审议时详细说明理由和依据。

未经合法性审核或者经审核不合法的规范性文件,不得提交集体审议。

第十八条 规范性文件经审核合法的,由起草部门与政策法规司会签后,报总局局务会议集体审议，审议通过后由分管副局长审阅后报局长签发。

规范性文件经过集体审议后需要进行重大修改的，应当在修改后重新进行合法性审核。

第十九条 规范性文件经总局局长签发后，以总局名义对外公开发布。

规范性文件涉及对外开放的方针性、政策性、原则性的制度设定或者调整的，专门规范外国人和外国企业、组织及其活动的制度设定或者调整的，以及在制定过程中有关方面意见分歧较大的，应当在正式发布前向党中央、国务院请示报告。

规范性文件涉及重大公共利益，公民、法人和其他组织重大权益，社会高度关注或者可能影响政府形象的，起草部门应当进行发布时机评估工作。

规范性文件发布后5个工作日内，起草部门应当将规范性文件正式文本送总局网站指定栏目刊载。

未经公开发布的规范性文件不得作为行政管理依据。

第二十条 规范性文件发布后10个工作日内，起草部门应当将规范性文件正式文本5份及电子文本送政策法规司备案。总局各部门应当于每年1月向政策法规司报送上一年度发布的规范性文件目录。

起草部门可以会同政策法规司，通过新闻发言人等形式，对规范性文件的制定背景、起草情况、主要内容等进行解读，做好宣传贯彻落实工作，避免或者回应误解误读情况，并主动收集社会舆情进行分析研究。

办公厅负责规范性文件的汇编工作。

第二十一条 起草部门应当适时对规范性文件的执行情况、实施效果、存在问题等进行评估，并根据评估结果开展规范性文件解释、修改、废止工作，需要上升为法律规定的，应当及时启动相关工作。

第二十二条 政策法规司应当会同总局有关部门，根据全面深化改革、全面依法治国要求和经济社会发展需要，以及上位法制定、修改、废止情况，及时对规范性文件进行清理，并根据清理情况及时解释、修改、废止相关规范性文件。

第二十三条 规范性文件有下列情形之一的，应当予以解释：

（一）规范性文件的规定需要进一步明确具体含义的；

（二）规范性文件制定后出现新的情况，需要明确适用依据的。

第二十四条 规范性文件有下列情形之一的，应当予以修改：

（一）与法律、行政法规、总局规章等上位法不一致，应当作出相应修改的；

（二）基于政策或者客观实际的需要，有必要调整相关内容的；

（三）同一事项在两个以上规范性文件中规定不一致的；

(四)其他应予修改的情形。

第二十五条 规范性文件有下列情形之一的,应当予以废止:

(一)因有关法律、行政法规等上位法废止或者修改,立法依据缺失的;

(二)不适应全面深化改革、全面依法治国要求和经济社会发展需要的;

(三)规定的事项已执行完毕或者因实际情况变化,没有必要继续执行的;

(四)对同一事项已有新规定的;

(五)其他应予废止的情形。

第二十六条 规范性文件的解释、修改或者废止由起草部门会同政策法规司提出意见,报总局局务会议审议决定。

规范性文件定期清理结果应当报总局局务会议审议。

清理后继续有效、废止和失效的规范性文件目录,应当向社会公布。

第二十七条 各省、自治区、直辖市人民政府广播电视主管部门可以参照本规定,制定本部门的规范性文件管理规定。

第二十八条 本规定自2020年3月1日起施行,2010年12月6日国家广播电影电视总局发布的《广电总局关于进一步规范发文提高依法行政能力的通知》(广局[2010]543号)同时废止。

信托公司股权管理暂行办法

(2020年1月20日中国银行保险监督管理委员会令2020年第4号公布 自2020年3月1日起施行 国司备字[2020001673])

第一章 总 则

第一条 为加强信托公司股权管理,规范信托公司股东行为,保护信托公司、信托当事人等合法权益,维护股东的合法利益,促进信托公司持续健康发展,根据《中华人民共和国公司法》《中华人民共和国银行业监督管理法》《中华人民共和国信托法》等法律法规,制定本办法。

第二条 本办法适用于中华人民共和国境内依法设立的信托公司。

第三条 信托公司股权管理应当遵循分类管理、优良稳定、结构清晰、权责明确、变更有序、透明诚信原则。

第四条 国务院银行业监督管理机构及其派出机构遵循审慎监管原则,依法对信托公司股权实施穿透监管。

股权监管贯穿于信托公司设立、变更股权或调整股权结构、合并、分立、解散、清算以及其他涉及信托公司股权管理事项等环节。

第五条 国务院银行业监督管理机构及其派出机构依法对信托公司股权进行监管，对信托公司及其股东等单位和个人的相关违法违规行为进行查处。

第六条 信托公司及其股东应当根据法律法规和监管要求，充分披露相关信息，接受社会监督。

第七条 信托公司、国务院银行业监督管理机构及其派出机构应当加强对信托公司主要股东的管理。

信托公司主要股东是指持有或控制信托公司百分之五以上股份或表决权，或持有资本总额或股份总额不足百分之五但对信托公司经营管理有重大影响的股东。

前款中的“重大影响”，包括但不限于向信托公司派驻董事、监事或高级管理人员，通过协议或其他方式影响信托公司的财务和经营管理决策，以及国务院银行业监督管理机构及其派出机构认定的其他情形。

第八条 信托公司股东应当核心主业突出，具有良好的社会声誉、公司治理机制、诚信记录、纳税记录、财务状况和清晰透明的股权结构，符合法律法规规定和监管要求。

第九条 信托公司股东的股权结构应逐层追溯至最终受益人，其控股股东、实际控制人、关联方、一致行动人、最终受益人等各方关系应当清晰透明。

股东与其关联方、一致行动人的持股比例合并计算。

第十条 投资人入股信托公司，应当事先报国务院银行业监督管理机构或其派出机构核准，投资人及其关联方、一致行动人单独或合计持有上市信托公司股份未达到该公司股份总额百分之五的除外。

对通过境内外证券市场拟持有信托公司股份总额百分之五以上的行政许可批复，有效期为六个月。

第二章 信托公司股东责任

第一节 股东资质

第十一条 经国务院银行业监督管理机构或其派出机构审查批准，境内非金融机构、境内金融机构、境外金融机构和国务院银行业监督管理机构认可的其他投资人可以成为信托公司股东。

投资人及其关联方、一致行动人单独或合计持有同一上市信托公司股份未达到该信托公司股份总额百分之五的，不受本条前款规定限制。

第十二条 境内非金融机构作为信托公司股东，应当具备以下条件：

（一）依法设立，具有法人资格；

（二）具有良好的公司治理结构或有效的组织管理方式；

（三）具有良好的社会声誉、诚信记录和纳税记录；

（四）经营管理良好，最近2年内无重大违法违规经营记录；

（五）财务状况良好，且最近2个会计年度连续盈利；如取得控股权，应最近3个会计年度连续盈利；

（六）年终分配后净资产不低于全部资产的百分之三十（合并财务报表口径）；如取得控股权，年终分配后净资产应不低于全部资产的百分之四十（合并财务报表口径）；

（七）如取得控股权，权益性投资余额应不超过本企业净资产的百分之四十（含本次投资金额，合并财务报表口径），国务院银行业监督管理机构认可的投资公司和控股公司除外；

（八）国务院银行业监督管理机构规章规定的其他审慎性条件。

第十三条 境内金融机构作为信托公司股东，应当具有良好的内部控制机制和健全的风险管理体系，符合与该类金融机构有关的法律、法规、监管规定以及本办法第十二条（第五项“如取得控股权，应最近3个会计年度连续盈利”、第六项和第七项除外）规定的条件。

第十四条 境外金融机构作为信托公司股东，应当具备以下条件：

（一）具有国际相关金融业务经营管理经验；

（二）国务院银行业监督管理机构认可的国际评级机构最近2年对其作出的长期信用评级为良好及以上；

（三）财务状况良好，最近2个会计年度连续盈利；

（四）符合所在国家或地区法律法规及监管当局的审慎监管要求，最近2年内无重大违法违规经营记录；

（五）具有良好的公司治理结构、内部控制机制和健全的风险管理体系；

（六）所在国家或地区金融监管当局已经与国务院银行业监督管理机构建立良好的监督管理合作机制；

（七）具有有效的反洗钱措施；

（八）所在国家或地区经济状况良好；

（九）国务院银行业监督管理机构规章规定的其他审慎性条件。

境外金融机构投资入股信托公司应当遵循长期持股、优化治理、业务合作、竞争回避的原则，并遵守国家关于外国投资者在中国境内投资的有关规定。

第十五条　金融产品可以持有上市信托公司股份，但单一投资人、发行人或管理人及其实际控制人、关联方、一致行动人控制的金融产品持有同一上市信托公司股份合计不得超过该信托公司股份总额的百分之五。

信托公司主要股东不得以发行、管理或通过其他手段控制的金融产品持有该信托公司股份。

自然人可以持有上市信托公司股份，但不得为该信托公司主要股东。国务院银行业监督管理机构另有规定的除外。

第十六条　投资人及其控股股东、实际控制人存在以下情形的，不得作为信托公司主要股东：

（一）关联企业众多、股权关系复杂且不透明、关联交易频繁且异常；

（二）被列为相关部门失信联合惩戒对象；

（三）在公开市场上有不良投资行为记录；

（四）频繁变更股权或实际控制人；

（五）存在严重逃废到期债务行为；

（六）提供虚假材料或者作不实声明，或者曾经投资信托业，存在提供虚假材料或者作不实声明的情形；

（七）对曾经投资的信托公司经营失败或重大违法违规行为负有重大责任，或对曾经投资的其他金融机构经营失败或重大违法违规行为负有重大责任且未满5年；

（八）长期未实际开展业务、停业或破产清算或存在可能严重影响持续经营的担保、诉讼、仲裁或者其他重大事项；

（九）拒绝或阻碍金融管理部门依法实施监管；

（十）因违法违规行为被金融管理部门或政府有关部门查处，造成恶劣影响；

（十一）其他可能对履行股东责任或对信托公司产生重大不利影响的情形。

除本条前款规定外，投资人的控股股东、实际控制人为金融产品的，该投资人不得为信托公司主要股东。

第二节　股权取得

第十七条　投资人可以通过出资设立信托公司、认购信托公司新增资本、以协议或竞价等途径取得信托公司其他股东所持股权等方式入股信托公司。

第十八条　投资人入股信托公司应当履行法律法规和公司章程约定的程序。涉及国有资产管理、金融管理等部门职责的，应当符合相关规定。

第十九条 投资人入股信托公司前应当做好尽职调查工作，充分了解信托公司功能定位、信托业务本质和风险特征以及应当承担的股东责任和义务，充分知悉拟入股信托公司经营管理情况和真实风险底数等信息。

投资人入股信托公司应当入股目的端正，出资意愿真实。

第二十条 投资人入股信托公司时，应当书面承诺遵守法律法规、监管规定和公司章程，并就入股信托公司的目的作出说明。

第二十一条 投资人拟作为信托公司主要股东的，应当具备持续的资本补充能力，并根据监管规定书面承诺在必要时向信托公司补充资本。

第二十二条 投资人拟作为信托公司主要股东的，应当逐层说明其股权结构直至实际控制人、最终受益人，以及与其他股东的关联关系或者一致行动关系。

第二十三条 投资人应当使用来源合法的自有资金入股信托公司，不得以委托资金、债务资金等非自有资金入股，出资金额不得超过其个别财务报表口径的净资产规模。国务院银行业监督管理机构及其派出机构可以按照穿透原则对自有资金来源进行向上追溯认定。

第二十四条 投资人不得委托他人或接受他人委托持有信托公司股权。

第二十五条 同一投资人及其关联方、一致行动人参股信托公司的数量不得超过 2 家，或控股信托公司的数量不得超过 1 家。

投资人经国务院银行业监督管理机构批准并购重组高风险信托公司，不受本条前款规定限制。

第三节 股权持有

第二十六条 信托公司股东应当遵守法律法规、监管规定和公司章程，依法行使股东权利，履行法定义务。

第二十七条 信托公司主要股东不得滥用股东权利干预或利用其影响力干预董事会、高级管理层根据公司章程享有的决策权和管理权，不得越过董事会和高级管理层直接干预或利用影响力干预信托公司经营管理，进行利益输送，或以其他方式损害信托当事人、信托公司、其他股东等合法权益。

第二十八条 按照穿透原则，信托公司股东与信托公司之间不得直接或间接交叉持股。

第二十九条 信托公司主要股东根据公司章程约定提名信托公司董事、监事候选人的，应当遵循法律法规和公司章程规定的条件和程序。控股股东不得对股东（大）会人事选举结果和董事会人事聘任决议设置批准程序。

信托公司存在持有或控制信托公司百分之五以下股份或表决权的股东

的，至少应有一名独立董事或外部监事由该类股东提名产生。

第三十条 信托公司主要股东应当对其与信托公司和其他关联机构之间董事、监事和高级管理人员的交叉任职进行有效管理，防范利益冲突。

信托公司主要股东及其关联方与信托公司之间的高级管理人员不得相互兼任。

第三十一条 信托公司主要股东应当建立有效的风险隔离机制，防止风险在股东、信托公司以及其他关联机构之间传染和转移。

第三十二条 信托公司股东应当遵守法律法规和信托公司关联交易相关规定，不得与信托公司进行不当关联交易，不得利用其对信托公司经营管理的影响力获取不正当利益，侵占信托公司、其他股东、信托当事人等合法权益。

第三十三条 信托公司股东应当在信托公司章程中承诺不将所持有的信托公司股权进行质押或以股权及其受（收）益权设立信托等金融产品，但国务院银行业监督管理机构或其派出机构采取风险处置或接管措施等特殊情形除外。

投资人及其关联方、一致行动人单独或合计持有同一上市信托公司股份未达到该信托公司股份总额百分之五的，不受本条前款规定限制。

第三十四条 信托公司股东应当自发生以下情况之日起十五日内，书面通知信托公司：

（一）所持信托公司股权被采取诉讼保全措施或者被强制执行；

（二）违反承诺质押信托公司股权或以股权及其受（收）益权设立信托等金融产品；

（三）其控股股东、实际控制人质押所持该股东公司股权或以所持该股东公司股权及其受（收）益权设立信托等金融产品；

（四）取得国务院银行业监督管理机构或其派出机构变更股权或调整股权结构行政许可后，在法定时限内完成股权变更手续存在困难；

（五）名称变更；

（六）合并、分立；

（七）其他可能影响股东资质条件变化或导致所持信托公司股权发生变化的情况。

第三十五条 信托公司主要股东及其控股股东、实际控制人发生本办法第十六条规定的情形的，主要股东应当于发生相关情况之日起十五日内，书面通知信托公司。

信托公司主要股东的控股股东、实际控制人发生变更的，主要股东应当于变更后十五日内准确、完整地向信托公司提供相关材料，包括变更背景、变更后的控股股东、实际控制人、关联方、一致行动人、最终受益人等情况，以及控股股东、实际控制人是否存在本办法第十六条规定情形的说明。

信托公司主要股东应当通过信托公司每年向国务院银行业监督管理机构或其派出机构报告资本补充能力。

第三十六条 信托公司主要股东应当根据本办法第五十三条规定，如实向信托公司提供与股东评估工作相关的材料，配合信托公司开展主要股东的定期评估工作。

第三十七条 信托公司出现资本不足或其他影响稳健运行情形时，信托公司主要股东应当履行入股时承诺，以增资方式向信托公司补充资本。不履行承诺或因股东资质问题无法履行承诺的主要股东，应当同意其他股东或者合格投资人采取合理方案增资。

第三十八条 信托公司发生重大风险事件或重大违法违规行为，被国务院银行业监督管理机构或其派出机构采取风险处置或接管等措施的，股东应当积极配合国务院银行业监督管理机构或其派出机构开展风险处置等工作。

第四节 股权退出

第三十九条 信托公司股东自取得股权之日起五年内不得转让所持有的股权。

经国务院银行业监督管理机构或其派出机构批准采取风险处置措施、国务院银行业监督管理机构或其派出机构责令转让、涉及司法强制执行、在同一投资人控制的不同主体之间转让股权、国务院银行业监督管理机构或其派出机构认定股东无力行使股东职责等特殊情形除外。

投资人及其关联方、一致行动人单独或合计持有同一上市信托公司股份未达到该信托公司股份总额百分之五的，不受本条规定限制。

第四十条 信托公司股东拟转让所持股权的，应当向意向参与方事先告知国务院银行业监督管理机构关于信托公司股东的资质条件规定、与变更股权等事项有关的行政许可程序、以及本办法关于信托公司股东责任和义务的相关规定。

有关主体签署的股权转让协议应当明确变更股权等事项是否需经国务院银行业监督管理机构或其派出机构行政许可，以及因监管部门不予批准等原因导致股权转让失败的后续安排。

第四十一条 股权转让期间，拟转让股权的信托公司股东应当继续承担股东责任和义务，支持并配合信托公司股东（大）会、董事会、监事会、高级管理层依法履职，对公司重大决议事项行使独立表决权，不得在股权转让工作完成前向信托公司推荐股权拟受让方相关人员担任公司董事、监事、高级管理人员或关键岗位人员。

第三章　信托公司职责

第一节　变 更 期 间

第四十二条　信托公司应当如实向拟入股股东说明公司经营管理情况和真实风险底数。

第四十三条　在变更期间，信托公司应当保证股东（大）会、董事会、监事会及高级管理层正常运转，切实防范内部人控制问题。

前款中的"变更"，包括信托公司变更股权或调整股权结构、合并、分立以及其他涉及信托公司股权发生变化的情形。

信托公司不得以变更股权或调整股权结构等为由，致使董事会、监事会、高级管理层人员缺位6个月以上，影响公司治理机制有效运转。有代为履职情形的，应当符合国务院银行业监督管理机构关于代为履职的相关监管规定。

第四十四条　信托公司应当依法依规、真实、完整地向国务院银行业监督管理机构或其派出机构报送与变更股权或调整股权结构等事项相关的行政许可申请材料。

第二节　股权事务管理

第四十五条　信托公司董事会应当勤勉尽责，董事会成员应当对信托公司和全体股东负有忠诚义务。

信托公司董事会承担信托公司股权事务管理最终责任。信托公司董事长是处理信托公司股权事务的第一责任人。董事会秘书协助董事长工作，是处理股权事务的直接责任人。

董事长和董事会秘书应当忠实、诚信、勤勉地履行职责。履职未尽责的，依法承担法律责任。

第四十六条　信托公司应当建立和完善股权管理制度，做好股权信息登记、关联交易管理和信息披露等工作。

第四十七条　信托公司应当建立股权托管制度，原则上将股权在信托登记机构进行集中托管。信托登记机构履行股东名册初始登记和变更登记等托管职责。托管的具体要求由国务院银行业监督管理机构另行规定。

上市信托公司按照法律、行政法规规定股权需集中存管到法定证券登记结算机构的,股权托管工作按照相应的规定进行。

第四十八条 信托公司应当将以下关于股东管理的相关监管要求、股东的权利义务等写入公司章程,在公司章程中载明下列内容:

(一)股东应当遵守法律法规和监管规定;

(二)主要股东应当在必要时向信托公司补充资本;

(三)应经但未经监管部门批准或未向监管部门报告的股东,不得行使股东大会召开请求权、表决权、提名权、提案权、处分权等权利;

(四)对于存在虚假陈述、滥用股东权利或其他损害信托公司利益行为的股东,国务院银行业监督管理机构或其派出机构可以限制或禁止信托公司与其开展关联交易,限制其持有信托公司股权比例等,并可限制其股东大会召开请求权、表决权、提名权、提案权、处分权等权利。

第四十九条 信托公司应当通过半年报或年报在官方网站等渠道真实、准确、完整地披露信托公司股权信息,披露内容包括:

(一)股份有限公司报告期末股份总数、股东总数、报告期间股份变动情况以及前十大股东持股情况;

(二)有限责任公司报告期末股东出资额情况;

(三)报告期末主要股东及其控股股东、实际控制人、关联方、一致行动人、最终受益人情况;

(四)报告期内公司发生的关联交易情况;

(五)报告期内股东违反承诺质押信托公司股权或以股权及其受(收)益权设立信托等金融产品的情况;

(六)报告期内股东提名董事、监事情况;

(七)已向国务院银行业监督管理机构或其派出机构提交行政许可申请但尚未获得批准的事项;

(八)国务院银行业监督管理机构规定的其他信息。

第五十条 信托公司主要股东及其控股股东、实际控制人出现的可能影响股东资质条件或导致所持信托公司股权发生重大变化的事项,信托公司应及时进行信息披露。

第三节 股东行为管理

第五十一条 信托公司应当加强对股东资质的审查,对主要股东及其控股股东、实际控制人、关联方、一致行动人、最终受益人等相关信息进行核实,并掌握其变动情况,就主要股东对信托公司经营管理的影响进行判断。

第五十二条 信托公司股东发生本办法第三十四条、第三十五条前二款规定情形的，信托公司应当自知悉之日起十日内向国务院银行业监督管理机构或其派出机构书面报告。

第五十三条 信托公司董事会应当至少每年对其主要股东的资质情况、履行承诺事项情况、承担股东责任和义务的意愿与能力、落实公司章程或协议条款情况、经营管理情况、财务和风险状况，以及信托公司面临经营困难时，其在信托公司恢复阶段可能采取的救助措施进行评估，并及时将评估报告报送国务院银行业监督管理机构或其派出机构。

第五十四条 信托公司应当将所开展的关联交易分为固有业务关联交易和信托业务关联交易，并按照穿透原则和实质重于形式原则加强关联交易认定和关联交易资金来源与运用的双向核查。

第五十五条 信托公司应当准确识别关联方，及时更新关联方名单，并按季度将关联方名单报送至信托登记机构。

信托公司应当按照穿透原则将主要股东、主要股东的控股股东、实际控制人、关联方、一致行动人、最终受益人作为信托公司的关联方进行管理。

第五十六条 信托公司应当建立关联交易管理制度，严格执行国务院银行业监督管理机构关于关联交易报告等规定，落实信息披露要求，不得违背市场化原则和公平竞争原则开展关联交易，不得隐匿关联交易或通过关联交易隐匿资金真实去向、从事违法违规活动。

信托公司董事会应当设立关联交易控制委员会，负责关联交易的管理，及时审查和批准关联交易，控制关联交易风险。关联交易控制委员会成员不得少于三人，由独立董事担任负责人。

信托公司应当定期开展关联交易内外部审计工作，其内部审计部门应当至少每年对信托公司关联交易进行一次专项审计，并将审计结果报信托公司董事会和监事会；委托外部审计机构每年对信托公司关联交易情况进行年度审计，其中外部审计机构不得为信托公司关联方控制的会计师事务所。

第五十七条 信托公司应当加强公司治理机制建设，形成股东（大）会、董事会、监事会、高级管理层有效制衡的公司治理结构，建立完备的内部控制、风险管理、信息披露体系，以及科学合理的激励约束机制，保障信托当事人等合法权益，保护和促进股东行使权利，确保全体股东享有平等待遇。

信托公司董事会成员应当包含独立董事，独立董事人数不得少于董事会成员总数的四分之一；但单个股东及其关联方、一致行动人合计持有信托公司三分之二以上资本总额或股份总额的信托公司，其独立董事人数不得少于董事会成员总数的三分之一。

信托公司董事会和监事会应当根据法律法规和公司章程赋予的职责，每年向股东(大)会做年度工作报告,并及时将年度工作报告报送国务院银行业监督管理机构或其派出机构。

第四章 监督管理

第五十八条 国务院银行业监督管理机构鼓励信托公司持续优化股权结构,引入注重公司长远发展、管理经验成熟的战略投资者,促进信托公司转型发展,提升专业服务水平。

第五十九条 国务院银行业监督管理机构及其派出机构应当加强对信托公司股东的穿透监管,加强对主要股东及其控股股东、实际控制人、关联方、一致行动人及最终受益人的审查、识别和认定。信托公司主要股东及其控股股东、实际控制人、关联方、一致行动人及最终受益人,以国务院银行业监督管理机构或其派出机构认定为准。

第六十条 国务院银行业监督管理机构及其派出机构有权采取下列措施,了解信托公司股东(含拟入股股东)及其控股股东、实际控制人、关联方、一致行动人及最终受益人信息:

(一)要求股东逐层披露其股东、实际控制人、关联方、一致行动人及最终受益人;

(二)要求股东说明入股资金来源,并提供有关材料;

(三)要求股东报送资产负债表、利润表和其他财务会计报告和统计报表、公司发展战略和经营管理材料以及注册会计师出具的审计报告;

(四)要求股东及相关人员对有关事项作出解释说明;

(五)询问股东及相关人员;

(六)实地走访或调查股东经营情况;

(七)其他监管措施。

对与涉嫌违法事项有关的信托公司股东及其控股股东、实际控制人、关联方、一致行动人及最终受益人,国务院银行业监督管理机构及其派出机构有权依法查阅、复制有关财务会计、财产权登记等文件、资料;对可能被转移、隐匿、毁损或者伪造的文件、资料,予以先行登记保存。

第六十一条 国务院银行业监督管理机构及其派出机构有权采取下列措施,加强信托公司股权穿透监管:

(一)依法对信托公司设立、变更股权或调整股权结构等事项实施行政许可;

(二)要求信托公司及其股东及时报告股权有关信息;

（三）定期评估信托公司主要股东及其控股股东、实际控制人、关联方、一致行动人、最终受益人的经营活动，以判断其对信托公司稳健运行的影响；

（四）要求信托公司通过年报或半年报披露相关股权信息；

（五）与信托公司董事、监事、高级管理人员以及其他相关当事人进行监管谈话，要求其就相关情况作出说明；

（六）对股东涉及信托公司股权的行为进行调查或者公开质询；

（七）要求股东报送审计报告、经营管理信息、股权信息等材料；

（八）查询、复制股东及相关单位和人员的财务会计报表等文件、资料；

（九）对信托公司进行检查，并依法对信托公司和有关责任人员实施行政处罚；

（十）依法可以采取的其他监管措施。

第六十二条 国务院银行业监督管理机构及其派出机构应当建立股东动态监测机制，至少每年对信托公司主要股东的资质情况、履行承诺事项情况、承担股东责任和义务的意愿与能力、落实公司章程或协议条款情况、经营管理情况、财务和风险状况，以及信托公司面临经营困难时主要股东在信托公司恢复阶段可能采取的救助措施进行评估。

国务院银行业监督管理机构及其派出机构应当将评估工作纳入日常监管，并对评估发现的问题视情形采取限期整改等监管措施。

第六十三条 国务院银行业监督管理机构及其派出机构根据审慎监管的需要，有权依法采取限制同一股东及其关联方、一致行动人入股信托公司的数量、持有信托公司股权比例、与信托公司开展的关联交易额度等审慎监管措施。

第六十四条 信托公司主要股东为金融机构的，国务院银行业监督管理机构及其派出机构应当与该金融机构的监管部门建立有效的信息交流和共享机制。

第六十五条 信托公司在股权管理过程中存在下列情形之一的，国务院银行业监督管理机构或其派出机构应当责令限期改正；逾期未改正，或者其行为严重危及该信托公司的稳健运行、损害信托当事人和其他客户合法权益的，经国务院银行业监督管理机构或其省一级派出机构负责人批准，可以区别情形，按照《中华人民共和国银行业监督管理法》第三十七条规定，采取相应的监管措施：

（一）未按要求履行行政许可程序或对有关事项进行报告的；

（二）未按规定开展股东定期评估工作的；

（三）提供虚假的或者隐瞒重要事实的报表、报告等文件、资料的；

（四）未按规定制定公司章程，明确股东权利义务的；

（五）未按规定进行股权托管的；

（六）未按规定进行信息披露的；

（七）未按规定开展关联交易的；

（八）拒绝或阻碍监管部门进行调查核实的；

（九）其他违反股权管理相关要求的。

第六十六条 信托公司股东或其控股股东、实际控制人、关联方、一致行动人、最终受益人等存在下列情形，造成信托公司违反审慎经营规则的，国务院银行业监督管理机构或其派出机构根据《中华人民共和国银行业监督管理法》第三十七条规定，可以限制信托公司股东参与经营管理的相关权利，包括股东大会召开请求权、表决权、提名权、提案权、处分权等；责令信托公司控股股东转让股权，股权转让完成前，限制其股东权利，限期未完成转让的，由符合国务院银行业监督管理机构相关要求的投资人按照评估价格受让股权：

（一）虚假出资、出资不实、抽逃出资或者变相抽逃出资的；

（二）使用委托资金、债务资金或其他非自有资金投资入股的；

（三）委托他人或接受他人委托持有信托公司股权的；

（四）未按规定进行报告的；

（五）拒绝向信托公司、国务院银行业监督管理机构或其派出机构提供文件材料或提供虚假文件材料、隐瞒重要信息以及迟延提供相关文件材料的；

（六）违反承诺、公司章程或协议条款的；

（七）主要股东或其控股股东、实际控制人不符合本办法规定的监管要求的；

（八）违规开展关联交易的；

（九）违反承诺进行股权质押或以股权及其受（收）益权设立信托等金融产品的；

（十）拒绝或阻碍国务院银行业监督管理机构或其派出机构进行调查核实的；

（十一）不配合国务院银行业监督管理机构或其派出机构开展风险处置的；

（十二）在信托公司出现资本不足或其他影响稳健运行情形时，主要股东拒不补充资本并拒不同意其他股东、投资人增资计划的；

（十三）其他滥用股东权利或不履行股东义务，损害信托公司、信托当事人、其他股东等利益的。

第六十七条 信托公司未遵守本办法规定进行股权管理的，国务院银行业监督管理机构或其派出机构可以调整该信托公司监管评级。

信托公司董事会成员在履职过程中未就股权管理方面的违法违规行为提出异议的,最近一次履职评价不得评为称职。

第六十八条 在行政许可过程中,投资人、股东或其控股股东、实际控制人、信托公司有下列情形之一的,国务院银行业监督管理机构或其派出机构可以中止审查:

(一)相关股权存在权属纠纷;

(二)被举报尚需调查;

(三)因涉嫌违法违规被有关部门调查,或者被司法机关侦查,尚未结案;

(四)被起诉尚未判决;

(五)国务院银行业监督管理机构认定的其他情形。

第六十九条 在实施行政许可或者履行其他监管职责时,国务院银行业监督管理机构或其派出机构可以要求信托公司或者股东就其提供的有关资质、关联关系或者入股资金等信息的真实性作出声明,并承诺承担因提供虚假信息或者不实声明造成的后果。

第七十条 国务院银行业监督管理机构及其派出机构建立信托公司股权管理和股东行为不良记录数据库,通过全国信用信息共享平台与相关部门或政府机构共享信息。

对于存在违法违规行为且拒不改正的股东,或以隐瞒、欺骗等不正当手段获得股权的股东,国务院银行业监督管理机构及其派出机构可以单独或会同相关部门联合予以惩戒,可通报、公开谴责、禁止其一定期限直至终身入股信托公司。

第七十一条 在实施行政许可或者履行监管职责时,国务院银行业监督管理机构及其派出机构应当将存在提供虚假材料、不实声明或者因不诚信行为受到金融管理部门行政处罚等情形的第三方中介机构纳入第三方中介机构诚信档案。自第三方中介机构不诚信行为或受到金融管理部门行政处罚等情形发生之日起五年内,国务院银行业监督管理机构及其派出机构对其出具的报告或作出的声明等不予认可,并可将其不诚信行为通报有关主管部门。

第五章 法律责任

第七十二条 信托公司未按要求对股东及其控股股东、实际控制人、关联方、一致行动人、最终受益人信息进行审查、审核或披露的,由国务院银行业监督管理机构或其派出机构按照《中华人民共和国银行业监督管理法》第四十六条、第四十八条的规定，责令改正，并对信托公司及相关责任人员实施行政处罚。

第七十三条 信托公司存在本办法第六十五条规定的情形之一，情节较为严重的，由国务院银行业监督管理机构或其派出机构按照《中华人民共和国银行业监督管理法》第四十六条、第四十七条、第四十八条规定对信托公司及相关责任人员实施行政处罚。

第七十四条 信托公司股东或其控股股东、实际控制人、关联方、一致行动人、最终受益人等以隐瞒、欺骗等不正当手段获得信托公司股权的，由国务院银行业监督管理机构或其派出机构按照《中华人民共和国行政许可法》的规定，对相关行政许可予以撤销。

依照本条前款撤销行政许可的，被许可人基于行政许可取得的利益不受保护。

第六章 附 则

第七十五条 本办法所称"以上"均含本数，"不足"不含本数，"日"为工作日。

第七十六条 以下用语含义：

（一）控股股东，是指根据《中华人民共和国公司法》第二百一十六条规定，其出资额占有限责任公司资本总额百分之五十以上或者其持有的股份占股份有限公司股本总额百分之五十以上的股东；出资额或者持有股份的比例虽然不足百分之五十，但依其出资额或者持有的股份所享有的表决权已足以对股东会、股东大会的决议产生重大影响的股东。

（二）实际控制人，是指根据《中华人民共和国公司法》第二百一十六条规定，虽不是公司的股东，但通过投资关系、协议或者其他安排，能够实际支配公司行为的人。

（三）关联方，是指根据《企业会计准则第36号关联方披露》规定，一方控制、共同控制另一方或对另一方施加重大影响，以及两方或两方以上同受一方控制、共同控制或重大影响的。但国家控制的企业之间不因为同受国家控股而具有关联关系。

（四）一致行动，是指投资者通过协议、其他安排，与其他投资者共同扩大其所能够支配的一个公司股份表决权数量的行为或者事实。达成一致行动的相关投资者，为一致行动人。

（五）最终受益人，是指实际享有信托公司股权收益的人。

（六）个别财务报表，是相对于合并财务报表而言，指由公司或子公司编制的，仅反映母公司或子公司自身财务状况、经营成果和现金流量的财务报表。

第七十七条 本办法由国务院银行业监督管理机构负责解释。

第七十八条 本办法自2020年3月1日起施行。本办法实施前发布的有关规章及规范性文件与本办法不一致的，按照本办法执行。

境外烈士纪念设施保护管理办法

（2020年2月1日退役军人事务部、外交部、财政部、中央军委政治工作部令第2号公布 自2020年4月1日起施行 国司备字［2020001649］）

第一条 为了传承和弘扬烈士精神，加强境外烈士纪念设施保护管理，彰显我国良好国家形象，根据《中华人民共和国英雄烈士保护法》、《烈士褒扬条例》和国家有关规定，制定本办法。

第二条 本办法所称境外烈士纪念设施，是指在中华人民共和国境外为纪念中国烈士修建的烈士陵园、纪念堂馆、纪念碑亭、纪念塔祠、纪念塑像、烈士骨灰堂、烈士墓等设施。

第三条 境外烈士纪念设施保护管理领导小组统筹协调境外烈士纪念设施保护管理工作。

境外烈士纪念设施保护管理领导小组由退役军人事务部会同外交部、财政部、中央军委政治工作部等部门组成。退役军人事务部负责领导小组日常事务，驻外使领馆协助处理有关具体工作。

第四条 境外烈士纪念设施保护管理应当尊重历史、结合现实，根据纪念设施现状、所在国情况以及双边关系，经与所在国政府有关部门协商，通过签署双边合作协议等方式，明确保护管理具体事项。

第五条 境外烈士纪念设施保护管理工作包括下列事项：

（一）调查核实烈士纪念设施，查找、收集烈士遗骸、遗物；

（二）修缮保护、新建迁建烈士纪念设施；

（三）负责烈士纪念设施日常维护管理；

（四）搜集、整理、编纂、陈列、展示、保管烈士事迹和遗物史料；

（五）组织开展烈士祭扫和宣传纪念活动；

（六）其他相关事项。

第六条 境外烈士纪念设施保护管理工作所需经费，由中央财政安排，列入部门预算。

第七条 境外烈士纪念设施保护管理领导小组应当掌握境外烈士纪念设施基本情况并建立档案。

退役军人事务部、烈士生前所在工作单位或其主管部门应当根据历史线索和资料，调查核实境外烈士纪念设施，搜寻查找烈士遗骸，驻外使领馆提供协助。

第八条 境外烈士纪念设施一般就地修缮保护。对于散落在境外的烈士墓，可以依托当地现有境外烈士纪念设施集中保护管理。

第九条 具有重大历史意义、确需新建境外烈士纪念设施的，以及因修缮保护需要或者因所在国建设规划等原因确需迁建境外烈士纪念设施的，应当按照有关规定经批准后实施。

第十条 境外烈士纪念设施保护管理领导小组应当与所在国政府有关部门协商划定境外烈士纪念设施保护范围，明确不得侵占保护范围内的土地和设施，不得单方面拆除、变更、迁移纪念设施，在保护范围内不得从事与纪念烈士无关的活动。

第十一条 境外烈士纪念设施保护管理领导小组与所在国政府有关部门协商确定境外烈士纪念设施管理方式，驻外使领馆可以根据纪念设施现状、所在国情况提出建议。

确定由所在国政府负责管理的，境外烈士纪念设施保护管理领导小组应当协调所在国政府有关部门指定专门机构进行管理。

确定由我国政府负责管理的，由境外烈士纪念设施保护管理领导小组或授权驻外使领馆通过签署委托协议的方式，委托中资企业（机构）、所在国华侨华人友好社团等进行管理，也可以委托所在国华侨华人进行管理。

第十二条 各有关部门和单位应当开展烈士史料收集整理、事迹编纂和陈列展示工作，宣传烈士英雄事迹，褒扬英烈风范，加深我国同所在国的友谊。

烈士史料等属于文物的，依照有关法律法规的规定予以保护。

第十三条 在烈士纪念日、清明节或者其他重要纪念日期间，驻外使领馆应当结合所在国情况组织烈士公祭活动。

烈士公祭活动可以根据实际情况邀请所在国政府、中资企业（机构）、华侨华人和社会各界代表参加。

第十四条 驻外使领馆可以结合实际，为赴所在国祭扫的烈士家属提供协助，引导赴所在国参观访问的我国代表团、旅游者及旅居所在国我国侨民、留学生前往境外烈士纪念设施瞻仰祭扫。

烈士纪念活动应当庄严、肃穆，符合我国祭扫习惯和境外烈士纪念设施所在国习俗。

第十五条 驻外使领馆应当敦促境外烈士纪念设施管理机构或者人员对在境外烈士纪念设施举行的各项祭扫纪念活动进行登记。

第十六条 驻外使领馆应当敦促境外烈士纪念设施管理机构或者人员做好纪念设施保护范围内的设施维护、安全保卫、绿化美化、环境卫生等工作。

第十七条 侵占境外烈士纪念设施保护范围内土地、设施,破坏、污损境外烈士纪念设施,在保护范围内从事与纪念活动无关的活动的,驻外使领馆应当敦促境外烈士纪念设施管理机构或者人员及时制止。情节严重、造成损害后果的,驻外使领馆应当通过外交途径向所在国政府提出交涉,敦促其严肃处理;涉及已返回境内中国公民的,驻外使领馆应当敦促所在国相关部门将相关材料移交境外烈士纪念设施保护管理领导小组,由有关部门依法处理。

第十八条 我国在境外的其他因公牺牲人员纪念设施保护管理工作,参照本办法执行。

第十九条 香港特别行政区、澳门特别行政区和台湾地区烈士纪念设施的保护管理,参照国家有关规定执行。

第二十条 本办法自2020年4月1日起施行。

远洋渔业管理规定

(2020年2月10日农业农村部令2020年第2号公布　自2020年4月1日起施行　国司备字[2020001584])

第一章　总　则

第一条 为加强远洋渔业管理,维护国家和远洋渔业企业及从业人员的合法权益,养护和可持续利用海洋渔业资源,促进远洋渔业持续、健康发展,根据《中华人民共和国渔业法》及有关法律、行政法规,制定本规定。

第二条 本规定所称远洋渔业,是指中华人民共和国公民、法人和其他组织到公海和他国管辖海域从事海洋捕捞以及与之配套的加工、补给和产品运输等渔业活动,但不包括到黄海、东海和南海从事的渔业活动。

第三条 国家支持、促进远洋渔业可持续发展,建立规模合理、布局科学、装备优良、配套完善、管理规范、生产安全的现代化远洋渔业产业体系。

第四条 农业农村部主管全国远洋渔业工作,负责全国远洋渔业的规划、组织和管理,会同国务院其他有关部门对远洋渔业企业执行国家有关法规和政策的情况进行监督。

省级人民政府渔业行政主管部门负责本行政区域内远洋渔业的规划、组织和监督管理。

市、县级人民政府渔业行政主管部门协助省级渔业行政主管部门做好远洋渔业相关工作。

第五条 国家鼓励远洋渔业企业依法自愿成立远洋渔业协会,加强行业自律管理,维护成员合法权益。

第六条 农业农村部对远洋渔业实行项目审批管理和企业资格认定制度,并依法对远洋渔业船舶和船员进行监督管理。

第七条 远洋渔业项目审批和企业资格认定通过农业农村部远洋渔业管理系统办理。

申请人应当提供的渔业船舶检验证书、渔业船舶登记证等法定证照、权属证明,在全国渔船动态管理系统、远洋渔业管理系统或者部门间核查能够查询到有效信息的,可以不再提供纸质材料。

第二章 远洋渔业项目申请和审批

第八条 同时具备下列条件的企业,可以从事远洋渔业,申请开展远洋渔业项目:

(一)在我国市场监管部门登记,具有独立法人资格,经营范围包括海洋(远洋)捕捞;

(二)拥有符合要求的适合从事远洋渔业的合法渔业船舶;

(三)具有承担项目运营和意外风险的经济实力;

(四)有熟知远洋渔业政策、相关法律规定、国外情况并具有3年以上远洋渔业生产及管理经验的专职经营管理人员;

(五)申请前的3年内没有被农业农村部取消远洋渔业企业资格的记录,企业主要负责人和项目负责人申请前的3年内没有在被农业农村部取消远洋渔业企业资格的企业担任主要负责人和项目负责人的记录。

第九条 符合本规定第八条条件的企业申请开展远洋渔业项目的,应当通过所在地省级人民政府渔业行政主管部门提出,经省级人民政府渔业行政主管部门审核同意后报农业农村部审批。中央直属企业直接报农业农村部审批。

省级人民政府渔业行政主管部门应当在10日内完成审核。

第十条 申请远洋渔业项目时,应当报送以下材料:

（一）项目申请报告。申请报告应当包括企业基本情况和条件、项目组织和经营管理计划、已开展远洋渔业项目（如有）的情况等内容，同时填写《申请远洋渔业项目基本情况表》（见附表一）。

（二）项目可行性研究报告。

（三）到他国管辖海域作业的，提供与外方的合作协议或他国政府主管部门同意入渔的证明、我驻项目所在国使（领）馆的意见；境外成立独资或合资企业的，还需提供我国商务行政主管部门出具的《企业境外投资证书》和入渔国有关政府部门出具的企业注册证明。到公海作业的，填报《公海渔业捕捞许可证申请书》（见附表二）。

（四）拟派渔船所有权证书、登记（国籍）证书、远洋渔船检验证书。属制造、更新改造、购置或进口的专业远洋渔船，需同时提供农业农村部《渔业船网工具指标批准书》；属非专业远洋渔船（具有国内有效渔业捕捞许可证转产从事远洋渔业的渔船），需同时提供国内《海洋渔业捕捞许可证》；属进口渔船，需同时提供国家机电进出口办公室批准文件。

（五）农业农村部要求的其他材料。

第十一条　农业农村部收到符合本规定第十条要求的远洋渔业项目申请后，在15个工作日内作出是否批准的决定。特殊情况需要延长决定期限的，应当及时告知申请企业延长决定期限的理由。

经审查批准远洋渔业项目申请的，农业农村部书面通知申请项目企业及其所在地省级人民政府渔业行政主管部门，并抄送国务院其他有关部门。

从事公海捕捞作业的，农业农村部批准远洋渔业项目的同时，颁发《公海渔业捕捞许可证》。

经审查不予批准远洋渔业项目申请的，农业农村部将决定及理由书面通知申请项目企业。

第十二条　对已经实施的远洋渔业项目，农业农村部根据以下不同情况分别进行确认：

（一）从国内港口离境的渔船，依据海事行政主管部门颁发的《国际航行船舶出口岸许可证》进行确认；

（二）在海上转移渔场或变更渔船所有人的渔船，依据远洋渔业项目批准文件进行确认；

（三）船舶证书到期的渔船，依据发证机关换发的有效证书进行确认；

（四）因入渔需要变更渔船国籍的，依据渔船的中国国籍中止或注销证明、入渔国政府主管部门签发的捕捞许可证和渔船登记证书、检验证书及中文翻译件进行确认。

第十三条 取得农业农村部远洋渔业项目批准后，企业持批准文件和其他有关材料，办理远洋渔业船舶和船员证书等有关手续。

第十四条 到他国管辖海域从事捕捞作业的远洋渔业项目开始执行后，企业项目负责人应当持农业农村部远洋渔业项目批准文件到我驻外使（领）馆登记，接受使（领）馆的监督和指导。

第十五条 企业在项目执行期间，应当按照农业农村部的规定及时、准确地向所在地省级人民政府渔业行政主管部门等单位报告下列情况，由省级人民政府渔业行政主管部门等单位汇总后报农业农村部：

（一）投产各渔船渔获量、主要品种、产值等生产情况。除另有规定外，应当于每月 10 日前按要求报送上月生产情况；

（二）自捕水产品运回情况，按照海关总署和农业农村部的要求报告；

（三）农业农村部或国际渔业管理组织要求报告的其他情况。

第十六条 远洋渔业项目执行过程中需要改变作业国家（地区）或海域、作业类型、入渔方式、渔船数量（包括更换渔船）、渔船所有人以及重新成立独资或合资企业的，应当提供本规定第十条规定的与变更内容有关的材料，按照本规定第九条规定的程序事先报农业农村部批准。其中改变作业国家的，除提供第十条第（三）项规定的材料外，还应当提供我驻原项目所在国使（领）馆的意见。

第十七条 项目终止或执行完毕后，远洋渔业企业应当及时向省级人民政府渔业行政主管部门报告，提交项目执行情况总结，经省级人民政府渔业行政主管部门报农业农村部办理远洋渔业项目终止手续。

远洋渔业企业应当将终止项目的渔船开回国内，并在渔船入境之日起 5 个工作日内，将海事行政主管部门出具的《船舶进口岸手续办妥通知单》和渔政渔港监督部门出具的渔船停港证明报农业农村部。

远洋渔船终止远洋渔业项目或远洋渔业项目无法继续执行的，企业应于项目终止或停止之日起 18 个月内对渔船予以妥善处置，因客观原因未能在 18 个月内处置完毕的，可适当延长处置时间，但最长不得超过 36 个月。期限届满仍未妥善处置的，由省级人民政府渔业行政主管部门按《渔业船舶登记办法》等有关规定注销渔船登记。

第三章 远洋渔业企业资格认定和年审

第十八条 对于已获农业农村部批准并开始实施远洋渔业项目的企业，其生产经营情况正常，认真遵守有关法律、法规和本规定，未发生严重违规事件的，农业农村部授予其远洋渔业企业资格，并颁发《农业农村部远洋渔业企业资格证书》。

取得《农业农村部远洋渔业企业资格证书》的企业，可以根据有关规定享受国家对远洋渔业的支持政策。

第十九条 农业农村部对远洋渔业企业资格和远洋渔业项目进行年度审查。对审查合格的企业，换发当年度《农业农村部远洋渔业企业资格证书》；对审查合格的渔船，延续确认当年度远洋渔业项目。

申请年审的远洋渔业企业应当于每年 1 月 15 日以前向所在地省级人民政府渔业行政主管部门报送下列材料：

（一）上年度远洋渔业项目执行情况报告。

（二）《远洋渔业企业资格和项目年审登记表》（见附表三）。

（三）有效的渔业船舶所有权证书、国籍证书和检验证书。其中，在他国注册登记的渔船需提供登记国政府主管部门签发的渔船登记和检验证书及中文翻译件。在他国注册登记的渔船如已更新改造，还应提供原船证书注销证明及中文翻译件。

（四）到他国管辖海域从事捕捞作业的，还应提供入渔国政府主管部门颁发的捕捞许可证和企业注册证明及中文翻译件，我驻入渔国使（领）馆出具的意见等。

省级人民政府渔业行政主管部门应当对有关材料进行认真审核，对所辖区域的远洋渔业企业资格和渔船的远洋渔业项目提出审核意见，于 2 月 15 日前报农业农村部。

农业农村部于 3 月 31 日前将远洋渔业企业资格审查和远洋渔业项目确认结果书面通知省级人民政府渔业行政主管部门和有关企业，抄送国务院有关部门。

第四章 远洋渔业船舶和船员

第二十条 远洋渔船应当经渔业船舶检验机构技术检验合格、渔港监督部门依法登记，取得相关证书，符合我国法律、法规和有关国际条约的管理规定。

不得使用未取得相关证书的渔船从事远洋渔业生产。

不得使用被有关区域渔业管理组织公布的从事非法、不报告和不受管制渔业活动的渔船从事远洋渔业生产。

第二十一条 制造、更新改造、购置、进口远洋渔船或更新改造非专业远洋渔船开展远洋渔业的,应当根据《渔业捕捞许可管理规定》事先报农业农村部审批。

淘汰的远洋渔船,应当实施报废处置。

根据他国法律规定,远洋渔船需要加入他国国籍方可在他国海域作业的,应当按《渔业船舶登记办法》有关规定,办理中止或注销中国国籍登记。

第二十二条 远洋渔船应当从国家对外开放口岸出境和入境,随船携带登记(国籍)证书、检验证书、《公海捕捞许可证》以及该船适用的国际公约要求的有关证书。

第二十三条 在我国注册登记的远洋渔船,悬挂中华人民共和国国旗,按国家有关规定进行标识;在他国注册登记的远洋渔船,按登记国规定悬挂旗帜、进行标识。国际渔业组织对远洋渔船标识有规定的,按其规定执行。

第二十四条 专业远洋渔船不得在我国管辖海域从事渔业活动。

经批准到公海或他国管辖海域从事捕捞作业的非专业远洋渔船,出境前应当将《海洋渔业捕捞许可证》交回原发证机关暂存,在实施远洋渔业项目期间禁止在我国管辖海域从事渔业活动。在终止远洋渔业项目并办妥相关手续后,按《渔业捕捞许可管理规定》从原发证机构领回《海洋渔业捕捞许可证》后,方可在国内海域从事渔业生产。

第二十五条 远洋渔船应当按照规定填写渔捞日志,并接受渔业行政主管部门的监督检查。

第二十六条 远洋渔船应当按规定配备与管理船员。

远洋渔业船员应当按规定接受培训,经考试或考核合格取得相应的渔业船员证书后才能上岗,并持有海员证或护照等本人有效出入境证件。外籍、港澳台船员的管理按照国家有关规定执行。

远洋渔业船员、远洋渔业企业及项目负责人和经营管理人员应当学习国际渔业法律法规、安全生产和涉外知识,参加渔业行政主管部门或其委托机构组织的培训。

第五章 安全生产

第二十七条 远洋渔业企业承担安全生产主体责任,应当按规定设置安全生产管理机构或配备安全生产管理人员,建立安全生产责任制。

远洋渔业企业的法定代表人和主要负责人,对本企业的安全生产工作全面负责;远洋渔业项目负责人,对项目的执行、生产经营管理、渔船活动和船员负监管责任;远洋渔船船长对渔船海上航行、生产作业和锚泊安全等负直接责任。

第二十八条 远洋渔业企业应当与其聘用的远洋渔业船员或远洋渔业船员所在单位直接签订合同,为远洋渔业船员办理有关保险,按时发放工资,保障远洋渔业船员的合法权益,不得向远洋渔业船员收取不合理费用。

远洋渔业企业不得聘用未取得有效渔业船员证书的人员作为远洋渔业船员,聘用的远洋渔业船员不得超过农业农村部远洋渔业项目批准文件核定的船员数。

第二十九条 远洋渔业企业应当在远洋渔业船员出境前对其进行安全生产、外事纪律和法律知识等培训教育。

远洋渔业船员在境外应当遵守所在国法律、法规和有关国际条约、协定的规定,尊重当地的风俗习惯。

第三十条 远洋渔船船长应当认真履行《渔业船员管理办法》规定的有关职责,确保渔船正常航行和依法进行渔业生产,严禁违法进入他国管辖水域生产。

按照我国加入的国际公约或区域渔业组织要求,远洋渔船在公海或他国管辖水域被要求登临检查时,船长应当核实执法船舶及人员身份,配合经授权的执法人员对渔船实施登临检查。禁止逃避执法检查或以暴力、危险等方法抗拒执法检查。

第三十一条 到公海作业的远洋渔船,应当按照农业农村部远洋渔业项目批准文件和《公海渔业捕捞许可证》限定的作业海域、类型、时限、品种和配额作业,遵守我国缔结或者参加的国际条约、协定。

到他国管辖海域作业的远洋渔船,应当遵守我国与该国签订的渔业协议及该国的法律法规。

远洋渔船作业时应当与未授权作业海域外部界限保持安全的缓冲距离,避免赴有关国家争议海域作业。

第三十二条 远洋渔船在通过他国管辖水域前,应妥善保存渔获、捆绑覆盖渔具,并按有关规定提前通报。通过他国管辖水域时,应保持连续和匀速航行,填写航行日志,禁止从事捕捞、渔获物转运、补给等任何渔业生产活动。

渔船在他国港口内或通过他国管辖海域时,不得丢弃船上渔获物或其他杂物,不得排放油污、污水及从事其他损坏海洋生态环境的行为。

第六章 监督管理

第三十三条 禁止远洋渔业企业、渔船和船员从事、支持或协助非法、不报告和不受管制的渔业活动。

第三十四条 农业农村部发布远洋渔业从业人员“黑名单”。存在严重违法违规行为、对重大安全生产责任事故负主要责任和引发远洋渔业涉外违规事件的企业主要管理人员、项目负责人和船长，纳入远洋渔业从业人员“黑名单”管理。

纳入远洋渔业从业人员“黑名单”的企业主要管理人员、项目负责人，3 年内不得在远洋渔业企业担任主要管理人员或项目负责人。纳入远洋渔业从业人员“黑名单”的船长自被吊销职务船员证书之日起，5 年内不得申请渔业船员证书。

第三十五条 农业农村部根据管理需要对远洋渔船进行船位和渔获情况监测。远洋渔船应当根据农业农村部制定的监测计划安装渔船监测系统（VMS），并配备持有技术培训合格证的船员，保障系统正常工作，及时、准确提供真实信息。

农业农村部可根据有关国际组织的要求或管理需要向远洋渔船派遣国家观察员。远洋渔业企业和远洋渔船有义务接纳国家观察员或有关国际渔业组织派遣的观察员，协助并配合观察员工作，不得安排观察员从事与其职责无关的工作。

第三十六条 两个以上远洋渔业企业在同一国家（地区）或海域作业，或从事同品种、同类型作业，应当建立企业自我协调和自律机制，接受行业协会的指导，配合政府有关部门进行协调和管理。

第三十七条 远洋渔业企业、渔船和船员在国外发生涉外事件时，应当立即如实向农业农村部、企业所在地省级人民政府渔业行政主管部门和有关驻外使（领）馆报告，省级人民政府渔业行政主管部门接到报告后，应当立即核实情况，并提出处理意见报农业农村部和省级人民政府，由农业农村部协调提出处理意见通知驻外使领馆。发生重大涉外事件需要对外交涉的，由农业农村部商外交部提出处理意见，进行交涉。

远洋渔船发生海难等海上安全事故时，远洋渔业企业应当立即组织自救互救，并按规定向农业农村部、企业所在地省级人民政府渔业行政主管部门报告。需要紧急救助的，按照有关国际规则和国家规定执行。发生违法犯罪事件时，远洋渔业企业应当立即向所在地公安机关和边防部门报告，做好伤员救治、嫌疑人控制、现场保护等工作。

远洋渔业企业和所在地各级人民政府渔业行政主管部门应当认真负责、迅速、妥善处理涉外和海上安全事件。

第三十八条 各级人民政府渔业行政主管部门及其所属的渔政渔港监督

管理机构应当会同有关部门，加强远洋渔船在国内渔业港口的监督与管理，严格执行渔船进出渔港报告制度。

除因人员病急、机件故障、遇难、避风等特殊情况外，禁止被有关国际渔业组织纳入非法、不报告和不受管制渔业活动名单的船舶进入我国港口。因人员病急、机件故障、遇难、避风等特殊情况或非法进入我国港口的，由港口所在地省级人民政府渔业行政主管部门会同同级港口、海关、边防等部门，在农业农村部、外交部等国务院有关部门指导下，依据我国法律、行政法规及我国批准或加入的相关国际条约，进行调查处理。

第七章　罚　　则

第三十九条　远洋渔业企业、渔船或船员有下列违法行为的，由省级以上人民政府渔业行政主管部门或其所属的渔政渔港监督管理机构根据《中华人民共和国渔业法》《中华人民共和国野生动物保护法》和有关法律、法规予以处罚。对已经取得农业农村部远洋渔业企业资格的企业，农业农村部视情节轻重和影响大小，暂停或取消其远洋渔业企业资格。

（一）未经农业农村部批准擅自从事远洋渔业生产，或未取得《公海渔业捕捞许可证》从事公海捕捞生产的；

（二）申报或实施远洋渔业项目时隐瞒真相、弄虚作假的；

（三）不按农业农村部批准的或《公海渔业捕捞许可证》规定的作业类型、场所、时限、品种和配额生产，或未经批准进入他国管辖水域作业的；

（四）使用入渔国或有管辖权的区域渔业管理组织禁用的渔具、渔法进行捕捞，或捕捞入渔国或有管辖权的区域渔业管理组织禁止捕捞的鱼种、珍贵濒危水生野生动物或其他海洋生物的；

（五）未取得有效的船舶证书，或不符合远洋渔船的有关规定，或违反本规定招聘或派出远洋渔业船员的；

（六）妨碍或拒绝渔业行政主管部门监督管理，或在公海、他国管辖海域妨碍、拒绝有管辖权的执法人员进行检查的；

（七）不按规定报告情况和提供信息，或故意报告和提供不真实情况和信息，或不按规定填报渔捞日志的；

（八）拒绝接纳国家观察员或有管辖权的区域渔业管理组织派出的观察员或妨碍其正常工作的；

（九）故意关闭、移动、干扰船位监测、渔船自动识别等设备或故意报送虚假信息的，擅自更改船名、识别码、渔船标识或渔船参数，或擅自更换渔船主机的；

（十）被有关国际渔业组织认定从事、支持或协助了非法、不报告和不受管制的渔业活动的；

（十一）发生重大安全生产责任事故的；

（十二）发生涉外违规事件，造成严重不良影响的；

（十三）其他依法应予处罚的行为。

第四十条 被暂停农业农村部远洋渔业企业资格的企业，整改后经省级人民政府渔业行政主管部门和农业农村部审查合格的，可恢复其远洋渔业企业资格和所属渔船远洋渔业项目。1年内经整改仍不合格的，取消其农业农村部远洋渔业企业资格。

第四十一条 当事人对渔业行政处罚有异议的，可按《中华人民共和国行政复议法》和《中华人民共和国行政诉讼法》的有关规定申请行政复议或提起行政诉讼。

第四十二条 各级人民政府渔业行政主管部门工作人员有不履行法定义务、玩忽职守、徇私舞弊等行为，尚不构成犯罪的，由所在单位或上级主管机关予以行政处分。

第八章 附 则

第四十三条 本规定所称远洋渔船是指中华人民共和国公民、法人或其他组织所有并从事远洋渔业活动的渔业船舶，包括捕捞渔船和渔业辅助船。远洋渔业船员是指在远洋渔船上工作的所有船员，包括职务船员。

本规定所称省级人民政府渔业行政主管部门包括计划单列市人民政府渔业行政主管部门。

第四十四条 本规定自2020年4月1日起施行。农业部2003年4月18日发布、2004年7月1日修正、2016年5月30日修正的《远洋渔业管理规定》同时废止。

附表：一、申请远洋渔业项目基本情况表

二、公海渔业捕捞许可证申请书

三、农业农村部远洋渔业企业资格和项目年审登记表

附表一

申请远洋渔业项目基本情况表

远洋渔业企业名称			农业农村部远洋渔业企业资格证书编号		
地　　址			法定代表人		
邮政编码		电话		传真	
项目名称			项目起止时间		
项目所在国家（地区、海域）			外方合作单位名称		
入渔方式			作业类型		
船员人数			主要捕捞品种		
计划派出渔船数			渔获物销售方向		

计划派出渔船船名	所有人	国籍	船舶类型	建造完工日期	船长（m）	功率（kw）	总吨位

经营管理人员姓名	职务	学历	年龄	从事远洋渔业经营管理经历

本人保证上述情况真实有效，并代表本企业保证遵守《远洋渔业管理规定》。

企业负责人签字：　　　　　　　　　　年　　月　　日（盖章）

注：渔船和人员情况表格不够用时可另加附页。

附表二

申请书受理编号：

公海渔业捕捞许可证申请书

<table>
<tr><td>申请人姓名或
申请单位名称</td><td></td><td colspan="4">申请人签字： （公章）
年 月 日</td></tr>
<tr><td>地址</td><td></td><td>邮政编码</td><td></td><td>电话</td><td></td></tr>
<tr><td>船名</td><td></td><td>原捕捞许可证号</td><td colspan="3"></td></tr>
<tr><td>渔船类别</td><td>捕捞渔船/渔业辅助船</td><td>造船编码</td><td colspan="3"></td></tr>
<tr><td>主机总功率</td><td>千瓦</td><td>子船数量及功率</td><td colspan="3">艘， 千瓦</td></tr>
<tr><td>船长</td><td>米</td><td>总吨位</td><td colspan="3"></td></tr>
<tr><td>船籍港</td><td></td><td>船舶呼号</td><td colspan="3"></td></tr>
<tr><td>鱼舱数量和容积</td><td>个， 立方米</td><td>渔具规格及数量</td><td colspan="3"></td></tr>
<tr><td>渔业船网工具
指标批准书编号</td><td></td><td>渔船登记号</td><td colspan="3"></td></tr>
<tr><td>渔船检验
证书编号</td><td></td><td>渔船建造
完工日期</td><td colspan="3">年 月 日</td></tr>
<tr><td>申请作业类型</td><td></td><td>申请作业场所</td><td colspan="3"></td></tr>
<tr><td>申请作业时间</td><td></td><td>主要捕捞品种
及捕捞限额</td><td colspan="3"></td></tr>
<tr><td rowspan="2">省级渔业行政主
管部门意见：

签发人：

（单位公章）
年 月 日</td><td colspan="5">审批意见（由批准机关报填写）：</td></tr>
<tr><td colspan="2">同意颁发渔业捕捞许可证：
1. 作业类型：
2. 作业场所：
3. 作业时限：
4. 主要捕捞品种及限额：
5. 捕捞许可证类别：
6. 捕捞许可证号：
签发人：

（单位公章）
年 月 日</td><td colspan="3">不同意颁发渔业捕捞许可证。
原因：

签发人：

（单位公章）
年 月 日</td></tr>
</table>

注：申请书每船填写一份。申请书受理编号由受理申请的省级渔业行政主管部门填写。

附表三

农业农村部远洋渔业企业资格和项目年审登记表

（总表 — 附项目表共　页）

<table>
<tr><td colspan="2">远洋渔业企业名称</td><td colspan="2"></td><td>农业农村部远洋渔业企业资格证书编号</td><td></td></tr>
<tr><td colspan="2">地址</td><td colspan="2"></td><td>法人代表</td><td></td></tr>
<tr><td colspan="2">邮政编码</td><td></td><td>电话</td><td>传真</td><td></td></tr>
<tr><td colspan="2">农业农村部批准项目数、渔船数</td><td>现执行项目数、项目名称</td><td colspan="3"></td></tr>
<tr><td colspan="2" rowspan="2">派出渔船情况</td><td>数量</td><td colspan="2">总功率(kw)</td><td>总吨位</td></tr>
<tr><td></td><td colspan="2"></td><td></td></tr>
<tr><td rowspan="6">其
中</td><td>本企业所有渔船</td><td></td><td colspan="2"></td><td></td></tr>
<tr><td></td><td></td><td colspan="2"></td><td></td></tr>
<tr><td>捕捞渔船</td><td></td><td colspan="2"></td><td></td></tr>
<tr><td>渔业辅助船</td><td></td><td colspan="2"></td><td></td></tr>
<tr><td>中国籍渔船</td><td></td><td colspan="2"></td><td></td></tr>
<tr><td>外国籍渔船</td><td></td><td colspan="2"></td><td></td></tr>
<tr><td colspan="2">批准外派船员人数</td><td></td><td colspan="2">实际派出船员人数</td><td></td></tr>
<tr><td colspan="2">上年度捕捞产量(吨)</td><td></td><td colspan="2">上年度运回国内产品量(吨)</td><td></td></tr>
<tr><td colspan="2">上年度产值(万元)</td><td></td><td colspan="2">上年度利润(万元)</td><td></td></tr>
<tr><td colspan="2">企业负责人签字：

年 月 日(盖章)</td><td colspan="4">省级渔业行政主管部门审核意见：

年　月　日(盖章)</td></tr>
<tr><td colspan="6">农业农村部渔业渔政管理局意见：</td></tr>
</table>

附表三(续)

农业农村部远洋渔业企业资格和项目年审登记表

（项目表）

远洋渔业企业名称		农业农村部远洋渔业企业资格证书编号	
项目名称		农业农村部项目批件文号	
批准项目截止时间		是否申请延期	
项目所在国家（地区、海域）		外方合作单位名称	
入渔方式		作业类型	
项目批准时间		项目执行(派船)时间	
上年度捕捞产量(吨)		其中运回国内量(吨)	
上年度产值(万元)		上年度利润(万元)	
批准派出船员数		已派出船员数	
批准派出渔船数		已派出渔船数	

派出渔船船名	所有人	国籍	船舶类型(捕捞船/辅助船)	证书是否齐全有效	现在是否正常生产

项目负责人签字： 年　月　日	远洋渔业企业负责人签字： 年　月　日(盖章)
省级渔业行政主管部门审核意见： 年　月　日(盖章)	农业农村部渔业渔政管理局意见：

注:1.每个项目填报一表;2.派出渔船情况表格不够用时可另加附页

关于修改《上市公司证券发行管理办法》的决定

（2020年2月14日中国证券监督管理委员会令第163号公布　自公布之日起施行　国司备字[2020001676]）

一、第六条修改为："上市公司的组织机构健全、运行良好，符合下列规定：

"（一）公司章程合法有效，股东大会、董事会、监事会和独立董事制度健全，能够依法有效履行职责；

"（二）公司内部控制制度健全，能够有效保证公司运行的效率、合法合规性和财务报告的可靠性；内部控制制度的完整性、合理性、有效性不存在重大缺陷；

"（三）现任董事、监事和高级管理人员具备任职资格，能够忠实和勤勉地履行职务，不存在违反公司法第一百四十七条、第一百四十八条规定的行为，且最近三十六个月内未受到过中国证监会的行政处罚、最近十二个月内未受到过证券交易所的公开谴责；

"（四）上市公司与控股股东或实际控制人的人员、资产、财务分开，机构、业务独立，能够自主经营管理；

"（五）最近十二个月内不存在违规对外提供担保的行为。"

二、第三十七条修改为："非公开发行股票的特定对象应当符合下列规定：

"（一）特定对象符合股东大会决议规定的条件；

"（二）发行对象不超过三十五名。

"发行对象为境外战略投资者的，应当遵守国家的相关规定。"

三、第三十八条修改为："上市公司非公开发行股票，应当符合下列规定：

"（一）发行价格不低于定价基准日前二十个交易日公司股票均价的百分之八十；

"（二）本次发行的股份自发行结束之日起，六个月内不得转让；控股股东、实际控制人及其控制的企业认购的股份，十八个月内不得转让；

"（三）募集资金使用符合本办法第十条的规定；

"（四）本次发行将导致上市公司控制权发生变化的，还应当符合中国证监会的其他规定。"

四、第四十七条修改为："自中国证监会核准发行之日起，上市公司应在十二个月内发行证券；超过十二个月未发行的，核准文件失效，须重新经中国证监会核准后方可发行。”

五、增加一条，作为第七十五条：“依据本办法通过非公开发行股票取得的上市公司股份，其减持不适用《上市公司股东、董监高减持股份的若干规定》的有关规定。”

本决定自2020年2月14日起施行。

《上市公司证券发行管理办法》根据本决定作相应修改，重新公布。

上市公司证券发行管理办法

（2006年5月6日中国证券监督管理委员会令第30号公布　根据2008年10月9日《中国证券监督管理委员会关于修改上市公司现金分红若干规定的决定》第一次修订　根据2020年2月14日《中国证券监督管理委员会关于修改〈上市公司证券发行管理办法〉的决定》第二次修订）

第一章　总　则

第一条　为了规范上市公司证券发行行为，保护投资者的合法权益和社会公共利益，根据《证券法》《公司法》制定本办法。

第二条　上市公司申请在境内发行证券，适用本办法。

本办法所称证券，指下列证券品种：

（一）股票；

（二）可转换公司债券；

（三）中国证券监督管理委员会（以下简称中国证监会）认可的其他品种。

第三条　上市公司发行证券，可以向不特定对象公开发行，也可以向特定对象非公开发行。

第四条　上市公司发行证券，必须真实、准确、完整、及时、公平地披露或者提供信息，不得有虚假记载、误导性陈述或者重大遗漏。

第五条　中国证监会对上市公司证券发行的核准，不表明其对该证券的投资价值或者投资者的收益作出实质性判断或者保证。因上市公司经营与收益的变化引致的投资风险，由认购证券的投资者自行负责。

第二章　公开发行证券的条件

第一节　一般规定

第六条　上市公司的组织机构健全、运行良好，符合下列规定：

（一）公司章程合法有效，股东大会、董事会、监事会和独立董事制度健全，能够依法有效履行职责；

（二）公司内部控制制度健全，能够有效保证公司运行的效率、合法合规性和财务报告的可靠性；内部控制制度的完整性、合理性、有效性不存在重大缺陷；

（三）现任董事、监事和高级管理人员具备任职资格，能够忠实和勤勉地履行职务，不存在违反公司法第一百四十七条、第一百四十八条规定的行为，且最近三十六个月内未受到过中国证监会的行政处罚、最近十二个月内未受到过证券交易所的公开谴责；

（四）上市公司与控股股东或实际控制人的人员、资产、财务分开，机构、业务独立，能够自主经营管理；

（五）最近十二个月内不存在违规对外提供担保的行为。

第七条　上市公司的盈利能力具有可持续性，符合下列规定：

（一）最近三个会计年度连续盈利。扣除非经常性损益后的净利润与扣除前的净利润相比，以低者作为计算依据；

（二）业务和盈利来源相对稳定，不存在严重依赖于控股股东、实际控制人的情形；

（三）现有主营业务或投资方向能够可持续发展，经营模式和投资计划稳健，主要产品或服务的市场前景良好，行业经营环境和市场需求不存在现实或可预见的重大不利变化；

（四）高级管理人员和核心技术人员稳定，最近十二个月内未发生重大不利变化；

（五）公司重要资产、核心技术或其他重大权益的取得合法，能够持续使用，不存在现实或可预见的重大不利变化；

（六）不存在可能严重影响公司持续经营的担保、诉讼、仲裁或其他重大事项；

（七）最近二十四个月内曾公开发行证券的，不存在发行当年营业利润比上年下降百分之五十以上的情形。

第八条 上市公司的财务状况良好,符合下列规定:

(一)会计基础工作规范,严格遵循国家统一会计制度的规定;

(二)最近三年及一期财务报表未被注册会计师出具保留意见、否定意见或无法表示意见的审计报告;被注册会计师出具带强调事项段的无保留意见审计报告的,所涉及的事项对发行人无重大不利影响或者在发行前重大不利影响已经消除;

(三)资产质量良好。不良资产不足以对公司财务状况造成重大不利影响;

(四)经营成果真实,现金流量正常。营业收入和成本费用的确认严格遵循国家有关企业会计准则的规定,最近三年资产减值准备计提充分合理,不存在操纵经营业绩的情形;

(五)最近三年以现金方式累计分配的利润不少于最近三年实现的年均可分配利润的百分之三十。

第九条 上市公司最近三十六个月内财务会计文件无虚假记载,且不存在下列重大违法行为:

(一)违反证券法律、行政法规或规章,受到中国证监会的行政处罚,或者受到刑事处罚;

(二)违反工商、税收、土地、环保、海关法律、行政法规或规章,受到行政处罚且情节严重,或者受到刑事处罚;

(三)违反国家其他法律、行政法规且情节严重的行为。

第十条 上市公司募集资金的数额和使用应当符合下列规定:

(一)募集资金数额不超过项目需要量;

(二)募集资金用途符合国家产业政策和有关环境保护、土地管理等法律和行政法规的规定;

(三)除金融类企业外,本次募集资金使用项目不得为持有交易性金融资产和可供出售的金融资产、借予他人、委托理财等财务性投资,不得直接或间接投资于以买卖有价证券为主要业务的公司;

(四)投资项目实施后,不会与控股股东或实际控制人产生同业竞争或影响公司生产经营的独立性;

(五)建立募集资金专项存储制度,募集资金必须存放于公司董事会决定的专项账户。

第十一条 上市公司存在下列情形之一的,不得公开发行证券:

(一)本次发行申请文件有虚假记载、误导性陈述或重大遗漏;

(二)擅自改变前次公开发行证券募集资金的用途而未作纠正;

（三）上市公司最近十二个月内受到过证券交易所的公开谴责；

（四）上市公司及其控股股东或实际控制人最近十二个月内存在未履行向投资者作出的公开承诺的行为；

（五）上市公司或其现任董事、高级管理人员因涉嫌犯罪被司法机关立案侦查或涉嫌违法违规被中国证监会立案调查；

（六）严重损害投资者的合法权益和社会公共利益的其他情形。

第二节 发行股票

第十二条 向原股东配售股份（以下简称配股），除符合本章第一节规定外，还应当符合下列规定：

（一）拟配售股份数量不超过本次配售股份前股本总额的百分之三十；

（二）控股股东应当在股东大会召开前公开承诺认配股份的数量；

（三）采用证券法规定的代销方式发行。

控股股东不履行认配股份的承诺，或者代销期限届满，原股东认购股票的数量未达到拟配售数量百分之七十的，发行人应当按照发行价并加算银行同期存款利息返还已经认购的股东。

第十三条 向不特定对象公开募集股份（简称“增发”），除符合本章第一节规定外，还应当符合下列规定：

（一）最近三个会计年度加权平均净资产收益率平均不低于百分之六。扣除非经常性损益后的净利润与扣除前的净利润相比，以低者作为加权平均净资产收益率的计算依据；

（二）除金融类企业外，最近一期末不存在持有金额较大的交易性金融资产和可供出售的金融资产、借予他人款项、委托理财等财务性投资的情形；

（三）发行价格应不低于公告招股意向书前二十个交易日公司股票均价或前一个交易日的均价。

第三节 发行可转换公司债券

第十四条 公开发行可转换公司债券的公司，除应当符合本章第一节规定外，还应当符合下列规定：

（一）最近三个会计年度加权平均净资产收益率平均不低于百分之六。扣除非经常性损益后的净利润与扣除前的净利润相比，以低者作为加权平均净资产收益率的计算依据；

（二）本次发行后累计公司债券余额不超过最近一期末净资产额的百分之四十；

（三）最近三个会计年度实现的年均可分配利润不少于公司债券一年的利息。

前款所称可转换公司债券，是指发行公司依法发行、在一定期间内依据约定的条件可以转换成股份的公司债券。

第十五条 可转换公司债券的期限最短为一年，最长为六年。

第十六条 可转换公司债券每张面值一百元。

可转换公司债券的利率由发行公司与主承销商协商确定，但必须符合国家的有关规定。

第十七条 公开发行可转换公司债券，应当委托具有资格的资信评级机构进行信用评级和跟踪评级。

资信评级机构每年至少公告一次跟踪评级报告。

第十八条 上市公司应当在可转换公司债券期满后五个工作日内办理完毕偿还债券余额本息的事项。

第十九条 公开发行可转换公司债券，应当约定保护债券持有人权利的办法，以及债券持有人会议的权利、程序和决议生效条件。

存在下列事项之一的，应当召开债券持有人会议：

（一）拟变更募集说明书的约定；

（二）发行人不能按期支付本息；

（三）发行人减资、合并、分立、解散或者申请破产；

（四）保证人或者担保物发生重大变化；

（五）其他影响债券持有人重大权益的事项。

第二十条 公开发行可转换公司债券，应当提供担保，但最近一期末经审计的净资产不低于人民币十五亿元的公司除外。

提供担保的，应当为全额担保，担保范围包括债券的本金及利息、违约金、损害赔偿金和实现债权的费用。

以保证方式提供担保的，应当为连带责任担保，且保证人最近一期经审计的净资产额应不低于其累计对外担保的金额。证券公司或上市公司不得作为发行可转债的担保人，但上市商业银行除外。

设定抵押或质押的，抵押或质押财产的估值应不低于担保金额。估值应经有资格的资产评估机构评估。

第二十一条 可转换公司债券自发行结束之日起六个月后方可转换为公司股票，转股期限由公司根据可转换公司债券的存续期限及公司财务状况确定。

债券持有人对转换股票或者不转换股票有选择权，并于转股的次日成为发行公司的股东。

第二十二条 转股价格应不低于募集说明书公告日前二十个交易日该公司股票交易均价和前一个交易日的均价。

前款所称转股价格，是指募集说明书事先约定的可转换公司债券转换为每股股份所支付的价格。

第二十三条 募集说明书可以约定赎回条款，规定上市公司可按事先约定的条件和价格赎回尚未转股的可转换公司债券。

第二十四条 募集说明书可以约定回售条款，规定债券持有人可按事先约定的条件和价格将所持债券回售给上市公司。

募集说明书应当约定，上市公司改变公告的募集资金用途的，赋予债券持有人一次回售的权利。

第二十五条 募集说明书应当约定转股价格调整的原则及方式。发行可转换公司债券后，因配股、增发、送股、派息、分立及其他原因引起上市公司股份变动的，应当同时调整转股价格。

第二十六条 募集说明书约定转股价格向下修正条款的，应当同时约定：

（一）转股价格修正方案须提交公司股东大会表决，且须经出席会议的股东所持表决权的三分之二以上同意。股东大会进行表决时，持有公司可转换债券的股东应当回避；

（二）修正后的转股价格不低于前项规定的股东大会召开日前二十个交易日该公司股票交易均价和前一个交易日的均价。

第二十七条 上市公司可以公开发行认股权和债券分离交易的可转换公司债券（以下简称分离交易的可转换公司债券）。

发行分离交易的可转换公司债券，除符合本章第一节规定外，还应当符合下列规定：

（一）公司最近一期末经审计的净资产不低于人民币十五亿元；

（二）最近三个会计年度实现的年均可分配利润不少于公司债券一年的利息；

（三）最近三个会计年度经营活动产生的现金流量净额平均不少于公司债券一年的利息，符合本办法第十四条第（一）项规定的公司除外；

（四）本次发行后累计公司债券余额不超过最近一期末净资产额的百分之四十，预计所附认股权全部行权后募集的资金总量不超过拟发行公司债券金额。

第二十八条 分离交易的可转换公司债券应当申请在上市公司股票上市的证券交易所上市交易。

分离交易的可转换公司债券中的公司债券和认股权分别符合证券交易所上市条件的，应当分别上市交易。

第二十九条 分离交易的可转换公司债券的期限最短为一年。

债券的面值、利率、信用评级、偿还本息、债权保护适用本办法第十六条至第十九条的规定。

第三十条 发行分离交易的可转换公司债券，发行人提供担保的，适用本办法第二十条第二款至第四款的规定。

第三十一条 认股权证上市交易的，认股权证约定的要素应当包括行权价格、存续期间、行权期间或行权日、行权比例。

第三十二条 认股权证的行权价格应不低于公告募集说明书日前二十个交易日公司股票均价和前一个交易日的均价。

第三十三条 认股权证的存续期间不超过公司债券的期限，自发行结束之日起不少于六个月。

募集说明书公告的权证存续期限不得调整。

第三十四条 认股权证自发行结束至少已满六个月起方可行权，行权期间为存续期限届满前的一段期间，或者是存续期限内的特定交易日。

第三十五条 分离交易的可转换公司债券募集说明书应当约定，上市公司改变公告的募集资金用途的，赋予债券持有人一次回售的权利。

第三章 非公开发行股票的条件

第三十六条 本办法规定的非公开发行股票，是指上市公司采用非公开方式，向特定对象发行股票的行为。

第三十七条 非公开发行股票的特定对象应当符合下列规定：

（一）特定对象符合股东大会决议规定的条件；

（二）发行对象不超过三十五名。

发行对象为境外战略投资者的，应当遵守国家的相关规定。

第三十八条 上市公司非公开发行股票，应当符合下列规定：

（一）发行价格不低于定价基准日前二十个交易日公司股票均价的百分之八十；

（二）本次发行的股份自发行结束之日起，六个月内不得转让；控股股东、实际控制人及其控制的企业认购的股份，十八个月内不得转让；

（三）募集资金使用符合本办法第十条的规定；

（四）本次发行将导致上市公司控制权发生变化的，还应当符合中国证监会的其他规定。

第三十九条 上市公司存在下列情形之一的,不得非公开发行股票:

(一)本次发行申请文件有虚假记载、误导性陈述或重大遗漏;

(二)上市公司的权益被控股股东或实际控制人严重损害且尚未消除;

(三)上市公司及其附属公司违规对外提供担保且尚未解除;

(四)现任董事、高级管理人员最近三十六个月内受到过中国证监会的行政处罚,或者最近十二个月内受到过证券交易所公开谴责;

(五)上市公司或其现任董事、高级管理人员因涉嫌犯罪正被司法机关立案侦查或涉嫌违法违规正被中国证监会立案调查;

(六)最近一年及一期财务报表被注册会计师出具保留意见、否定意见或无法表示意见的审计报告。保留意见、否定意见或无法表示意见所涉及事项的重大影响已经消除或者本次发行涉及重大重组的除外;

(七)严重损害投资者合法权益和社会公共利益的其他情形。

第四章 发行程序

第四十条 上市公司申请发行证券,董事会应当依法就下列事项作出决议,并提请股东大会批准:

(一)本次证券发行的方案;

(二)本次募集资金使用的可行性报告;

(三)前次募集资金使用的报告;

(四)其他必须明确的事项。

第四十一条 股东大会就发行股票作出的决定,至少应当包括下列事项:

(一)本次发行证券的种类和数量;

(二)发行方式、发行对象及向原股东配售的安排;

(三)定价方式或价格区间;

(四)募集资金用途;

(五)决议的有效期;

(六)对董事会办理本次发行具体事宜的授权;

(七)其他必须明确的事项。

第四十二条 股东大会就发行可转换公司债券作出的决定,至少应当包括下列事项:

(一)本办法第四十一条规定的事项;

(二)债券利率;

（三）债券期限；

（四）担保事项；

（五）回售条款；

（六）还本付息的期限和方式；

（七）转股期；

（八）转股价格的确定和修正。

第四十三条 股东大会就发行分离交易的可转换公司债券作出的决定，至少应当包括下列事项：

（一）本办法第四十一条、第四十二条第（二）项至第（六）项规定的事项；

（二）认股权证的行权价格；

（三）认股权证的存续期限；

（四）认股权证的行权期间或行权日。

第四十四条 股东大会就发行证券事项作出决议，必须经出席会议的股东所持表决权的三分之二以上通过。向本公司特定的股东及其关联人发行证券的，股东大会就发行方案进行表决时，关联股东应当回避。

上市公司就发行证券事项召开股东大会，应当提供网络或者其他方式为股东参加股东大会提供便利。

第四十五条 上市公司申请公开发行证券或者非公开发行新股，应当由保荐人保荐，并向中国证监会申报。

保荐人应当按照中国证监会的有关规定编制和报送发行申请文件。

第四十六条 中国证监会依照下列程序审核发行证券的申请：

（一）收到申请文件后，五个工作日内决定是否受理；

（二）中国证监会受理后，对申请文件进行初审；

（三）发行审核委员会审核申请文件；

（四）中国证监会作出核准或者不予核准的决定。

第四十七条 自中国证监会核准发行之日起，上市公司应在十二个月内发行证券；超过十二个月未发行的，核准文件失效，须重新经中国证监会核准后方可发行。

第四十八条 上市公司发行证券前发生重大事项的，应暂缓发行，并及时报告中国证监会。该事项对本次发行条件构成重大影响的，发行证券的申请应重新经过中国证监会核准。

第四十九条 上市公司发行证券，应当由证券公司承销；非公开发行股票，发行对象均属于原前十名股东的，可以由上市公司自行销售。

第五十条 证券发行申请未获核准的上市公司，自中国证监会作出不予核准的决定之日起六个月后，可再次提出证券发行申请。

第五章 信息披露

第五十一条 上市公司发行证券，应当按照中国证监会规定的程序、内容和格式，编制公开募集证券说明书或者其他信息披露文件，依法履行信息披露义务。

第五十二条 上市公司应当保证投资者及时、充分、公平地获得法定披露的信息，信息披露文件使用的文字应当简洁、平实、易懂。

中国证监会规定的内容是信息披露的最低要求，凡对投资者投资决策有重大影响的信息，上市公司均应充分披露。

第五十三条 证券发行议案经董事会表决通过后，应当在两个工作日内报告证券交易所，公告召开股东大会的通知。

使用募集资金收购资产或者股权的，应当在公告召开股东大会通知的同时，披露该资产或者股权的基本情况、交易价格、定价依据以及是否与公司股东或其他关联人存在利害关系。

第五十四条 股东大会通过本次发行议案之日起两个工作日内，上市公司应当公布股东大会决议。

第五十五条 上市公司收到中国证监会关于本次发行申请的下列决定后，应当在次一工作日予以公告：

（一）不予受理或者终止审查；

（二）不予核准或者予以核准。

上市公司决定撤回证券发行申请的，应当在撤回申请文件的次一工作日予以公告。

第五十六条 上市公司全体董事、监事、高级管理人员应当在公开募集证券说明书上签字，保证不存在虚假记载、误导性陈述或者重大遗漏，并声明承担个别和连带的法律责任。

第五十七条 保荐机构及保荐代表人应当对公开募集证券说明书的内容进行尽职调查并签字，确认不存在虚假记载、误导性陈述或者重大遗漏，并声明承担相应的法律责任。

第五十八条 为证券发行出具专项文件的注册会计师、资产评估人员、资信评级人员、律师及其所在机构，应当按照本行业公认的业务标准和道德规范出具文件，并声明对所出具文件的真实性、准确性和完整性承担责任。

第五十九条 公开募集证券说明书所引用的审计报告、盈利预测审核报告、资产评估报告、资信评级报告，应当由有资格的证券服务机构出具，并由至少两名有从业资格的人员签署。

公开募集证券说明书所引用的法律意见书，应当由律师事务所出具，并由至少两名经办律师签署。

第六十条 公开募集证券说明书自最后签署之日起六个月内有效。

公开募集证券说明书不得使用超过有效期的资产评估报告或者资信评级报告。

第六十一条 上市公司在公开发行证券前的二至五个工作日内，应当将经中国证监会核准的募集说明书摘要或者募集意向书摘要刊登在至少一种中国证监会指定的报刊，同时将其全文刊登在中国证监会指定的互联网网站，置备于中国证监会指定的场所，供公众查阅。

第六十二条 上市公司在非公开发行新股后，应当将发行情况报告书刊登在至少一种中国证监会指定的报刊，同时将其刊登在中国证监会指定的互联网网站，置备于中国证监会指定的场所，供公众查阅。

第六十三条 上市公司可以将公开募集证券说明书全文或摘要、发行情况公告书刊登于其他网站和报刊，但不得早于按照第六十一条、第六十二条规定披露信息的时间。

第六章 监管和处罚

第六十四条 上市公司违反本办法规定，中国证监会可以责令整改；对其直接负责的主管人员和其他直接责任人员，可以采取监管谈话、认定为不适当人选等行政监管措施，记入诚信档案并公布。

第六十五条 上市公司及其直接负责的主管人员和其他直接责任人员违反法律、行政法规或本办法规定，依法应予行政处罚的，依照有关规定进行处罚；涉嫌犯罪的，依法移送司法机关，追究其刑事责任。

第六十六条 上市公司提供的申请文件中有虚假记载、误导性陈述或重大遗漏的，中国证监会可作出终止审查决定，并在三十六个月内不再受理该公司的公开发行证券申请。

第六十七条 上市公司披露盈利预测的，利润实现数如未达到盈利预测的百分之八十，除因不可抗力外，其法定代表人、盈利预测审核报告签字注册会计师应当在股东大会及中国证监会指定报刊上公开作出解释并道歉；中国证监会可以对法定代表人处以警告。

利润实现数未达到盈利预测的百分之五十的，除因不可抗力外，中国证监会在三十六个月内不受理该公司的公开发行证券申请。

第六十八条 上市公司违反本办法第十条第(三)项和第(四)项规定的,中国证监会可以责令改正,并在三十六个月内不受理该公司的公开发行证券申请。

第六十九条 为证券发行出具审计报告、法律意见、资产评估报告、资信评级报告及其他专项文件的证券服务机构和人员,在其出具的专项文件中存在虚假记载、误导性陈述或重大遗漏的,除承担证券法规定的法律责任外,中国证监会十二个月内不接受相关机构出具的证券发行专项文件,三十六个月内不接受相关人员出具的证券发行专项文件。

第七十条 承销机构在承销非公开发行的新股时,将新股配售给不符合本办法第三十七条规定的对象的,中国证监会可以责令改正,并在三十六个月内不接受其参与证券承销。

第七十一条 上市公司在非公开发行新股时,违反本办法第四十九条规定的,中国证监会可以责令改正,并在三十六个月内不受理该公司的公开发行证券申请。

第七十二条 本办法规定的特定对象违反规定,擅自转让限售期限未满的股票的,中国证监会可以责令改正,情节严重的,十二个月内不得作为特定对象认购证券。

第七十三条 上市公司和保荐机构、承销商向参与认购的投资者提供财务资助或补偿的,中国证监会可以责令改正;情节严重的,处以警告、罚款。

第七章 附 则

第七十四条 上市公司发行以外币认购的证券的办法、上市公司向员工发行证券用于激励的办法,由中国证监会另行规定。

第七十五条 依据本办法通过非公开发行股票取得的上市公司股份,其减持不适用《上市公司股东、董监高减持股份的若干规定》的有关规定。

第七十六条 本办法自2006年5月8日起施行。《上市公司新股发行管理办法》(证监会令第1号)、《关于做好上市公司新股发行工作的通知》(证监发〔2001〕43号)、《关于上市公司增发新股有关条件的通知》(证监发〔2002〕55号)、《上市公司发行可转换公司债券实施办法》(证监会令第2号)和《关于做好上市公司可转换公司债券发行工作的通知》(证监发行字〔2001〕115号)同时废止。

关于修改《创业板上市公司证券发行管理暂行办法》的决定

（2020年2月14日中国证券监督管理委员会令第164号公布
自公布之日起施行　国司备字[2020001677]）

一、第九条修改为："上市公司发行证券，应当符合《证券法》规定的条件，并且符合以下规定：

"（一）最近二年盈利，净利润以扣除非经常性损益前后孰低者为计算依据；但上市公司非公开发行股票的除外；

"（二）会计基础工作规范，经营成果真实。内部控制制度健全且被有效执行，能够合理保证公司财务报告的可靠性、生产经营的合法性，以及营运的效率与效果；

"（三）最近二年按照上市公司章程的规定实施现金分红；

"（四）最近三年及一期财务报表未被注册会计师出具否定意见或者无法表示意见的审计报告；被注册会计师出具保留意见或者带强调事项段的无保留意见审计报告的，所涉及的事项对上市公司无重大不利影响或者在发行前重大不利影响已经消除；

"（五）上市公司与控股股东或者实际控制人的人员、资产、财务分开，机构、业务独立，能够自主经营管理。上市公司最近十二个月内不存在违规对外提供担保或者资金被上市公司控股股东、实际控制人及其控制的其他企业以借款、代偿债务、代垫款项或者其他方式占用的情形。"

二、删除第十一条第（一）项。

三、第十五条修改为："非公开发行股票的特定对象应当符合下列规定：

"（一）特定对象符合股东大会决议规定的条件；

"（二）发行对象不超过三十五名。

"发行对象为境外战略投资者的，应当遵守国家的相关规定。"

四、第十六条修改为："上市公司非公开发行股票，应当符合下列规定：

"（一）发行价格不低于定价基准日前二十个交易日公司股票均价的百分之八十；

"（二）本次发行的股份自发行结束之日起，六个月内不得转让；控股股东、实际控制人及其控制的企业认购的股份，十八个月内不得转让；

“（三）本次发行将导致上市公司控制权发生变化的，还应当符合中国证监会的其他规定。”

五、删除第十七条。

六、第三十二条改为三十一条，修改为：“股东大会就发行可转换公司债券作出的决定，应当至少包括下列事项：

“（一）本办法第三十条规定的事项；

“（二）债券利率；

“（三）债券期限；

“（四）回售条款；

“（五）还本付息的期限和方式；

“（六）转股期；

“（七）转股价格的确定和修正。”

七、第三十四条改为第三十三条，修改为：“上市公司年度股东大会可以根据公司章程的规定，授权董事会决定非公开发行融资总额不超过最近一年末净资产百分之十的股票，该项授权在下一年度股东大会召开日失效。

“上市公司年度股东大会给予董事会前款授权的，应当按照本办法第三十条的规定通过相关决议，作为董事会行使授权的前提条件。”

八、第三十五条改为第三十四条，修改为：“上市公司申请发行证券，应当由保荐人保荐，但是根据本办法第三十六条规定适用简易程序且根据本办法第三十九条规定采取自行销售的除外。

“保荐人或者上市公司应当按照中国证监会的有关规定编制和报送发行申请文件。”

九、第三十六条改为第三十五条，修改为：“中国证监会依照下列程序审核发行证券的申请：

“（一）收到申请文件后，五个工作日内决定是否受理；

“（二）中国证监会受理后，对申请文件进行初审；

“（三）发行审核委员会审核申请文件；

“（四）中国证监会作出核准或者不予核准的决定。”

十、第三十八条改为第三十七条，修改为：“上市公司应当自中国证监会核准之日起十二个月内发行证券。超过十二个月未发行的，核准文件失效，须重新经中国证监会核准后方可发行。”

十一、第五十二条改为第五十一条，修改为：“上市公司可以将公开发行证券募集说明书、发行情况报告书刊登于其他网站，但不得早于按照本办法第四十九条、第五十条规定披露信息的时间。”

十二、第五十九条改为第五十八条,修改为:“上市公司违反本办法第十一条第(二)项、第(三)项规定的,中国证监会可以责令改正;情节严重的,自确认之日起三十六个月内不受理该公司的发行证券申请。”

十三、第六十二条改为第六十一条,修改为:“保荐人以不正当手段干扰中国证监会及其发行审核委员会审核工作的,保荐人或其相关签名人员的签名、盖章系伪造或变造的,或者不履行其他法定职责的,依照《证券法》和保荐制度的有关规定处理。”

十四、第六十五条改为第六十四条,修改为:“上市公司在非公开发行新股时,违反本办法第三十九条规定的,中国证监会可以责令改正;情节严重的,自确认之日起三十六个月内不受理该上市公司的发行证券申请。”

十五、增加一条,作为第六十七条:“依据本办法通过非公开发行股票取得的上市公司股份,其减持不适用《上市公司股东、董监高减持股份的若干规定》的有关规定。”

本决定自 2020 年 2 月 14 日起施行。

《创业板上市公司证券发行管理暂行办法》根据本决定作相应修改,并对条文顺序作相应调整,重新公布。

创业板上市公司证券发行管理暂行办法

(2014 年 5 月 14 日中国证券监督管理委员会令第 100 号公布
根据 2020 年 2 月 14 日《中国证券监督管理委员会关于修改〈创业板上市公司证券发行管理暂行办法〉的决定》修订)

第一章　总　　则

第一条　为了规范创业板上市公司(以下简称上市公司)证券发行行为,保护投资者的合法权益和社会公共利益,根据《证券法》《公司法》制定本办法。

第二条　上市公司申请在境内发行证券,适用本办法。

本办法所称证券,指下列证券品种:

(一)股票;

(二)可转换公司债券;

(三)中国证券监督管理委员会(以下简称中国证监会)认可的其他品种。

第三条　上市公司发行证券,可以向不特定对象公开发行,也可以向特定对象非公开发行。

第四条 上市公司发行证券，必须真实、准确、完整、及时、公平地披露或者提供信息，不得有虚假记载、误导性陈述或者重大遗漏。

上市公司作为信息披露第一责任人，应当及时向保荐人、证券服务机构提供真实、准确、完整的财务会计资料和其他资料，全面配合保荐人、证券服务机构开展尽职调查。

第五条 保荐人应当严格履行法定职责，遵守业务规则和行业规范，对保荐的上市公司的申请文件和证券服务机构出具的专业意见进行审慎核查，督导上市公司规范运作，对上市公司是否具备持续盈利能力、是否符合发行条件作出专业判断，并确保所出具的发行保荐书和上市公司的申请文件真实、准确、完整、及时。

第六条 为证券发行出具文件的证券服务机构和人员，应当严格履行法定职责，遵照本行业的业务标准和执业规范，对上市公司的相关业务资料进行核查和验证，确保所出具的专业文件真实、准确、完整、及时。

第七条 上市公司应当建立投资者保护机制，优化投资回报机制，保障投资者的知情权和参与权等权利，切实保护投资者特别是中小投资者的合法权益。

第八条 中国证监会对上市公司证券发行的核准，不表明其对该证券的投资价值或者投资者的收益作出实质性判断或者保证。投资者应当自主判断上市公司的投资价值并作出投资决策，自行承担因上市公司经营与收益的变化引致的投资风险。

第二章 发行证券的条件

第一节 一般规定

第九条 上市公司发行证券，应当符合《证券法》规定的条件，并且符合以下规定：

（一）最近二年盈利，净利润以扣除非经常性损益前后孰低者为计算依据；但上市公司非公开发行股票的除外；

（二）会计基础工作规范，经营成果真实。内部控制制度健全且被有效执行，能够合理保证公司财务报告的可靠性、生产经营的合法性，以及营运的效率与效果；

（三）最近二年按照上市公司章程的规定实施现金分红；

（四）最近三年及一期财务报表未被注册会计师出具否定意见或者无法表示意见的审计报告；被注册会计师出具保留意见或者带强调事项段的无保留意见审计报告的，所涉及的事项对上市公司无重大不利影响或者在发行前重大不利影响已经消除；

（五）上市公司与控股股东或者实际控制人的人员、资产、财务分开，机构、业务独立，能够自主经营管理。上市公司最近十二个月内不存在违规对外提供担保或者资金被上市公司控股股东、实际控制人及其控制的其他企业以借款、代偿债务、代垫款项或者其他方式占用的情形。

第十条 上市公司存在下列情形之一的，不得发行证券：

（一）本次发行申请文件有虚假记载、误导性陈述或者重大遗漏；

（二）最近十二个月内未履行向投资者作出的公开承诺；

（三）最近三十六个月内因违反法律、行政法规、规章受到行政处罚且情节严重，或者受到刑事处罚，或者因违反证券法律、行政法规、规章受到中国证监会的行政处罚；最近十二个月内受到证券交易所的公开谴责；因涉嫌犯罪被司法机关立案侦查或者涉嫌违法违规被中国证监会立案调查；

（四）上市公司控股股东或者实际控制人最近十二个月内因违反证券法律、行政法规、规章，受到中国证监会的行政处罚，或者受到刑事处罚；

（五）现任董事、监事和高级管理人员存在违反《公司法》第一百四十七条、第一百四十八条规定的行为，或者最近三十六个月内受到中国证监会的行政处罚、最近十二个月内受到证券交易所的公开谴责；因涉嫌犯罪被司法机关立案侦查或者涉嫌违法违规被中国证监会立案调查；

（六）严重损害投资者的合法权益和社会公共利益的其他情形。

第十一条 上市公司募集资金使用应当符合下列规定：

（一）本次募集资金用途符合国家产业政策和法律、行政法规的规定；

（二）除金融类企业外，本次募集资金使用不得为持有交易性金融资产和可供出售的金融资产、借予他人、委托理财等财务性投资，不得直接或者间接投资于以买卖有价证券为主要业务的公司；

（三）本次募集资金投资实施后，不会与控股股东、实际控制人产生同业竞争或者影响公司生产经营的独立性。

第二节 公开发行股票

第十二条 向原股东配售股份（以下简称配股），除符合本章第一节规定外，还应当符合下列规定：

（一）拟配售股份数量不超过本次配售股份前股本总额的百分之三十；

（二）控股股东应当在股东大会召开前公开承诺认配股份的数量；

（三）采用《证券法》规定的代销方式发行。

控股股东不履行认配股份的承诺，或者代销期限届满，原股东认购股票的数量未达到拟配售数量百分之七十的，上市公司应当按照发行价并加算银行同期存款利息返还已经认购的股东。

第十三条 向不特定对象公开募集股份（以下简称增发），除符合本章第一节规定外，还应当符合下列规定：

（一）除金融类企业外，最近一期末不存在持有金额较大的交易性金融资产和可供出售的金融资产、借予他人款项、委托理财等财务性投资的情形；

（二）发行价格不低于公告招股意向书前二十个交易日或者前一个交易日公司股票均价。

第三节 非公开发行股票

第十四条 上市公司非公开发行股票除符合本章第一节规定外，还应当符合本节的规定。

前款所称非公开发行股票，是指上市公司采用非公开方式，向特定对象发行股票的行为。

第十五条 非公开发行股票的特定对象应当符合下列规定：

（一）特定对象符合股东大会决议规定的条件；

（二）发行对象不超过三十五名。

发行对象为境外战略投资者的，应当遵守国家的相关规定。

第十六条 上市公司非公开发行股票，应当符合下列规定：

（一）发行价格不低于定价基准日前二十个交易日公司股票均价的百分之八十；

（二）本次发行的股份自发行结束之日起，六个月内不得转让；控股股东、实际控制人及其控制的企业认购的股份，十八个月内不得转让；

（三）本次发行将导致上市公司控制权发生变化的，还应当符合中国证监会的其他规定。

第四节 发行可转换公司债券

第十七条 公开发行可转换公司债券的上市公司，除应当符合《证券法》规定的条件外，还应当符合本章第一节和本节的规定。

前款所称可转换公司债券，是指上市公司依法发行、在一定期间内依据约定的条件可以转换成股份的公司债券。

第十八条 可转换公司债券的期限最短为一年。

第十九条 可转换公司债券每张面值一百元。

可转换公司债券的利率由上市公司与主承销商协商确定,但必须符合国家的有关规定。

第二十条 公开发行可转换公司债券,应当委托具有资格的资信评级机构进行信用评级和跟踪评级。

资信评级机构每年至少公告一次跟踪评级报告。

第二十一条 上市公司应当在可转换公司债券期满后五个工作日内办理完毕偿还债券余额本息的事项。

第二十二条 公开发行可转换公司债券,应当约定保护债券持有人权利的办法,以及债券持有人会议的权利、程序和决议生效条件。

存在下列事项之一的,应当召开债券持有人会议:

(一)拟变更募集说明书的约定;

(二)上市公司不能按期支付本息;

(三)上市公司减资、合并、分立、解散或者申请破产;

(四)保证人或者担保物发生重大变化;

(五)其他影响债券持有人重大权益的事项。

第二十三条 可转换公司债券自发行结束之日起六个月后方可转换为公司股票,转股期限由公司根据可转换公司债券的存续期限及公司财务状况确定。

债券持有人对转换股票或者不转换股票有选择权,并于转股的次日成为上市公司股东。

第二十四条 转股价格应当不低于募集说明书公告日前二十个交易日和前一个交易日公司股票均价。

前款所称转股价格,是指募集说明书事先约定的可转换公司债券转换为每股股份所支付的价格。

第二十五条 募集说明书可以约定赎回条款,规定上市公司可以按事先约定的条件和价格赎回尚未转股的可转换公司债券。

第二十六条 募集说明书可以约定回售条款,规定债券持有人可以按事先约定的条件和价格将所持债券回售给上市公司。

募集说明书应当约定,上市公司改变公告的募集资金用途的,赋予债券持有人一次回售的权利。

第二十七条 募集说明书应当约定转股价格调整的原则及方式。发行可转换公司债券后,因配股、送股、派息、分立及其他原因引起上市公司股份变动的,应当同时调整转股价格。

第二十八条 募集说明书约定转股价格向下修正条款的,应当同时约定:

(一)转股价格修正方案须提交公司股东大会表决,且须经出席会议的股东所持表决权的三分之二以上同意。股东大会进行表决时,持有公司可转换债券的股东应当回避;

(二)修正后的转股价格不低于前项规定的股东大会召开日前二十个交易日和前一个交易日公司股票均价。

第三章 发行程序

第二十九条 上市公司申请发行证券,董事会应当依法就下列事项作出决议,并提请股东大会批准:

(一)本次证券发行的方案;

(二)本次发行方案的论证分析报告;

(三)本次募集资金使用的可行性报告;

(四)其他必须明确的事项。

董事会在编制本次发行方案的论证分析报告时,应当结合上市公司所处行业和发展阶段、融资规划、财务状况、资金需求等情况进行论证分析,独立董事应当发表专项意见。论证分析报告至少包括下列内容:

(一)本次发行证券及其品种选择的必要性;

(二)本次发行对象的选择范围、数量和标准的适当性;

(三)本次发行定价的原则、依据、方法和程序的合理性;

(四)本次发行方式的可行性;

(五)本次发行方案的公平性、合理性;

(六)本次发行对原股东权益或者即期回报摊薄的影响以及填补的具体措施。

第三十条 股东大会就发行股票作出的决定,应当至少包括下列事项:

(一)本次发行证券的种类和数量;

(二)发行方式、发行对象及向原股东配售的安排;

(三)定价方式或者价格区间;

(四)募集资金用途;

(五)决议的有效期;

(六)对董事会办理本次发行具体事宜的授权;

(七)其他必须明确的事项。

第三十一条　股东大会就发行可转换公司债券作出的决定，应当至少包括下列事项：

（一）本办法第三十条规定的事项；

（二）债券利率；

（三）债券期限；

（四）回售条款；

（五）还本付息的期限和方式；

（六）转股期；

（七）转股价格的确定和修正。

第三十二条　股东大会就发行证券事项作出决议，必须经出席会议的股东所持表决权的三分之二以上通过，中小投资者表决情况应当单独计票。向本公司特定的股东及其关联人发行证券的，股东大会就发行方案进行表决时，关联股东应当回避。

上市公司就发行证券事项召开股东大会，应当提供网络投票的方式，公司还可以通过其他方式为股东参加股东大会提供便利。

第三十三条　上市公司年度股东大会可以根据公司章程的规定，授权董事会决定非公开发行融资总额不超过最近一年末净资产百分之十的股票，该项授权在下一年度股东大会召开日失效。

上市公司年度股东大会给予董事会前款授权的，应当按照本办法第三十条的规定通过相关决议，作为董事会行使授权的前提条件。

第三十四条　上市公司申请发行证券，应当由保荐人保荐，但是根据本办法第三十六条规定适用简易程序且根据本办法第三十九条规定采取自行销售的除外。

保荐人或者上市公司应当按照中国证监会的有关规定编制和报送发行申请文件。

第三十五条　中国证监会依照下列程序审核发行证券的申请：

（一）收到申请文件后，五个工作日内决定是否受理；

（二）中国证监会受理后，对申请文件进行初审；

（三）发行审核委员会审核申请文件；

（四）中国证监会作出核准或者不予核准的决定。

第三十六条　上市公司申请非公开发行股票融资额不超过人民币五千万元且不超过最近一年末净资产百分之十的，中国证监会适用简易程序，但是最近十二个月内上市公司非公开发行股票的融资总额超过最近一年末净资产百分之十的除外。

前款规定的简易程序,中国证监会自受理之日起十五个工作日内作出核准或者不予核准决定。

第三十七条 上市公司应当自中国证监会核准之日起十二个月内发行证券。超过十二个月未发行的,核准文件失效,须重新经中国证监会核准后方可发行。

第三十八条 上市公司发行证券前发生重大事项的,应当暂缓发行,并及时报告中国证监会。该事项对本次发行条件构成重大影响的,发行证券的申请应当重新经中国证监会核准。

第三十九条 上市公司公开发行证券,应当由证券公司承销。非公开发行股票符合以下情形之一的,可以由上市公司自行销售:

(一)发行对象为原前十名股东;

(二)发行对象为上市公司控股股东、实际控制人或者其控制的关联方;

(三)发行对象为上市公司董事、监事、高级管理人员或者员工;

(四)董事会审议相关议案时已经确定的境内外战略投资者或者其他发行对象;

(五)中国证监会认定的其他情形。

上市公司自行销售的,应当在董事会决议中确定发行对象,且不得采用竞价方式确定发行价格。

第四十条 证券发行申请未获核准的上市公司,自中国证监会作出不予核准的决定之日起六个月后,可以再次提出证券发行申请。

第四章 信息披露

第四十一条 上市公司发行证券,应当以投资者决策需求为导向,按照中国证监会规定的程序、内容和格式,编制公开发行证券募集说明书或者其他信息披露文件,依法履行信息披露义务。

第四十二条 上市公司应当保证投资者及时、充分、公平地获得法定披露的信息,信息披露文件使用的文字应当简洁、平实、浅白、易懂,便于中小投资者阅读。

中国证监会规定的内容是信息披露的最低要求,凡对投资者投资决策有重大影响的信息,上市公司均应当充分披露。

第四十三条 证券发行议案经董事会表决通过后,应当在二个工作日内报告证券交易所,公告召开股东大会的通知。

使用募集资金收购资产或者股权的,应当在公告召开股东大会通知的同时,披露该资产或者股权的基本情况、交易价格、定价依据以及是否与公司股东或者其他关联人存在利害关系。

第四十四条 股东大会通过本次发行议案之日起二个工作日内,上市公司应当披露股东大会决议公告。股东大会决议公告中应当包括中小投资者单独计票结果。

第四十五条 上市公司提出发行申请后,出现下列情形之一的,应当在次一工作日予以公告:

(一)收到中国证监会不予受理或者终止审查决定;

(二)收到中国证监会不予核准或者予以核准决定;

(三)上市公司撤回证券发行申请。

第四十六条 上市公司全体董事、监事、高级管理人员应当在公开发行证券募集说明书等证券发行信息披露文件上签字,保证不存在虚假记载、误导性陈述或者重大遗漏,并声明承担个别和连带的法律责任。

保荐人及保荐代表人应当声明对其保荐的上市公司公开发行证券募集说明书等证券发行信息披露文件的真实性、准确性、完整性和及时性承担责任。

为证券发行出具文件的证券服务机构和人员应当声明对所出具文件的真实性、准确性、完整性和及时性承担责任。

第四十七条 公开发行证券募集说明书等证券发行信息披露文件所引用的审计报告、盈利预测审核报告、资产评估报告、资信评级报告,应当由有资格的证券服务机构出具,并由至少二名有从业资格的人员签署。

公开发行证券募集说明书等证券发行信息披露文件所引用的法律意见书,应当由律师事务所出具,并由至少二名经办律师签署。

第四十八条 公开发行证券募集说明书自最后签署之日起六个月内有效。

公开发行证券募集说明书等证券发行信息披露文件不得使用超过有效期的资产评估报告或者资信评级报告。

第四十九条 上市公司在公开发行证券前的二至五个工作日内,应当将经中国证监会核准的公司发行证券募集说明书刊登在中国证监会指定的互联网网站,并置备于中国证监会指定的场所,供公众查阅。

第五十条 上市公司在非公开发行证券后的二个工作日内,应当将发行情况报告书刊登在中国证监会指定的互联网网站,并置备于中国证监会指定的场所,供公众查阅。

第五十一条 上市公司可以将公开发行证券募集说明书、发行情况报告书刊登于其他网站,但不得早于按照本办法第四十九条、第五十条规定披露信息的时间。

第五章 监管和处罚

第五十二条 上市公司违反本办法规定，中国证监会可以责令改正；对其直接负责的主管人员和其他直接责任人员，可以采取监管谈话、认定为不适当人选等监管措施，记入诚信档案并公布。

第五十三条 上市公司及其直接负责的主管人员和其他直接责任人员违反法律、行政法规或者本办法规定，依法应当予以行政处罚的，依照有关规定进行处罚；涉嫌犯罪的，依法移送司法机关，追究其刑事责任。

第五十四条 自申请文件受理之日起，上市公司及其控股股东、实际控制人、董事、监事、高级管理人员以及保荐人、证券服务机构及相关人员即对申请文件的真实性、准确性、完整性、及时性承担相应的法律责任。

上市公司报送的申请文件中记载的信息自相矛盾、或者就同一事实前后存在不同表述且有实质性差异的，中国证监会将中止审查并自确认之日起十二个月内不受理相关保荐代表人推荐的发行申请。

第五十五条 上市公司报送的申请文件中有虚假记载、误导性陈述或者重大遗漏的，中国证监会将终止审查并自确认之日起三十六个月内不受理该上市公司的发行证券申请，并依照《证券法》的有关规定进行处罚；致使投资者在证券交易中遭受损失的，应当依法承担赔偿责任。

第五十六条 上市公司在发行证券决策、申请、发行过程中，非法向他人提供尚未依法公开披露信息的，中国证监会可以对其直接负责的主管人员和其他直接责任人员采取监管谈话、认定为不适当人选等监管措施，并依照《证券法》的有关规定进行处罚或者追究相关责任。

第五十七条 上市公司披露盈利预测，利润实现数如未达到盈利预测的百分之八十的，除因不可抗力外，其法定代表人、财务负责人应当在股东大会及中国证监会指定网站、报刊上公开作出解释并道歉；情节严重的，中国证监会给予警告等行政处罚。

利润实现数未达到盈利预测的百分之五十的，除因不可抗力外，中国证监会还可以自确认之日起三十六个月内不受理该上市公司的发行证券申请。

注册会计师为上述盈利预测出具审核报告的过程中未勤勉尽责的，中国证监会将视情节轻重，对相关机构和责任人员采取监管谈话等监管措施，记入诚信档案并公布；情节严重的，给予警告等行政处罚。

第五十八条 上市公司违反本办法第十一条第（二）项、第（三）项规定的，中国证监会可以责令改正；情节严重的，自确认之日起三十六个月内不受理该公司的发行证券申请。

第五十九条 上市公司及其董事、高级管理人员以及上市公司控股股东、实际控制人及其控制的关联方违反所作出的与上市公司证券发行相关的约定或者承诺的，中国证监会可以对其采取监管谈话、责令公开说明、责令改正、认定为不适当人选等监管措施。

上市公司控股股东或者实际控制人最近十二个月内未履行持股意向等公开承诺的，不得参与本上市公司发行证券认购。

第六十条 保荐人出具有虚假记载、误导性陈述或者重大遗漏的发行保荐书的，中国证监会可以责令改正，并依照《证券法》和保荐制度的有关规定进行处理；致使投资者遭受损失的，应当依法承担赔偿责任。

第六十一条 保荐人以不正当手段干扰中国证监会及其发行审核委员会审核工作的，保荐人或其相关签名人员的签名、盖章系伪造或变造的，或者不履行其他法定职责的，依照《证券法》和保荐制度的有关规定处理。

第六十二条 为证券发行出具审计报告、法律意见、资产评估报告、资信评级报告及其他专项文件的证券服务机构和人员，在其出具的专项文件中存在虚假记载、误导性陈述或者重大遗漏，中国证监会自确认之日起十二个月内不接受相关机构出具的证券发行专项文件，三十六个月内不接受相关人员出具的证券发行专项文件；致使投资者遭受损失的，应当依法承担赔偿责任。

第六十三条 承销机构在承销非公开发行的证券时，将证券配售给不符合本办法第十五条规定的对象的，中国证监会可以责令改正；情节严重的，自确认之日起三十六个月内不接受其参与证券承销。

第六十四条 上市公司在非公开发行新股时，违反本办法第三十九条规定的，中国证监会可以责令改正；情节严重的，自确认之日起三十六个月内不受理该上市公司的发行证券申请。

第六十五条 本办法规定的特定对象违反规定，擅自转让限售期限未满的股票的，中国证监会可以责令改正；情节严重的，自确认之日起十二个月内不得作为特定对象认购证券。

第六章　附　则

第六十六条 上市公司向员工发行证券用于激励的办法、上市公司发行优先股的办法法律法规另有规定的，适用其规定。

第六十七条 依据本办法通过非公开发行股票取得的上市公司股份，其减持不适用《上市公司股东、董监高减持股份的若干规定》的有关规定。

第六十八条 本办法自公布之日起施行。

住房和城乡建设部关于修改《工程造价咨询企业管理办法》《注册造价工程师管理办法》的决定

(2020 年 2 月 19 日住房和城乡建设部令第 50 号公布 自公布之日起施行 国司备字[2020001651])

为贯彻落实国务院深化“放管服”改革、优化营商环境的要求,住房和城乡建设部决定:

一、删去《工程造价咨询企业管理办法》(建设部令第 149 号,根据住房城乡建设部令第 24 号、住房城乡建设部令第 32 号修正)第九条第二项。

第九条第三项改为第二项,其中的“造价工程师”修改为“一级造价工程师”。

第九条第四项改为第三项,修改为:“专职从事工程造价专业工作的人员(以下简称专职专业人员)不少于 12 人,其中,具有工程(或工程经济类)中级以上专业技术职称或者取得二级造价工程师注册证书的人员合计不少于 10 人;取得一级造价工程师注册证书的人员不少于 6 人,其他人员具有从事工程造价专业工作的经历”。

删去第九条第六项、第八项、第九项。

第九条第十一项改为第七项,其中的“第二十七条”修改为“第二十五条”。

删去第十条第一项。

第十条第二项改为第一项,其中的“造价工程师”修改为“一级造价工程师”。

第十条第三项改为第二项,修改为:“专职专业人员不少于 6 人,其中,具有工程(或工程经济类)中级以上专业技术职称或者取得二级造价工程师注册证书的人员合计不少于 4 人;取得一级造价工程师注册证书的人员不少于 3 人,其他人员具有从事工程造价专业工作的经历”。

删去第十条第五项、第六项、第七项。

第十条第十项改为第六项,其中的“第二十七条”修改为“第二十五条”。

第十三条修改为："企业在申请工程造价咨询甲级（或乙级）资质，以及在资质延续、变更时，应当提交以下申报材料：

"（一）工程造价咨询企业资质申请书（含企业法定代表人承诺书）；

"（二）专职专业人员（含技术负责人）的中级以上专业技术职称证书和身份证；

"（三）企业开具的工程造价咨询营业收入发票和对应的工程造价咨询合同（如发票能体现工程造价咨询业务的，可不提供对应的工程造价咨询合同；新申请工程造价咨询企业资质的，不需提供）；

"（四）工程造价咨询企业资质证书（新申请工程造价咨询企业资质的，不需提供）；

"（五）企业营业执照。

"企业在申请工程造价咨询甲级（或乙级）资质，以及在资质延续、变更时，企业法定代表人应当对下列事项进行承诺，并由资质许可机关调查核实：

"（一）企业与专职专业人员签订劳动合同；

"（二）企业缴纳营业收入的增值税；

"（三）企业为专职专业人员（含技术负责人）缴纳本年度社会基本养老保险费用。"

第十四条第一款中的"第（九）项"修改为"第（四）项"。

第十五条第三款修改为："工程造价咨询企业遗失资质证书的，应当向资质许可机关申请补办，由资质许可机关在官网发布信息。"

第十九条第三款中的"5000 万元"修改为"2 亿元"。

删去第二十三条、第二十四条。

第四十条改为第三十八条，修改为："违反本办法第二十三条规定，跨省、自治区、直辖市承接业务不备案的，由县级以上地方人民政府住房城乡建设主管部门或者有关专业部门给予警告，责令限期改正；逾期未改正的，可处以 5000 元以上 2 万元以下的罚款。"

第四十一条改为第三十九条，其中的"第二十七条"修改为"第二十五条"。

删去第四十四条。

二、将《注册造价工程师管理办法》（建设部令第 150 号，根据住房城乡建设部令第 32 号修正）第三条修改为："本办法所称注册造价工程师，是指通过土木建筑工程或者安装工程专业造价工程师职业资格考试取得造价工程师职业资格证书或者通过资格认定、资格互认，并按照本办法注册后，从事工程造价活动的专业人员。注册造价工程师分为一级注册造价工程师和二级注册造价工程师。”

第四条修改为：“国务院住房城乡建设主管部门对全国注册造价工程师的注册、执业活动实施统一监督管理，负责实施全国一级注册造价工程师的注册，并负责建立全国统一的注册造价工程师注册信息管理平台；国务院有关专业部门按照国务院规定的职责分工，对本行业注册造价工程师的执业活动实施监督管理。

“省、自治区、直辖市人民政府住房城乡建设主管部门对本行政区域内注册造价工程师的执业活动实施监督管理，并实施本行政区域二级注册造价工程师的注册。”

第六条、第七条中的“执业资格”修改为“职业资格”。

第七条第三项中的“第十二条”修改为“第十三条”。

第八条修改为：“符合注册条件的人员申请注册的，可以向聘用单位工商注册所在地的省、自治区、直辖市人民政府住房城乡建设主管部门或者国务院有关专业部门提交申请材料。

“申请一级注册造价工程师初始注册，省、自治区、直辖市人民政府住房城乡建设主管部门或者国务院有关专业部门收到申请材料后，应当在5日内将申请材料报国务院住房城乡建设主管部门。国务院住房城乡建设主管部门在收到申请材料后，应当依法做出是否受理的决定，并出具凭证；申请材料不齐全或者不符合法定形式的，应当在5日内一次性告知申请人需要补正的全部内容。逾期不告知的，自收到申请材料之日起即为受理。国务院住房城乡建设主管部门应当自受理之日起20日内作出决定。

“申请二级注册造价工程师初始注册，省、自治区、直辖市人民政府住房城乡建设主管部门收到申请材料后，应当依法做出是否受理的决定，并出具凭证；申请材料不齐全或者不符合法定形式的，应当在5日内一次性告知申请人需要补正的全部内容。逾期不告知的，自收到申请材料之日起即为受理。省、自治区、直辖市人民政府住房城乡建设主管部门应当自受理之日起20日内作出决定。

“申请一级注册造价工程师变更注册、延续注册，省、自治区、直辖市人民政府住房城乡建设主管部门或者国务院有关专业部门收到申请材料后，应当在5日内将申请材料报国务院住房城乡建设主管部门，国务院住房城乡建设主管部门应当自受理之日起10日内作出决定。

“申请二级注册造价工程师变更注册、延续注册，省、自治区、直辖市人民政府住房城乡建设主管部门收到申请材料后，应当自受理之日起10日内作出决定。

“注册造价工程师的初始、变更、延续注册，通过全国统一的注册造价工程师注册信息管理平台实行网上申报、受理和审批。”

第十四条改为第九条，修改为：“准予注册的，由国务院住房城乡建设主管部门或者省、自治区、直辖市人民政府住房城乡建设主管部门(以下简称注册机关)核发注册造价工程师注册证书，注册造价工程师按照规定自行制作执业印章。

“注册证书和执业印章是注册造价工程师的执业凭证，由注册造价工程师本人保管、使用。注册证书、执业印章的样式以及编码规则由国务院住房城乡建设主管部门统一制定。

“一级注册造价工程师注册证书由国务院住房城乡建设主管部门印制；二级注册造价工程师注册证书由省、自治区、直辖市人民政府住房城乡建设主管部门按照规定分别印制。

“注册造价工程师遗失注册证书，应当按照本办法第八条规定的延续注册程序申请补发，并由注册机关在官网发布信息。”

第九条改为第十条，修改为：“取得职业资格证书的人员，可自职业资格证书签发之日起 1 年内申请初始注册。逾期未申请者，须符合继续教育的要求后方可申请初始注册。初始注册的有效期为 4 年。

“申请初始注册的，应当提交下列材料：

“(一)初始注册申请表；

“(二)职业资格证书和身份证件；

“(三)与聘用单位签订的劳动合同；

“(四)取得职业资格证书的人员，自资格证书签发之日起 1 年后申请初始注册的，应当提供当年的继续教育合格证明；

“(五)外国人应当提供外国人就业许可证书。

“申请初始注册时，造价工程师本人和单位应当对下列事项进行承诺，并由注册机关调查核实：

“(一)受聘于工程造价岗位；

“(二)聘用单位为其交纳社会基本养老保险或者已办理退休。”

第十条改为第十一条，第二款第三项修改为：“与聘用单位签订的劳动合同”。

删去第二款第四项。

增加一款，作为第三款：“申请延续注册时，造价工程师本人和单位应对其前一个注册的工作业绩进行承诺，并由注册机关调查核实。”

第十一条改为第十二条，修改为：“在注册有效期内，注册造价工程师变更执业单位的,应当与原聘用单位解除劳动合同,并按照本办法第八条规定的程序,到新聘用单位工商注册所在地的省、自治区、直辖市人民政府住房城乡建设主管部门或者国务院有关专业部门办理变更注册手续。变更注册后延续原注册有效期。

“申请变更注册的,应当提交下列材料:

“(一)变更注册申请表;

“(二)注册证书;

“(三)与新聘用单位签订的劳动合同。

“申请变更注册时,造价工程师本人和单位应当对下列事项进行承诺,并由注册机关调查核实:

“(一)与原聘用单位解除劳动合同;

“(二)聘用单位为其交纳社会基本养老保险或者已办理退休。”

第十三条改为第十四条,修改为:“被注销注册或者不予注册者,在具备注册条件后重新申请注册的,按照本办法第八条规定的程序办理。”

第十五条修改为:“一级注册造价工程师执业范围包括建设项目全过程的工程造价管理与工程造价咨询等,具体工作内容:

“(一)项目建议书、可行性研究投资估算与审核,项目评价造价分析;

“(二)建设工程设计概算、施工预算编制和审核;

“(三)建设工程招标投标文件工程量和造价的编制与审核;

“(四)建设工程合同价款、结算价款、竣工决算价款的编制与管理;

“(五)建设工程审计、仲裁、诉讼、保险中的造价鉴定,工程造价纠纷调解;

“(六)建设工程计价依据、造价指标的编制与管理;

“(七)与工程造价管理有关的其他事项。

“二级注册造价工程师协助一级注册造价工程师开展相关工作,并可以独立开展以下工作:

“(一)建设工程工料分析、计划、组织与成本管理,施工图预算、设计概算编制;

“(二)建设工程量清单、最高投标限价、投标报价编制;

“(三)建设工程合同价款、结算价款和竣工决算价款的编制。”

第十六条第二项修改为:“依法从事工程造价业务”。

第十八条修改为:“注册造价工程师应当根据执业范围,在本人形成的工程造价成果文件上签字并加盖执业印章,并承担相应的法律责任。最终出具的工程造价成果文件应当由一级注册造价工程师审核并签字盖章。”

第二十条增加一项,作为第九项:“超出执业范围、注册专业范围执业”。

第二十二条修改为："注册造价工程师应当适应岗位需要和职业发展的要求，按照国家专业技术人员继续教育的有关规定接受继续教育，更新专业知识，提高专业水平。"

第二十四条中的"注册机关"修改为"国务院住房城乡建设主管部门"。

第三十九条修改为："造价工程师职业资格考试工作按照国务院人力资源社会保障主管部门的有关规定执行。"

此外，对相关条文序号作相应调整。

本决定自公布之日起施行。以上 2 部部门规章根据本决定作相应的修正，重新公布。

工程造价咨询企业管理办法

（2006 年 3 月 22 日建设部令第 149 号公布　根据 2015 年 5 月 4 日《住房和城乡建设部关于修改〈房地产开发企业资质管理规定〉等部门规章的决定》第一次修订　根据 2016 年 9 月 13 日《住房城乡建设部关于修改〈勘察设计注册工程师管理规定〉等 11 个部门规章的决定》第二次修订　根据 2020 年 2 月 19 日《住房和城乡建设部关于修改〈工程造价咨询企业管理办法〉〈注册造价工程师管理办法〉的决定》第三次修订）

第一章　总　　则

第一条　为了加强对工程造价咨询企业的管理，提高工程造价咨询工作质量，维护建设市场秩序和社会公共利益，根据《中华人民共和国行政许可法》、《国务院对确需保留的行政审批项目设定行政许可的决定》，制定本办法。

第二条　在中华人民共和国境内从事工程造价咨询活动，实施对工程造价咨询企业的监督管理，应当遵守本办法。

第三条　本办法所称工程造价咨询企业，是指接受委托，对建设项目投资、工程造价的确定与控制提供专业咨询服务的企业。

第四条　工程造价咨询企业应当依法取得工程造价咨询企业资质，并在其资质等级许可的范围内从事工程造价咨询活动。

第五条　工程造价咨询企业从事工程造价咨询活动，应当遵循独立、客观、公正、诚实信用的原则，不得损害社会公共利益和他人的合法权益。

任何单位和个人不得非法干预依法进行的工程造价咨询活动。

第六条 国务院住房城乡建设主管部门负责全国工程造价咨询企业的统一监督管理工作。

省、自治区、直辖市人民政府住房城乡建设主管部门负责本行政区域内工程造价咨询企业的监督管理工作。

有关专业部门负责对本专业工程造价咨询企业实施监督管理。

第七条 工程造价咨询行业组织应当加强行业自律管理。

鼓励工程造价咨询企业加入工程造价咨询行业组织。

第二章 资质等级与标准

第八条 工程造价咨询企业资质等级分为甲级、乙级。

第九条 甲级工程造价咨询企业资质标准如下：

（一）已取得乙级工程造价咨询企业资质证书满3年；

（二）技术负责人已取得一级造价工程师注册证书，并具有工程或工程经济类高级专业技术职称，且从事工程造价专业工作15年以上；

（三）专职从事工程造价专业工作的人员（以下简称专职专业人员）不少于12人，其中，具有工程（或工程经济类）中级以上专业技术职称或者取得二级造价工程师注册证书的人员合计不少于10人；取得一级造价工程师注册证书的人员不少于6人，其他人员具有从事工程造价专业工作的经历；

（四）企业与专职专业人员签订劳动合同，且专职专业人员符合国家规定的职业年龄（出资人除外）；

（五）企业近3年工程造价咨询营业收入累计不低于人民币500万元；

（六）企业为本单位专职专业人员办理的社会基本养老保险手续齐全；

（七）在申请核定资质等级之日前3年内无本办法第二十五条禁止的行为。

第十条 乙级工程造价咨询企业资质标准如下：

（一）技术负责人已取得一级造价工程师注册证书，并具有工程或工程经济类高级专业技术职称，且从事工程造价专业工作10年以上；

（二）专职专业人员不少于6人，其中，具有工程（或工程经济类）中级以上专业技术职称或者取得二级造价工程师注册证书的人员合计不少于4人；取得一级造价工程师注册证书的人员不少于3人，其他人员具有从事工程造价专业工作的经历；

（三）企业与专职专业人员签订劳动合同，且专职专业人员符合国家规定的职业年龄（出资人除外）；

（四）企业为本单位专职专业人员办理的社会基本养老保险手续齐全；

（五）暂定期内工程造价咨询营业收入累计不低于人民币50万元；

（六）申请核定资质等级之日前无本办法第二十五条禁止的行为。

第三章　资质许可

第十一条　甲级工程造价咨询企业资质，由国务院住房城乡建设主管部门审批。

申请甲级工程造价咨询企业资质的，可以向申请人工商注册所在地省、自治区、直辖市人民政府住房城乡建设主管部门或者国务院有关专业部门提交申请材料。

省、自治区、直辖市人民政府住房城乡建设主管部门或者国务院有关专业部门收到申请材料后，应当在5日内将全部申请材料报国务院住房城乡建设主管部门，国务院住房城乡建设主管部门应当自受理之日起20日内作出决定。

组织专家评审所需时间不计算在上述时限内，但应当明确告知申请人。

第十二条　申请乙级工程造价咨询企业资质的，由省、自治区、直辖市人民政府住房城乡建设主管部门审查决定。其中，申请有关专业乙级工程造价咨询企业资质的，由省、自治区、直辖市人民政府住房城乡建设主管部门商同级有关专业部门审查决定。

乙级工程造价咨询企业资质许可的实施程序由省、自治区、直辖市人民政府住房城乡建设主管部门依法确定。

省、自治区、直辖市人民政府住房城乡建设主管部门应当自作出决定之日起30日内，将准予资质许可的决定报国务院住房城乡建设主管部门备案。

第十三条　企业在申请工程造价咨询甲级（或乙级）资质，以及在资质延续、变更时，应当提交下列申报材料：

（一）工程造价咨询企业资质申请书（含企业法定代表人承诺书）；

（二）专职专业人员（含技术负责人）的中级以上专业技术职称证书和身份证；

（三）企业开具的工程造价咨询营业收入发票和对应的工程造价咨询合同（如发票能体现工程造价咨询业务的，可不提供对应的工程造价咨询合同；新申请工程造价咨询企业资质的，不需提供）；

（四）工程造价咨询企业资质证书（新申请工程造价咨询企业资质的，不需提供）；

（五）企业营业执照。

企业在申请工程造价咨询甲级（或乙级）资质，以及在资质延续、变更时，企业法定代表人应当对下列事项进行承诺，并由资质许可机关调查核实：

（一）企业与专职专业人员签订劳动合同；

（二）企业缴纳营业收入的增值税；

（三）企业为专职专业人员（含技术负责人）缴纳本年度社会基本养老保险费用。

第十四条 新申请工程造价咨询企业资质的，其资质等级按照本办法第十条第（一）项至第（四）项所列资质标准核定为乙级，设暂定期一年。

暂定期届满需继续从事工程造价咨询活动的，应当在暂定期届满30日前，向资质许可机关申请换发资质证书。符合乙级资质条件的，由资质许可机关换发资质证书。

第十五条 准予资质许可的，资质许可机关应当向申请人颁发工程造价咨询企业资质证书。

工程造价咨询企业资质证书由国务院住房城乡建设主管部门统一印制，分正本和副本。正本和副本具有同等法律效力。

工程造价咨询企业遗失资质证书的，应当向资质许可机关申请补办，由资质许可机关在官网发布信息。

第十六条 工程造价咨询企业资质有效期为3年。

资质有效期届满，需要继续从事工程造价咨询活动的，应当在资质有效期届满30日前向资质许可机关提出资质延续申请。资质许可机关应当根据申请作出是否准予延续的决定。准予延续的，资质有效期延续3年。

第十七条 工程造价咨询企业的名称、住所、组织形式、法定代表人、技术负责人、注册资本等事项发生变更的，应当自变更确立之日起30日内，到资质许可机关办理资质证书变更手续。

第十八条 工程造价咨询企业合并的，合并后存续或者新设立的工程造价咨询企业可以承继合并前各方中较高的资质等级，但应当符合相应的资质等级条件。

工程造价咨询企业分立的，只能由分立后的一方承继原工程造价咨询企业资质，但应当符合原工程造价咨询企业资质等级条件。

第四章 工程造价咨询管理

第十九条 工程造价咨询企业依法从事工程造价咨询活动，不受行政区域限制。

甲级工程造价咨询企业可以从事各类建设项目的工程造价咨询业务。

乙级工程造价咨询企业可以从事工程造价2亿元人民币以下各类建设项目的工程造价咨询业务。

第二十条 工程造价咨询业务范围包括：

(一)建设项目建议书及可行性研究投资估算、项目经济评价报告的编制和审核；

(二)建设项目概预算的编制与审核，并配合设计方案比选、优化设计、限额设计等工作进行工程造价分析与控制；

(三)建设项目合同价款的确定(包括招标工程工程量清单和标底、投标报价的编制和审核)；合同价款的签订与调整(包括工程变更、工程洽商和索赔费用的计算)及工程款支付，工程结算及竣工结(决)算报告的编制与审核等；

(四)工程造价经济纠纷的鉴定和仲裁的咨询；

(五)提供工程造价信息服务等。

工程造价咨询企业可以对建设项目的组织实施进行全过程或者若干阶段的管理和服务。

第二十一条 工程造价咨询企业在承接各类建设项目的工程造价咨询业务时，应当与委托人订立书面工程造价咨询合同。

工程造价咨询企业与委托人可以参照《建设工程造价咨询合同》(示范文本)订立合同。

第二十二条 工程造价咨询企业从事工程造价咨询业务，应当按照有关规定的要求出具工程造价成果文件。

工程造价成果文件应当由工程造价咨询企业加盖有企业名称、资质等级及证书编号的执业印章，并由执行咨询业务的注册造价工程师签字、加盖执业印章。

第二十三条 工程造价咨询企业跨省、自治区、直辖市承接工程造价咨询业务的，应当自承接业务之日起30日内到建设工程所在地省、自治区、直辖市人民政府住房城乡建设主管部门备案。

第二十四条 工程造价咨询收费应当按照有关规定，由当事人在建设工程造价咨询合同中约定。

第二十五条 工程造价咨询企业不得有下列行为：

(一)涂改、倒卖、出租、出借资质证书，或者以其他形式非法转让资质证书；

(二)超越资质等级业务范围承接工程造价咨询业务；

（三）同时接受招标人和投标人或两个以上投标人对同一工程项目的工程造价咨询业务；

（四）以给予回扣、恶意压低收费等方式进行不正当竞争；

（五）转包承接的工程造价咨询业务；

（六）法律、法规禁止的其他行为。

第二十六条 除法律、法规另有规定外，未经委托人书面同意，工程造价咨询企业不得对外提供工程造价咨询服务过程中获知的当事人的商业秘密和业务资料。

第二十七条 县级以上地方人民政府住房城乡建设主管部门、有关专业部门应当依照有关法律、法规和本办法的规定，对工程造价咨询企业从事工程造价咨询业务的活动实施监督检查。

第二十八条 监督检查机关履行监督检查职责时，有权采取下列措施：

（一）要求被检查单位提供工程造价咨询企业资质证书、造价工程师注册证书，有关工程造价咨询业务的文档，有关技术档案管理制度、质量控制制度、财务管理制度的文件；

（二）进入被检查单位进行检查，查阅工程造价咨询成果文件以及工程造价咨询合同等相关资料；

（三）纠正违反有关法律、法规和本办法及执业规程规定的行为。

监督检查机关应当将监督检查的处理结果向社会公布。

第二十九条 监督检查机关进行监督检查时，应当有两名以上监督检查人员参加，并出示执法证件，不得妨碍被检查单位的正常经营活动，不得索取或者收受财物、谋取其他利益。

有关单位和个人对依法进行的监督检查应当协助与配合，不得拒绝或者阻挠。

第三十条 有下列情形之一的，资质许可机关或者其上级机关，根据利害关系人的请求或者依据职权，可以撤销工程造价咨询企业资质：

（一）资质许可机关工作人员滥用职权、玩忽职守作出准予工程造价咨询企业资质许可的；

（二）超越法定职权作出准予工程造价咨询企业资质许可的；

（三）违反法定程序作出准予工程造价咨询企业资质许可的；

（四）对不具备行政许可条件的申请人作出准予工程造价咨询企业资质许可的；

（五）依法可以撤销工程造价咨询企业资质的其他情形。

工程造价咨询企业以欺骗、贿赂等不正当手段取得工程造价咨询企业资质的，应当予以撤销。

第三十一条 工程造价咨询企业取得工程造价咨询企业资质后，不再符合相应资质条件的，资质许可机关根据利害关系人的请求或者依据职权，可以责令其限期改正；逾期不改的，可以撤回其资质。

第三十二条 有下列情形之一的，资质许可机关应当依法注销工程造价咨询企业资质：

（一）工程造价咨询企业资质有效期满，未申请延续的；

（二）工程造价咨询企业资质被撤销、撤回的；

（三）工程造价咨询企业依法终止的；

（四）法律、法规规定的应当注销工程造价咨询企业资质的其他情形。

第三十三条 工程造价咨询企业应当按照有关规定，向资质许可机关提供真实、准确、完整的工程造价咨询企业信用档案信息。

工程造价咨询企业信用档案应当包括工程造价咨询企业的基本情况、业绩、良好行为、不良行为等内容。违法行为、被投诉举报处理、行政处罚等情况应当作为工程造价咨询企业的不良记录记入其信用档案。

任何单位和个人有权查阅信用档案。

第五章　法律责任

第三十四条 申请人隐瞒有关情况或者提供虚假材料申请工程造价咨询企业资质的，不予受理或者不予资质许可，并给予警告，申请人在1年内不得再次申请工程造价咨询企业资质。

第三十五条 以欺骗、贿赂等不正当手段取得工程造价咨询企业资质的，由县级以上地方人民政府住房城乡建设主管部门或者有关专业部门给予警告，并处以1万元以上3万元以下的罚款，申请人3年内不得再次申请工程造价咨询企业资质。

第三十六条 未取得工程造价咨询企业资质从事工程造价咨询活动或者超越资质等级承接工程造价咨询业务的，出具的工程造价成果文件无效，由县级以上地方人民政府住房城乡建设主管部门或者有关专业部门给予警告，责令限期改正，并处以1万元以上3万元以下的罚款。

第三十七条 违反本办法第十七条规定，工程造价咨询企业不及时办理资质证书变更手续的，由资质许可机关责令限期办理；逾期不办理的，可处以1万元以下的罚款。

第三十八条 违反本办法第二十三条规定，跨省、自治区、直辖市承接业务不备案的，由县级以上地方人民政府住房城乡建设主管部门或者有关专业部门给予警告，责令限期改正；逾期未改正的，可处以5000元以上2万元以下的罚款。

第三十九条 工程造价咨询企业有本办法第二十五条行为之一的，由县级以上地方人民政府住房城乡建设主管部门或者有关专业部门给予警告，责令限期改正，并处以1万元以上3万元以下的罚款。

第四十条 资质许可机关有下列情形之一的，由其上级行政主管部门或者监察机关责令改正，对直接负责的主管人员和其他直接责任人员依法给予处分；构成犯罪的，依法追究刑事责任：

（一）对不符合法定条件的申请人准予工程造价咨询企业资质许可或者超越职权作出准予工程造价咨询企业资质许可决定的；

（二）对符合法定条件的申请人不予工程造价咨询企业资质许可或者不在法定期限内作出准予工程造价咨询企业资质许可决定的；

（三）利用职务上的便利，收受他人财物或者其他利益的；

（四）不履行监督管理职责，或者发现违法行为不予查处的。

第六章 附 则

第四十一条 本办法自2006年7月1日起施行。2000年1月25日建设部发布的《工程造价咨询单位管理办法》（建设部令第74号）同时废止。

本办法施行前建设部发布的规章与本办法的规定不一致的，以本办法为准。

注册造价工程师管理办法

（2006年12月25日建设部令第150号发布 根据2016年9月13日《住房城乡建设部关于修改〈勘察设计注册工程师管理规定〉等11个部门规章的决定》第一次修订 根据2020年2月19日《住房和城乡建设部关于修改〈工程造价咨询企业管理办法〉〈注册造价工程师管理办法〉的决定》第二次修订）

第一章 总 则

第一条 为了加强对注册造价工程师的管理，规范注册造价工程师执业行为,维护社会公共利益,制定本办法。

第二条 中华人民共和国境内注册造价工程师的注册、执业、继续教育和监督管理,适用本办法。

第三条 本办法所称注册造价工程师,是指通过土木建筑工程或者安装工程专业造价工程师职业资格考试取得造价工程师职业资格证书或者通过资格认定、资格互认,并按照本办法注册后,从事工程造价活动的专业人员。注册造价工程师分为一级注册造价工程师和二级注册造价工程师。

第四条 国务院住房城乡建设主管部门对全国注册造价工程师的注册、执业活动实施统一监督管理,负责实施全国一级注册造价工程师的注册,并负责建立全国统一的注册造价工程师注册信息管理平台;国务院有关专业部门按照国务院规定的职责分工,对本行业注册造价工程师的执业活动实施监督管理。

省、自治区、直辖市人民政府住房城乡建设主管部门对本行政区域内注册造价工程师的执业活动实施监督管理,并实施本行政区域二级注册造价工程师的注册。

第五条 工程造价行业组织应当加强造价工程师自律管理。

鼓励注册造价工程师加入工程造价行业组织。

第二章 注 册

第六条 注册造价工程师实行注册执业管理制度。

取得职业资格的人员,经过注册方能以注册造价工程师的名义执业。

第七条 注册造价工程师的注册条件为:

(一)取得职业资格;

(二)受聘于一个工程造价咨询企业或者工程建设领域的建设、勘察设计、施工、招标代理、工程监理、工程造价管理等单位;

(三)无本办法第十三条不予注册的情形。

第八条 符合注册条件的人员申请注册的,可以向聘用单位工商注册所在地的省、自治区、直辖市人民政府住房城乡建设主管部门或者国务院有关专业部门提交申请材料。

申请一级注册造价工程师初始注册,省、自治区、直辖市人民政府住房城乡建设主管部门或者国务院有关专业部门收到申请材料后,应当在5日内将申请材料报国务院住房城乡建设主管部门。国务院住房城乡建设主管部门在收到申请材料后,应当依法做出是否受理的决定,并出具凭证;申请材料不齐全或者不符合法定形式的,应当在5日内一次性告知申请人需要补正的全部内容。逾期不告知的,自收到申请材料之日起即为受理。国务院住房城乡建设主管部门应当自受理之日起20日内作出决定。

申请二级注册造价工程师初始注册,省、自治区、直辖市人民政府住房城乡建设主管部门收到申请材料后,应当依法做出是否受理的决定,并出具凭证;申请材料不齐全或者不符合法定形式的,应当在5日内一次性告知申请人需要补正的全部内容。逾期不告知的,自收到申请材料之日起即为受理。省、自治区、直辖市人民政府住房城乡建设主管部门应当自受理之日起20日内作出决定。

申请一级注册造价工程师变更注册、延续注册,省、自治区、直辖市人民政府住房城乡建设主管部门或者国务院有关专业部门收到申请材料后,应当在5日内将申请材料报国务院住房城乡建设主管部门,国务院住房城乡建设主管部门应当自受理之日起10日内作出决定。

申请二级注册造价工程师变更注册、延续注册,省、自治区、直辖市人民政府住房城乡建设主管部门收到申请材料后,应当自受理之日起10日内作出决定。

注册造价工程师的初始、变更、延续注册,通过全国统一的注册造价工程师注册信息管理平台实行网上申报、受理和审批。

第九条 准予注册的,由国务院住房城乡建设主管部门或者省、自治区、直辖市人民政府住房城乡建设主管部门(以下简称注册机关)核发注册造价工程师注册证书,注册造价工程师按照规定自行制作执业印章。

注册证书和执业印章是注册造价工程师的执业凭证,由注册造价工程师本人保管、使用。注册证书、执业印章的样式以及编码规则由国务院住房城乡建设主管部门统一制定。

一级注册造价工程师注册证书由国务院住房城乡建设主管部门印制;二级注册造价工程师注册证书由省、自治区、直辖市人民政府住房城乡建设主管部门按照规定分别印制。

注册造价工程师遗失注册证书,应当按照本办法第八条规定的延续注册程序申请补发,并由注册机关在官网发布信息。

第十条 取得职业资格证书的人员,可自职业资格证书签发之日起1年内申请初始注册。逾期未申请者,须符合继续教育的要求后方可申请初始注册。初始注册的有效期为4年。

申请初始注册的,应当提交下列材料:

(一)初始注册申请表;

（二）职业资格证书和身份证件；

（三）与聘用单位签订的劳动合同；

（四）取得职业资格证书的人员，自职业资格证书签发之日起1年后申请初始注册的，应当提供当年的继续教育合格证明；

（五）外国人应当提供外国人就业许可证书。

申请初始注册时，造价工程师本人和单位应当对下列事项进行承诺，并由注册机关调查核实：

（一）受聘于工程造价岗位；

（二）聘用单位为其交纳社会基本养老保险或者已办理退休。

第十一条 注册造价工程师注册有效期满需继续执业的，应当在注册有效期满30日前，按照本办法第八条规定的程序申请延续注册。延续注册的有效期为4年。

申请延续注册的，应当提交下列材料：

（一）延续注册申请表；

（二）注册证书；

（三）与聘用单位签订的劳动合同；

（四）继续教育合格证明。

申请延续注册时，造价工程师本人和单位应对其前一个注册的工作业绩进行承诺，并由注册机关调查核实。

第十二条 在注册有效期内，注册造价工程师变更执业单位的，应当与原聘用单位解除劳动合同，并按照本办法第八条规定的程序，到新聘用单位工商注册所在地的省、自治区、直辖市人民政府住房城乡建设主管部门或者国务院有关专业部门办理变更注册手续。变更注册后延续原注册有效期。

申请变更注册的，应当提交下列材料：

（一）变更注册申请表；

（二）注册证书；

（三）与新聘用单位签订的劳动合同。

申请变更注册时，造价工程师本人和单位应当对下列事项进行承诺，并由注册机关调查核实：

（一）与原聘用单位解除劳动合同；

（二）聘用单位为其交纳社会基本养老保险或者已办理退休。

第十三条 有下列情形之一的，不予注册：

（一）不具有完全民事行为能力的；

（二）申请在两个或者两个以上单位注册的；

（三）未达到造价工程师继续教育合格标准的；

（四）前一个注册期内工作业绩达不到规定标准或未办理暂停执业手续而脱离工程造价业务岗位的；

（五）受刑事处罚，刑事处罚尚未执行完毕的；

（六）因工程造价业务活动受刑事处罚，自刑事处罚执行完毕之日起至申请注册之日止不满5年的；

（七）因前项规定以外原因受刑事处罚，自处罚决定之日起至申请注册之日止不满3年的；

（八）被吊销注册证书，自被处罚决定之日起至申请注册之日止不满3年的；

（九）以欺骗、贿赂等不正当手段获准注册被撤销，自被撤销注册之日起至申请注册之日止不满3年的；

（十）法律、法规规定不予注册的其他情形。

第十四条 被注销注册或者不予注册者，在具备注册条件后重新申请注册的，按照本办法第八条规定的程序办理。

第三章 执 业

第十五条 一级注册造价工程师执业范围包括建设项目全过程的工程造价管理与工程造价咨询等，具体工作内容：

（一）项目建议书、可行性研究投资估算与审核，项目评价造价分析；

（二）建设工程设计概算、施工预算编制和审核；

（三）建设工程招标投标文件工程量和造价的编制与审核；

（四）建设工程合同价款、结算价款、竣工决算价款的编制与管理；

（五）建设工程审计、仲裁、诉讼、保险中的造价鉴定，工程造价纠纷调解；

（六）建设工程计价依据、造价指标的编制与管理；

（七）与工程造价管理有关的其他事项。

二级注册造价工程师协助一级注册造价工程师开展相关工作，并可以独立开展以下工作：

（一）建设工程工料分析、计划、组织与成本管理，施工图预算、设计概算编制；

（二）建设工程量清单、最高投标限价、投标报价编制；

（三）建设工程合同价款、结算价款和竣工决算价款的编制。

第十六条 注册造价工程师享有下列权利：

（一）使用注册造价工程师名称；

（二）依法从事工程造价业务；

（三）在本人执业活动中形成的工程造价成果文件上签字并加盖执业印章；

（四）发起设立工程造价咨询企业；

（五）保管和使用本人的注册证书和执业印章；

（六）参加继续教育。

第十七条 注册造价工程师应当履行下列义务：

（一）遵守法律、法规、有关管理规定，恪守职业道德；

（二）保证执业活动成果的质量；

（三）接受继续教育，提高执业水平；

（四）执行工程造价计价标准和计价方法；

（五）与当事人有利害关系的，应当主动回避；

（六）保守在执业中知悉的国家秘密和他人的商业、技术秘密。

第十八条 注册造价工程师应当根据执业范围，在本人形成的工程造价成果文件上签字并加盖执业印章，并承担相应的法律责任。最终出具的工程造价成果文件应当由一级注册造价工程师审核并签字盖章。

第十九条 修改经注册造价工程师签字盖章的工程造价成果文件，应当由签字盖章的注册造价工程师本人进行；注册造价工程师本人因特殊情况不能进行修改的，应当由其他注册造价工程师修改，并签字盖章；修改工程造价成果文件的注册造价工程师对修改部分承担相应的法律责任。

第二十条 注册造价工程师不得有下列行为：

（一）不履行注册造价工程师义务；

（二）在执业过程中，索贿、受贿或者谋取合同约定费用外的其他利益；

（三）在执业过程中实施商业贿赂；

（四）签署有虚假记载、误导性陈述的工程造价成果文件；

（五）以个人名义承接工程造价业务；

（六）允许他人以自己名义从事工程造价业务；

（七）同时在两个或者两个以上单位执业；

（八）涂改、倒卖、出租、出借或者以其他形式非法转让注册证书或者执业印章；

（九）超出执业范围、注册专业范围执业；

（十）法律、法规、规章禁止的其他行为。

第二十一条 在注册有效期内，注册造价工程师因特殊原因需要暂停执业的，应当到注册机关办理暂停执业手续，并交回注册证书和执业印章。

第二十二条 注册造价工程师应当适应岗位需要和职业发展的要求，按照国家专业技术人员继续教育的有关规定接受继续教育，更新专业知识，提高专业水平。

第四章 监督管理

第二十三条 县级以上人民政府住房城乡建设主管部门和其他有关部门应当依照有关法律、法规和本办法的规定，对注册造价工程师的注册、执业和继续教育实施监督检查。

第二十四条 国务院住房城乡建设主管部门应当将造价工程师注册信息告知省、自治区、直辖市人民政府住房城乡建设主管部门和国务院有关专业部门。

省、自治区、直辖市人民政府住房城乡建设主管部门应当将造价工程师注册信息告知本行政区域内市、县人民政府住房城乡建设主管部门。

第二十五条 县级以上人民政府住房城乡建设主管部门和其他有关部门依法履行监督检查职责时，有权采取下列措施：

（一）要求被检查人员提供注册证书；

（二）要求被检查人员所在聘用单位提供有关人员签署的工程造价成果文件及相关业务文档；

（三）就有关问题询问签署工程造价成果文件的人员；

（四）纠正违反有关法律、法规和本办法及工程造价计价标准和计价办法的行为。

第二十六条 注册造价工程师违法从事工程造价活动的，违法行为发生地县级以上地方人民政府住房城乡建设主管部门或者其他有关部门应当依法查处，并将违法事实、处理结果告知注册机关；依法应当撤销注册的，应当将违法事实、处理建议及有关材料报注册机关。

第二十七条 注册造价工程师有下列情形之一的，其注册证书失效：

（一）已与聘用单位解除劳动合同且未被其他单位聘用的；

（二）注册有效期满且未延续注册的；

（三）死亡或者不具有完全民事行为能力的；

（四）其他导致注册失效的情形。

第二十八条 有下列情形之一的，注册机关或者其上级行政机关依据职权或者根据利害关系人的请求，可以撤销注册造价工程师的注册：

（一）行政机关工作人员滥用职权、玩忽职守作出准予注册许可的；

（二）超越法定职权作出准予注册许可的；

（三）违反法定程序作出准予注册许可的；

（四）对不具备注册条件的申请人作出准予注册许可的；

（五）依法可以撤销注册的其他情形。

申请人以欺骗、贿赂等不正当手段获准注册的，应当予以撤销。

第二十九条 有下列情形之一的，由注册机关办理注销注册手续，收回注册证书和执业印章或者公告其注册证书和执业印章作废：

（一）有本办法第二十七条所列情形发生的；

（二）依法被撤销注册的；

（三）依法被吊销注册证书的；

（四）受到刑事处罚的；

（五）法律、法规规定应当注销注册的其他情形。

注册造价工程师有前款所列情形之一的，注册造价工程师本人和聘用单位应当及时向注册机关提出注销注册申请；有关单位和个人有权向注册机关举报；县级以上地方人民政府住房城乡建设主管部门或者其他有关部门应当及时告知注册机关。

第三十条 注册造价工程师及其聘用单位应当按照有关规定，向注册机关提供真实、准确、完整的注册造价工程师信用档案信息。

注册造价工程师信用档案应当包括造价工程师的基本情况、业绩、良好行为、不良行为等内容。违法违规行为、被投诉举报处理、行政处罚等情况应当作为造价工程师的不良行为记入其信用档案。

注册造价工程师信用档案信息按有关规定向社会公示。

第五章 法律责任

第三十一条 隐瞒有关情况或者提供虚假材料申请造价工程师注册的，不予受理或者不予注册，并给予警告，申请人在1年内不得再次申请造价工程师注册。

第三十二条 聘用单位为申请人提供虚假注册材料的，由县级以上地方人民政府住房城乡建设主管部门或者其他有关部门给予警告，并可处以1万元以上3万元以下的罚款。

第三十三条 以欺骗、贿赂等不正当手段取得造价工程师注册的，由注册机关撤销其注册，3年内不得再次申请注册，并由县级以上地方人民政府住房城乡建设主管部门处以罚款。其中,没有违法所得的,处以1万元以下罚款;有违法所得的,处以违法所得3倍以下且不超过3万元的罚款。

第三十四条 违反本办法规定,未经注册而以注册造价工程师的名义从事工程造价活动的,所签署的工程造价成果文件无效,由县级以上地方人民政府住房城乡建设主管部门或者其他有关部门给予警告,责令停止违法活动,并可处以1万元以上3万元以下的罚款。

第三十五条 违反本办法规定,未办理变更注册而继续执业的,由县级以上人民政府住房城乡建设主管部门或者其他有关部门责令限期改正;逾期不改的,可处以5000元以下的罚款。

第三十六条 注册造价工程师有本办法第二十条规定行为之一的,由县级以上地方人民政府住房城乡建设主管部门或者其他有关部门给予警告,责令改正,没有违法所得的,处以1万元以下罚款,有违法所得的,处以违法所得3倍以下且不超过3万元的罚款。

第三十七条 违反本办法规定,注册造价工程师或者其聘用单位未按照要求提供造价工程师信用档案信息的,由县级以上地方人民政府住房城乡建设主管部门或者其他有关部门责令限期改正;逾期未改正的,可处以1000元以上1万元以下的罚款。

第三十八条 县级以上人民政府住房城乡建设主管部门和其他有关部门工作人员,在注册造价工程师管理工作中,有下列情形之一的,依法给予处分;构成犯罪的,依法追究刑事责任:

(一)对不符合注册条件的申请人准予注册许可或者超越法定职权作出注册许可决定的;

(二)对符合注册条件的申请人不予注册许可或者不在法定期限内作出注册许可决定的;

(三)对符合法定条件的申请不予受理的;

(四)利用职务之便,收取他人财物或者其他好处的;

(五)不依法履行监督管理职责,或者发现违法行为不予查处的。

第六章 附 则

第三十九条 造价工程师职业资格考试工作按照国务院人力资源社会保障主管部门的有关规定执行。

第四十条 本办法自2007年3月1日起施行。2000年1月21日发布的《造价工程师注册管理办法》(建设部令第75号)同时废止。

交通运输部关于修改《国内水路运输管理规定》的决定

（2020年2月24日交通运输部令2020年第4号公布　自2020年5月1日起施行　国司备字[2020001633]）

交通运输部决定对《国内水路运输管理规定》（交通运输部令2016年第79号）作如下修改：

一、将第六条中的"工商行政管理部门"修改为"市场监督管理部门"。

二、删去第八条第三项，并增加两款，作为第二款和第三款："根据船舶最低安全配员标准，水路运输经营者经营的均为不需要配备船长、轮机长或者大副、大管轮的船舶，其配备的海务、机务管理人员应当具有不低于其所管理船舶船员的从业资历。

水路运输经营者委托船舶管理企业为其提供船舶海务、机务管理等服务的，按照《国内水路运输辅助业管理规定》的有关规定执行。"

三、将第十条修改为："交通运输部实施省际危险品船运输、沿海省际客船运输、长江干线和西江航运干线水上运输距离60公里以上省际客船运输的经营许可。

其他内河省际客船运输的经营许可，由水路旅客运输业务经营者所在地省级水路运输管理部门实施，作出许可决定前应当与航线始发港、挂靠港、目的港所在地省级水路运输管理部门协商，协商不成的，应当报交通运输部决定。

省际普通货船运输、省内水路运输经营许可应当由设区的市级以上地方人民政府水路运输管理部门具体实施，具体权限由省级人民政府交通运输主管部门决定，向社会公布。"

四、将第十三条修改为："具有许可权限的部门，对符合条件的，应当在20个工作日内作出许可决定，向申请人颁发《国内水路运输经营许可证》，并向其投入运营的船舶配发《船舶营业运输证》。申请经营水路旅客班轮运输业务的，应当在其《国内水路运输经营许可证》经营范围中载明。不符合条件的，不予许可，并书面通知申请人不予许可的理由。

推进国内水路运输领域政务服务事项网上办理以及《国内水路运输经营许可证》《船舶营业运输证》等证书电子化，加强水路运输经营者和船舶相关证照信息共享。”

五、将第十八条中的“重大以上安全责任事故”修改为“较大以上水上交通事故”。

六、在第二十二条中的“从事水路运输的船舶应当随船携带《船舶营业运输证》”后增加“或者具有同等效力的可查验信息”。

七、增加一条，作为第二十四条：“水路运输经营者应当与托运人订立货物运输合同，对托运人身份信息进行查验。托运人托运货物时应当向水路运输经营者如实提供货物信息，托运危险货物的，还应当符合《船舶载运危险货物安全监督管理规定》的有关规定。

水路运输经营者收到实名举报或者相关证据证明托运人涉嫌在普通货物中夹带危险货物、谎报瞒报托运危险货物的，应当对相关货物进行检查。水路运输经营者发现存在上述情形或者托运人拒绝接受检查的，应当拒绝运输，并及时向水路运输管理部门和海事管理机构报告，未装船的还应当及时向拟装船的港口经营人、港口行政管理部门报告。

水路运输经营者应当对托运人身份信息、托运货物信息进行登记并保存至运输合同履行完毕后6个月。”

八、删去第二十五条。

九、将第二十六条修改为：“水路旅客运输业务经营者应当拒绝携带或者托运国家规定的危险物品及其他禁止携带或者托运的物品的旅客乘船。船舶开航后发现旅客随船携带或者托运国家规定的危险物品及其他禁止携带或者托运的物品的，应当妥善处理，旅客应当予以配合。

水路旅客运输业务经营者应当向社会公布国家规定的不得随船携带或者托运的物品清单。

旅客应当持有效凭证乘船，遵守乘船相关规定，自觉接受安全检查。”

十、删去第二十七条第一款中的“同时报原许可机关备案”，在第二款“变更班期、班次、票价的”后增加“因不可抗力变更班期、班次的除外”，删去第二款“水路旅客班轮运输业务经营者应当在变更的15日前向社会公布”后的“并报原许可机关备案”。

十一、删去第二十八条中的“并报原许可机关备案”，在第二款“变更班期、班次、运价”后增加“因不可抗力变更班期、班次的除外”。

十二、第二十九条第一款改为第二款。增加两款，作为第一款、第三款：“水路旅客运输业务经营者应当向旅客提供客票。客票包括纸质客票、电子客票等乘船凭证，一般应当载明经营者名称、船舶名称、始发港、目的港、乘船时间、票价等基本信息。鼓励水路旅客运输业务经营者开展互联网售票”，“水路旅客运输业务经营者应当向旅客明示退票、改签等规定”。

十三、增加一条，作为第三十条：“水路旅客运输业务经营者应当按有关规定为军人、人民警察、国家综合性消防救援队伍人员、学生、老幼病残孕等旅客提供优先、优惠、免票等优待服务。具体办法由交通运输部另行制定。”

十四、增加一条，作为第三十二条：“水路旅客运输业务经营者应当配备具有相应业务知识和技能的乘务人员，保持船上服务设施和警告标识完好，为老幼病残孕等需要帮助的旅客提供无障碍服务，在船舶开航前播报旅客乘船安全须知，并及时向旅客播报特殊情况下的禁航等信息。”

十五、第四十四条改为第四十六条，将第三款中的“安全责任事故”修改为“水上交通事故”。

十六、第四十五条改为第四十七条，将第二款中的“重大以上安全事故”修改为“较大以上水上交通事故”。

十七、第四十六条改为第四十八条，删去其中的“处1万元以上3万元以下的罚款”。

十八、第四十九条改为第五十一条，删去其中的“处2000元以上1万元以下的罚款；一年内累计三次以上违反的，处1万元以上3万元以下的罚款”和第五项。

十九、第五十条改为第五十二条，将其中的“予以警告，并处2000元以上1万元以下的罚款”修改为“责令改正”。

二十、第五十一条改为第五十三条，在其中的“《国内水路运输管理条例》”后增加“等有关法律法规”。

二十一、第五十六条改为第五十八条，在其中的“同时废止”前增加“1995年12月12日交通部以交水发〔1995〕1178号文发布、1997年8月26日以交水发〔1997〕522号文修改、2014年1月2日交通运输部以交通运输部令2014年第1号修改的《水路旅客运输规则》”。

条文序号和个别文字作相应调整。

本决定自2020年5月1日起施行。

《国内水路运输管理规定》根据本决定作相应修改，重新发布。

国内水路运输管理规定

（2014年1月3日交通运输部令2014年第2号公布　根据2015年5月12日《交通运输部关于修改〈国内水路运输管理规定〉的决定》第一次修订　根据2016年12月10日《交通运输部关于修改〈国内水路运输管理规定〉的决定》第二次修订　根据2020年2月24日《交通运输部关于修改〈国内水路运输管理规定〉的决定》第三次修订）

第一章　总　则

第一条　为规范国内水路运输市场管理，维护水路运输经营活动各方当事人的合法权益，促进水路运输事业健康发展，依据《国内水路运输管理条例》制定本规定。

第二条　国内水路运输管理适用本规定。

本规定所称水路运输，是指始发港、挂靠港和目的港均在中华人民共和国管辖的通航水域内使用船舶从事的经营性旅客运输和货物运输。

第三条　水路运输按照经营区域分为沿海运输和内河运输，按照业务种类分为货物运输和旅客运输。

货物运输分为普通货物运输和危险货物运输。危险货物运输分为包装、散装固体和散装液体危险货物运输。散装液体危险货物运输包括液化气体船运输、化学品船运输、成品油船运输和原油船运输。普通货物运输包含拖航。

旅客运输包括普通客船运输、客货船运输和滚装客船运输。

第四条　交通运输部主管全国水路运输管理工作，并按照本规定具体实施有关水路运输管理工作。

县级以上地方人民政府交通运输主管部门主管本行政区域的水路运输管理工作。县级以上地方人民政府负责水路运输管理的部门或者机构（以下统称水路运输管理部门）具体实施水路运输管理工作。

第二章　水路运输经营者

第五条　申请经营水路运输业务，除个人申请经营内河普通货物运输业务外，申请人应当符合下列条件：

（一）具备企业法人资格。

（二）有明确的经营范围，包括经营区域和业务种类。经营水路旅客班轮运输业务的，还应当有班期、班次以及拟停靠的码头安排等可行的航线营运计划。

（三）有符合本规定要求的船舶，且自有船舶运力应当符合附件 1 的要求。

（四）有符合本规定要求的海务、机务管理人员。

（五）有符合本规定要求的与其直接订立劳动合同的高级船员。

（六）有健全的安全管理机构及安全管理人员设置制度、安全管理责任制度、安全监督检查制度、事故应急处置制度、岗位安全操作规程等安全管理制度。

第六条 个人只能申请经营内河普通货物运输业务，并应当符合下列条件：

（一）经市场监督管理部门登记的个体工商户；

（二）有符合本规定要求的船舶，且自有船舶运力不超过600 总吨；

（三）有安全管理责任制度、安全监督检查制度、事故应急处置制度、岗位安全操作规程等安全管理制度。

第七条 水路运输经营者投入运营的船舶应当符合下列条件：

（一）与水路运输经营者的经营范围相适应。从事旅客运输的，应当使用普通客船、客货船和滚装客船（统称为客船）运输；从事散装液体危险货物运输的，应当使用液化气体船、化学品船、成品油船和原油船（统称为危险品船）运输；从事普通货物运输、包装危险货物运输和散装固体危险货物运输的，可以使用普通货船运输。

（二）持有有效的船舶所有权登记证书、船舶国籍证书、船舶检验证书以及按照相关法律、行政法规规定证明船舶符合安全与防污染和入级检验要求的其他证书。

（三）符合交通运输部关于船型技术标准、船龄以及节能减排的要求。

第八条 除个体工商户外，水路运输经营者应当配备满足下列要求的专职海务、机务管理人员：

（一）海务、机务管理人员数量满足附件 2 的要求；

（二）海务、机务管理人员的从业资历与其经营范围相适应：

1. 经营普通货船运输的，应当具有不低于大副、大管轮的从业资历；

2. 经营客船、危险品船运输的，应当具有船长、轮机长的从业资历。

根据船舶最低安全配员标准，水路运输经营者经营的均为不需要配备船长、轮机长或者大副、大管轮的船舶，其配备的海务、机务管理人员应当具有不低于其所管理船舶船员的从业资历。

水路运输经营者委托船舶管理企业为其提供船舶海务、机务管理等服务的，按照《国内水路运输辅助业管理规定》的有关规定执行。

第九条 除个体工商户外，水路运输经营者按照有关规定应当配备的高级船员中，与其直接订立一年以上劳动合同的高级船员的比例应当满足下列要求：

（一）经营普通货船运输的，高级船员的比例不低于25%；

（二）经营客船、危险品船运输的，高级船员的比例不低于50%。

第十条 交通运输部实施省际危险品船运输、沿海省际客船运输、长江干线和西江航运干线水上运输距离60公里以上省际客船运输的经营许可。

其他内河省际客船运输的经营许可，由水路旅客运输业务经营者所在地省级水路运输管理部门实施，作出许可决定前应当与航线始发港、挂靠港、目的港所在地省级水路运输管理部门协商，协商不成的，应当报交通运输部决定。

省际普通货船运输、省内水路运输经营许可应当由设区的市级以上地方人民政府水路运输管理部门具体实施，具体权限由省级人民政府交通运输主管部门决定，向社会公布。

第十一条 申请经营水路运输业务或者变更水路运输经营范围，应当向其所在地设区的市级人民政府水路运输管理部门提交申请书和证明申请人符合本规定要求的相关材料。

第十二条 受理申请的水路运输管理部门不具有许可权限的，当场核实申请材料中的原件与复印件的内容一致后，在5个工作日内提出初步审查意见并将全部申请材料转报至具有许可权限的部门。

第十三条 具有许可权限的部门，对符合条件的，应当在20个工作日内作出许可决定，向申请人颁发《国内水路运输经营许可证》，并向其投入运营的船舶配发《船舶营业运输证》。申请经营水路旅客班轮运输业务的，应当在其《国内水路运输经营许可证》经营范围中载明。不符合条件的，不予许可，并书面通知申请人不予许可的理由。

推进国内水路运输领域政务服务事项网上办理以及《国内水路运输经营许可证》《船舶营业运输证》等证书电子化，加强水路运输经营者和船舶相关证照信息共享。

第十四条 除购置或者光租已取得相应水路运输经营资格的船舶外，水路运输经营者新增客船、危险品船运力，应当经其所在地设区的市级人民政府水路运输管理部门向具有许可权限的部门提出申请。

具有许可权限的部门根据运力运量供求情况对新增运力申请予以审查。根据运力供求情况需要对新增运力予以数量限制时，依据经营者的经营规模、管理水平、安全记录、诚信经营记录等情况，公开竞争择优作出许可决定。

水路运输经营者新增普通货船运力，应当在船舶开工建造后15个工作日内向所在地设区的市级人民政府水路运输管理部门备案。

第十五条 交通运输部在特定的旅客班轮运输和散装液体危险货物运输航线、水域出现运力供大于求状况，可能影响公平竞争和水路运输安全的情形下，可以决定暂停对特定航线、水域的旅客班轮运输和散装液体危险货物运输新增运力许可。

暂停新增运力许可期间，对暂停范围内的新增运力申请不予许可，对申请投入运营的船舶，不予配发《船舶营业运输证》，但暂停决定生效前已取得新增运力批准且已开工建造、购置或者光租的船舶除外。

第十六条 交通运输部对水路运输市场进行监测，分析水路运输市场运力状况，定期公布监测结果。

对特定的旅客班轮运输和散装液体危险货物运输航线、水域暂停新增运力许可的决定，应当依据水路运输市场监测分析结果作出。

采取暂停新增运力许可的运力调控措施，应当符合公开、公平、公正的原则，在开始实施的60日前向社会公告，说明采取措施的理由以及采取措施的范围、期限等事项。

第十七条 《国内水路运输经营许可证》的有效期为5年。《船舶营业运输证》的有效期按照交通运输部的有关规定确定。水路运输经营者应当在证件有效期届满前的30日内向原许可机关提出换证申请。原许可机关应当依照本规定进行审查，符合条件的，予以换发。

第十八条 发生下列情况后，水路运输经营者应当在15个工作日内以书面形式向原许可机关备案，并提供相关证明材料：

（一）法定代表人或者主要股东发生变化；

（二）固定的办公场所发生变化；

（三）海务、机务管理人员发生变化；

（四）与其直接订立一年以上劳动合同的高级船员的比例发生变化；

（五）经营的船舶发生较大以上水上交通事故；

（六）委托的船舶管理企业发生变更或者委托管理协议发生变化。

第十九条 水路运输经营者终止经营的，应当自终止经营之日起15个工作日内向原许可机关办理注销手续，交回许可证件。

已取得《船舶营业运输证》的船舶报废、转让或者变更经营者，应当自发生上述情况之日起15个工作日内向原许可机关办理《船舶营业运输证》注销、变更手续。

第三章 水路运输经营行为

第二十条 水路运输经营者应当保持相应的经营资质条件，按照《国内水路运输经营许可证》核定的经营范围从事水路运输经营活动。

已取得省际水路运输经营资格的水路运输经营者和船舶，可凭省际水路运输经营资格从事相应种类的省内水路运输，但旅客班轮运输除外。

已取得沿海水路运输经营资格的水路运输经营者和船舶，可在满足航行条件的情况下，凭沿海水路运输经营资格从事相应种类的内河运输。

第二十一条 水路运输经营者不得出租、出借水路运输经营许可证件，或者以其他形式非法转让水路运输经营资格。

第二十二条 从事水路运输的船舶应当随船携带《船舶营业运输证》或者具有同等效力的可查验信息，不得转让、出租、出借或者涂改。《船舶营业运输证》遗失或者损毁的，应当及时向原配发机关申请补发。

第二十三条 水路运输经营者应该按照《船舶营业运输证》标定的载客定额、载货定额和经营范围从事旅客和货物运输，不得超载。

水路运输经营者使用客货船或者滚装客船载运危险货物时，不得载运旅客，但按照相关规定随船押运货物的人员和滚装车辆的司机除外。

第二十四条 水路运输经营者应当与托运人订立货物运输合同，对托运人身份信息进行查验。托运人托运货物时应当向水路运输经营者如实提供货物信息，托运危险货物的，还应当符合《船舶载运危险货物安全监督管理规定》的有关规定。

水路运输经营者收到实名举报或者相关证据证明托运人涉嫌在普通货物中夹带危险货物、谎报瞒报托运危险货物的，应当对相关货物进行检查。水路运输经营者发现存在上述情形或者托运人拒绝接受检查的，应当拒绝运输，并及时向水路运输管理部门和海事管理机构报告，未装船的还应当及时向拟装船的港口经营人、港口行政管理部门报告。

水路运输经营者应当对托运人身份信息、托运货物信息进行登记并保存至运输合同履行完毕后6个月。

第二十五条 水路运输经营者不得擅自改装客船、危险品船增加载客定额、载货定额或者变更从事散装液体危险货物运输的种类。

第二十六条 水路旅客运输业务经营者应当拒绝携带或者托运国家规定的危险物品及其他禁止携带或者托运的物品的旅客乘船。船舶开航后发现旅客随船携带或者托运国家规定的危险物品及其他禁止携带或者托运的物品的，应当妥善处理，旅客应当予以配合。

水路旅客运输业务经营者应当向社会公布国家规定的不得随船携带或者托运的物品清单。

旅客应当持有效凭证乘船，遵守乘船相关规定，自觉接受安全检查。

第二十七条 水路旅客班轮运输业务经营者应当自取得班轮航线经营许可之日起60日内开航，并在开航的15日前通过媒体并在该航线停靠的各客运站点的明显位置向社会公布所使用的船舶、班期、班次、票价等信息。

旅客班轮应当按照公布的班期、班次运行。变更班期、班次、票价的（因不可抗力变更班期、班次的除外），水路旅客班轮运输业务经营者应当在变更的15日前向社会公布。停止经营部分或者全部班轮航线的，经营者应当在停止经营的30日前向社会公布，并报原许可机关备案。

第二十八条 水路货物班轮运输业务经营者应当在班轮航线开航的7日前，向社会公布所使用的船舶以及班期、班次和运价。

货物班轮运输应当按照公布的班期、班次运行；变更班期、班次、运价（因不可抗力变更班期、班次的除外）或者停止经营部分或者全部班轮航线的，水路货物班轮运输业务经营者应当在变更或者停止经营的7日前向社会公布。

第二十九条 水路旅客运输业务经营者应当向旅客提供客票。客票包括纸质客票、电子客票等乘船凭证，一般应当载明经营者名称、船舶名称、始发港、目的港、乘船时间、票价等基本信息。鼓励水路旅客运输业务经营者开展互联网售票。

水路旅客运输业务经营者应当以公布的票价销售客票，不得对相同条件的旅客实施不同的票价，不得以搭售、现金返还、加价等不正当方式变相变更公布的票价并获取不正当利益，不得低于客票载明的舱室或者席位等级安排旅客。

水路旅客运输业务经营者应当向旅客明示退票、改签等规定。

第三十条 水路旅客运输业务经营者应当按有关规定为军人、人民警察、国家综合性消防救援队伍人员、学生、老幼病残孕等旅客提供优先、优惠、免票等优待服务。具体办法由交通运输部另行制定。

第三十一条 水路运输经营者从事水路运输经营活动，应当依法经营，诚实守信，禁止以不合理的运价或者其他不正当方式、不规范行为争抢客源、货源及提供运输服务。

水路旅客运输业务经营者为招揽旅客发布信息，必须真实、准确，不得进行虚假宣传，误导旅客，对其在经营活动中知悉的旅客个人信息，应当予以保密。

第三十二条 水路旅客运输业务经营者应当配备具有相应业务知识和技能的乘务人员，保持船上服务设施和警告标识完好，为老幼病残孕等需要帮助的旅客提供无障碍服务，在船舶开航前播报旅客乘船安全须知，并及时向旅客播报特殊情况下的禁航等信息。

第三十三条 水路旅客运输业务经营者应当就运输服务中的下列事项，

以明示的方式向旅客作出说明或者警示：

（一）不适宜乘坐客船的群体；

（二）正确使用相关设施、设备的方法；

（三）必要的安全防范和应急措施；

（四）未向旅客开放的经营、服务场所和设施、设备；

（五）可能危及旅客人身、财产安全的其他情形。

第三十四条 水路运输经营者应当依照法律、行政法规和国家有关规定，优先运送处置突发事件所需物资、设备、工具、应急救援人员和受到突发事件危害的人员，重点保障紧急、重要的军事运输。

水路运输经营者应当服从交通运输主管部门对关系国计民生物资紧急运输的统一组织协调，按照要求优先、及时运输。

水路运输经营者应当按照交通运输主管部门的要求建立运输保障预案，并建立应急运输、军事运输和紧急运输的运力储备。

第三十五条 水路运输经营者应当按照国家统计规定报送运输经营统计信息。

第四章 外商投资企业和外国籍船舶的特别规定

第三十六条 外商投资企业申请从事水路运输，除满足本规定第五条规定的经营资质条件外，还应当符合下列条件：

（一）拟经营的范围内，国内水路运输经营者无法满足需求；

（二）应当具有经营水路运输业务的良好业绩和运营记录。

第三十七条 具有许可权限的部门可以根据国内水路运输实际情况，决定是否准许外商投资企业经营国内水路运输。

经批准取得水路运输经营许可的外商投资企业外方投资者或者外方投资股比等事项发生变化的，应当报原许可机关批准。原许可机关发现外商投资企业不再符合本规定要求的，应当撤销其水路运输经营资质。

第三十八条 符合下列情形并经交通运输部批准，水路运输经营者可以租用外国籍船舶在中华人民共和国港口之间从事不超过两个连续航次或者期限为30日的临时运输：

（一）没有满足所申请的运输要求的中国籍船舶；

（二）停靠的港口或者水域为对外开放的港口或者水域。

第三十九条 租用外国籍船舶从事临时运输的水路运输经营者，应当向交通运输部提交申请书、运输合同、拟使用的外籍船舶及船舶登记证书、船舶检验证书等相关证书和能够证明符合本规定规定情形的相关材料。申请书应当说明申请事由、承运的货物、运输航次或者期限、停靠港口。

交通运输部应当自受理申请之日起 15 个工作日内，对申请事项进行审核。对符合规定条件的，作出许可决定并且颁发许可文件；对不符合条件的，不予许可，并书面通知申请人不予许可的理由。

第四十条 临时从事水路运输的外国籍船舶，应当遵守水路运输管理的有关规定，按照批准的范围和期限进行运输。

第五章 监督检查

第四十一条 交通运输部和水路运输管理部门依照有关法律、法规和本规定对水路运输市场实施监督检查。

第四十二条 对水路运输市场实施监督检查，可以采取下列措施：

（一）向水路运输经营者了解情况，要求其提供有关凭证、文件及其他相关材料。

（二）对涉嫌违法的合同、票据、账簿以及其他资料进行查阅、复制。

（三）进入水路运输经营者从事经营活动的场所、船舶实地了解情况。

水路运输经营者应当配合监督检查，如实提供有关凭证、文件及其他相关资料。

第四十三条 水路运输管理部门对水路运输市场依法实施监督检查中知悉的被检查单位的商业秘密和个人信息应当依法保密。

第四十四条 实施现场监督检查的，应当当场记录监督检查的时间、内容、结果，并与被检查单位或者个人共同签署名章。被检查单位或者个人不签署名章的，监督检查人员对不签署的情形及理由应当予以注明。

第四十五条 水路运输管理部门在监督检查中发现水路运输经营者不符合本规定要求的经营资质条件的，应当责令其限期整改，并在整改期限结束后对该经营者整改情况进行复查，并作出整改是否合格的结论。

对运力规模达不到经营资质条件的整改期限最长不超过 6 个月，其他情形的整改期限最长不超过 3 个月。水路运输经营者在整改期间已开工建造但尚未竣工的船舶可以计入自有船舶运力。

第四十六条 水路运输管理部门应当建立健全水路运输市场诚信监督管理机制和服务质量评价体系，建立水路运输经营者诚信档案，记录水路运输经营者及从业人员的诚信信息，定期向社会公布监督检查结果和经营者的诚信档案。

水路运输管理部门应当建立水路运输违法经营行为社会监督机制，公布投诉举报电话、邮箱等,及时处理投诉举报信息。

水路运输管理部门应当将监督检查中发现或者受理投诉举报的经营者违法违规行为及处理情况、水上交通事故情况等记入诚信档案。违法违规情节严重可能影响经营资质条件的,对经营者给予提示性警告。不符合经营资质条件的,按照本规定第四十五条的规定处理。

第四十七条 水路运输管理部门应当与当地海事管理机构建立联系机制,按照《国内水路运输管理条例》的要求,做好《船舶营业运输证》查验处理衔接工作,及时将本行政区域内水路运输经营者的经营资质保持情况通报当地海事管理机构。

海事管理机构应当将有关水路运输船舶较大以上水上交通事故情况及结论意见及时书面通知该船舶经营者所在地设区的市级人民政府水路运输管理部门。水路运输管理部门应当将其纳入水路运输经营者诚信档案。

第六章 法律责任

第四十八条 水路运输经营者未按照本规定要求配备海务、机务管理人员的,由其所在地县级以上人民政府水路运输管理部门责令改正。

第四十九条 水路运输经营者或其船舶在规定期限内,经整改仍不符合本规定要求的经营资质条件的,由其所在地县级以上人民政府水路运输管理部门报原许可机关撤销其经营许可或者船舶营运证件。

第五十条 从事水路运输经营的船舶超出《船舶营业运输证》核定的经营范围,或者擅自改装客船、危险品船增加《船舶营业运输证》核定的载客定额、载货定额或者变更从事散装液体危险货物运输种类的,按照《国内水路运输管理条例》第三十四条第一款的规定予以处罚。

第五十一条 水路运输经营者违反本规定,有下列行为之一的,由其所在地县级以上人民政府水路运输管理部门责令改正:

(一)未履行备案义务;

(二)未以公布的票价或者变相变更公布的票价销售客票;

(三)进行虚假宣传,误导旅客或者托运人;

(四)以不正当方式或者不规范行为争抢客源、货源及提供运输服务扰乱市场秩序。

第五十二条 水路运输经营者拒绝管理部门根据本规定进行的监督检查或者隐匿有关资料或瞒报、谎报有关情况的,由其所在地县级以上人民政府水路运输管理部门责令改正。

第五十三条 违反本规定的其他规定应当进行处罚的，按照《国内水路运输管理条例》等有关法律法规执行。

第七章 附 则

第五十四条 本规定下列用语的定义：

（一）自有船舶，是指水路运输经营者将船舶所有权登记为该经营者且归属该经营者的所有权份额不低于51%的船舶。

（二）班轮运输，是指在固定港口之间按照预定的船期向公众提供旅客、货物运输服务的经营活动。

第五十五条 依法设立的水路运输行业组织可以依照法律、行政法规和章程的规定，制定行业经营规范和服务标准，组织开展职业道德教育和业务培训，对其会员的经营行为和服务质量进行自律性管理。

水路运输行业组织可以建立行业诚信监督、约束机制，提高行业诚信水平。对守法经营、诚实信用的会员以及从业人员，可以给予表彰、奖励。

第五十六条 经营内地与香港特别行政区、澳门特别行政区，以及大陆地区与台湾地区之间的水路运输，不适用于本规定。

在香港特别行政区、澳门特别行政区进行船籍登记的船舶临时从事内地港口之间的运输，在台湾地区进行船籍登记的船舶临时从事大陆港口之间的运输，参照适用本规定关于外国籍船舶的有关规定。

第五十七条 载客12人以下的客船运输、乡镇客运渡船运输以及与外界不通航的公园、封闭性风景区内的水上旅客运输不适用本规定。

第五十八条 本规定自2014年3月1日起施行。2008年5月26日交通运输部以交通运输部令2008年第2号公布的《国内水路运输经营资质管理规定》，1987年9月22日交通部以（87）交河字680号文公布、1998年3月6日以交水发〔1998〕107号文修改、2009年6月4日交通运输部以交通运输部令2009年第6号修改的《水路运输管理条例实施细则》，1990年9月28日交通部以交通部令1990年第22号公布、2009年交通运输部令2009年第7号修改的《水路运输违章处罚规定》，1995年12月12日交通部以交水发〔1995〕1178号文发布、1997年8月26日以交水发〔1997〕522号文修改、2014年1月2日交通运输部以交通运输部令2014年第1号修改的《水路旅客运输规则》同时废止。

附件1：

水路运输经营者自有船舶运力最低限额表

<table>
<tr><td rowspan="3"></td><td colspan="2">沿　海</td><td colspan="4">内　河</td></tr>
<tr><td rowspan="2">省　际</td><td rowspan="2">省　内</td><td colspan="3">省　际</td><td rowspan="2">省　内</td></tr>
<tr><td>长江</td><td>西江</td><td>其他</td></tr>
<tr><td>普通货船（总吨）</td><td rowspan="4">5000</td><td rowspan="4">1000</td><td rowspan="3">5000</td><td rowspan="3">3000</td><td rowspan="3">1000</td><td rowspan="4">600</td></tr>
<tr><td>成品油船（总吨）</td></tr>
<tr><td>化学品船（总吨）</td></tr>
<tr><td>液化气船（立方米）</td><td colspan="3">2000</td></tr>
<tr><td>原油船（总吨）</td><td>35000</td><td>5000</td><td colspan="3">15000</td><td>2000</td></tr>
<tr><td>拖航（千瓦）</td><td colspan="2">5000</td><td colspan="4">2000</td></tr>
<tr><td>普通客船（客位）</td><td>400</td><td>200</td><td colspan="3">400</td><td>100</td></tr>
<tr><td>客货船</td><td rowspan="2">3000 总吨及400 客位</td><td rowspan="2">1000 总吨及100 客位</td><td colspan="3" rowspan="2">1000 总吨及 100 客位</td><td rowspan="2">300 总吨及50 客位</td></tr>
<tr><td>滚装客船</td></tr>
</table>

附件2：

海务、机务管理人员最低配额表（人）

<table>
<tr><td colspan="2"></td><td>1－5 艘</td><td>6－10 艘</td><td>11－20 艘</td><td>21－30 艘</td><td>31－40 艘</td><td>41－50 艘</td><td>>50 艘</td></tr>
<tr><td rowspan="3">沿海</td><td>普通货船</td><td colspan="2">1</td><td>2</td><td>3</td><td colspan="2">4</td><td>每增加20 艘增加1 人，不足20 艘按20 艘计</td></tr>
<tr><td>危险品船</td><td rowspan="2">1</td><td rowspan="2">2</td><td rowspan="2">3</td><td rowspan="2">4</td><td rowspan="2">5</td><td rowspan="2">6</td><td rowspan="2">每增加10 艘增加1 人，不足10 艘按10 艘计</td></tr>
<tr><td>客　　船</td></tr>
<tr><td rowspan="3">内河</td><td>普通货船</td><td colspan="2">1</td><td colspan="4">2</td><td>每增加50 艘增加1 人，不足50 艘按50 艘计</td></tr>
<tr><td>危险品船</td><td colspan="2" rowspan="2">1</td><td rowspan="2">2</td><td rowspan="2">3</td><td colspan="2" rowspan="2">4</td><td rowspan="2">每增加20 艘增加1 人，不足20 艘按20 艘计</td></tr>
<tr><td>客　　船</td></tr>
</table>

邮政行政执法监督办法

（2020年2月24日交通运输部令2020年第5号公布　自2020年5月1日起施行　国司备字［2020001630］）

第一条　为了加强邮政行政执法监督，纠正邮政行政执法中的违法、不当行为，保证涉及邮政的法律、法规及规章的正确实施，促进严格、规范、公正、文明执法，维护公民、法人和其他组织的合法权益，制定本办法。

第二条　邮政管理部门对本机关内设执法机构和下级邮政管理部门的行政执法活动实施监督，适用本办法。

第三条　邮政行政执法监督应当坚持监督检查与指导改进相结合，遵循依法、客观、公正、公开和有错必纠的原则。

第四条　调查处理邮政行政执法中的违法、不当行为，应当做到事实清楚、证据确凿、程序合法、定性准确、处理恰当。

第五条　邮政管理部门法制工作机构负责邮政行政执法监督工作，承担下列职责：

（一）依法负责邮政行政执法人员的执法资格管理工作；

（二）拟订邮政行政执法监督工作制度；

（三）组织执法案卷评议，对行政执法开展监督调查；

（四）依法办理行政复议、行政应诉事项；

（五）法律、行政法规规定的其他职责。

第六条　邮政管理部门内设执法机构负责行政执法业务指导和督促工作，承担下列职责：

（一）指导和督促下级邮政管理部门依法实施行政执法行为；

（二）指导和督促下级邮政管理部门依法公开行政执法信息；

（三）指导下级邮政管理部门行政执法案卷、用语、装备、场所的规范化工作；

（四）法律、行政法规规定的其他职责。

第七条　邮政管理部门可以组织法律顾问、公职律师参与行政执法监督工作。

第八条　邮政行政执法监督主要包括下列内容：

（一）实施行政处罚、行政强制、行政许可等行政执法行为的合法性、合理性情况；

（二）行政执法信息的主动公开情况；

（三）行政执法场所规范化建设情况；

（四）行政执法案卷和文书制作情况；

（五）法律、行政法规规定的其他事项。

第九条 邮政行政执法人员从事行政执法工作，应当取得行政执法证件。

第十条 邮政管理部门可以依照《中华人民共和国行政处罚法》的规定，委托依法成立并符合法定条件的管理公共事务的事业组织实施行政处罚相关工作。受委托组织实施的行政行为，由委托机关负责监督，并对该行为的后果承担法律责任。

第十一条 邮政行政执法人员在进行监督检查、调查取证、采取强制措施、送达执法文书等行政执法活动时，应当主动出示行政执法证件，向当事人和相关人员表明身份。

第十二条 实施邮政行政执法，应当按照"谁执法谁公示"的原则，向社会公开下列信息，涉及国家秘密、商业秘密、个人隐私的除外：

（一）作出行政执法行为的法律、法规、规章等法定依据；

（二）本机关发布的涉及行政执法的行政规范性文件；

（三）本机关职能、机构设置、办公地址、办公时间、联系方式、负责人姓名；

（四）随机抽查事项清单；

（五）办理行政许可的条件、程序、时限；

（六）法律、法规、规章和国家有关规定要求主动公开的其他行政执法信息。

对前款规定的信息，邮政管理部门在主动公开后，应当根据法定依据以及机构职责变化等情况进行调整。

第十三条 邮政管理部门应当自作出行政执法决定之日起20个工作日内，向社会公布执法机关、执法对象、执法类别、执法结论等信息，接受社会监督，其中对行政许可、行政处罚的行政执法决定信息应当自作出行政执法决定之日起7个工作日内公开，但是法律、行政法规另有规定的除外。

第十四条 邮政管理部门实施行政处罚、行政强制、行政许可等行政执法行为，应当做到文字记录合法规范、客观全面、及时准确。

第十五条 除法律、法规或者国家规定禁止进行音像记录外，邮政管理部门对直接涉及重大财产权益的现场执法活动和执法办案场所以及对现场执法、调查取证、举行听证、留置送达和公告送达等容易引发争议的行政执法过程，应当使用照相、录音或者录像设备进行音像记录。

第十六条 邮政管理部门应当依法收集、整理行政处罚、行政强制、行政许可等行政执法行为的检查记录、证据材料、执法文书并立卷、归档，按照档案管理规定实行集中统一管理。

第十七条 邮政管理部门依法制定本机关行政处罚裁量基准。

第十八条 邮政管理部门依照法律、法规的规定，拟作出重大行政执法决定的，应当在作出决定前进行法制审核。

邮政管理部门应当结合本机关行政执法行为的类别、执法层级、所属领域等因素，明确重大行政执法决定法制审核事项。

第十九条 进行法制审核的，由邮政管理部门内设执法机构向法制工作机构提供送审材料，对行政执法的事实、证据、法律适用、程序的合法性进行说明。

邮政管理部门内设执法机构应当对送审材料的真实性、准确性、完整性负责。

第二十条 邮政管理部门法制工作机构负责对送审材料涉及的下列事项进行审核：

（一）行政执法人员是否具备执法资格；

（二）行政执法程序是否合法；

（三）案件事实是否清楚，证据是否合法充分；

（四）适用法律、法规、规章是否准确，裁量是否适当；

（五）执法是否符合本机关的法定权限；

（六）行政执法文书是否完备、规范；

（七）违法行为是否涉嫌犯罪、需要移送司法机关。

第二十一条 邮政管理部门法制工作机构对送审材料提出法制审核意见，由内设执法机构按程序一并提交本机关主要负责人批准。

第二十二条 邮政管理部门可以委托法律顾问对送审材料提出建议，供法制工作机构参考。

第二十三条 下级邮政管理部门应当向上一级邮政管理部门书面报告上一年度邮政行政执法总体情况，接受监督、指导。

行政执法年度报告，包括执法制度和执法队伍建设情况，行政许可、行政强制、行政处罚实施情况，以及执法中存在的问题和改进的措施等事项。

第二十四条 对下级邮政管理部门办理的有重大社会影响的行政执法事项，上级邮政管理部门可以要求其书面报告办理行政执法事项的工作信息，加强指导和督促。

第二十五条 上级邮政管理部门可以对下一级邮政管理部门进行执法案卷评议，由法制工作机构组织两名以上评议人员抽查已经结案的行政许可、行政处罚、行政强制等行政执法案卷。

第二十六条 对同级国家权力机关、人民政府或者上级邮政管理部门提出异议的行政执法案件，邮政管理部门应当组织对其内设执法机构的行政执法案卷实施专项执法案卷评议。

对公民、法人、其他组织提出投诉比较集中或者新闻媒体作出重点报道的行政执法案件，邮政管理部门可以参照前款规定实施专项执法案卷评议。

第二十七条 邮政管理部门制定执法案卷评议标准应当符合法律、行政法规、部门规章的规定。

第二十八条 邮政管理部门内设执法机构可以根据执法案卷评议标准组织对行政执法案件进行评析，对办理行政执法案件以及规范行政执法行为等提出改进措施。

第二十九条 邮政管理部门在实施执法案卷评议过程中发现下级邮政管理部门、本机关内设执法机构的行政执法行为涉嫌违法、不当且严重损害行政相对人合法权益的，应当自发现之日起7个工作日内立案调查。

上级邮政管理部门有权指令下级邮政管理部门实施立案调查或者指令其参与调查。

第三十条 指令下级邮政管理部门实施立案调查或者参与调查的，上级邮政管理部门应当制作《邮政行政执法监督调查通知书》。

受指令实施立案调查或者参与调查的下级邮政管理部门应当自收到《邮政行政执法监督调查通知书》之日起7个工作日内立案调查或者参与调查。

第三十一条 邮政管理部门实施行政执法监督调查时，法制工作机构人员不得少于两人。

第三十二条 邮政管理部门实施行政执法监督调查，可以依法采取下列措施：

（一）询问邮政管理部门负责人、行政执法人员，询问行政相对人或者其他知情人，并制作笔录；

（二）查阅和复制行政执法案卷、账目、票据和凭证，暂扣、封存可以证明存在违法或者不当行政执法行为的文书等材料；

（三）以拍照、录音、录像、抽样等方式收集证据；

（四）召开座谈会、论证会，听取汇报；

（五）要求有关机关、机构、人员提交书面答复。

第三十三条 被监督调查机关、机构及其人员不得拒绝、阻碍行政执法监督调查。

第三十四条 行政执法监督调查事项涉及国家秘密、商业秘密、个人隐私的，邮政管理部门应当依法履行保密义务。

第三十五条 邮政管理部门应当自立案调查之日起60日内完成调查，并作出行政执法监督调查处理决定；情节复杂或者有其他特殊原因的，经本机关负责人批准可以延长，但延长期限不得超过30日。

按上级邮政管理部门的指令实施立案调查的邮政管理部门，应当自作出行政执法监督调查处理决定之日起10个工作日内将监督调查处理结果逐级报告下达指令的邮政管理部门。

第三十六条 邮政管理部门作出行政执法监督调查处理决定前，应当向被监督调查机关、机构告知作出决定的事实、理由和依据，并充分听取其陈述和申辩。

第三十七条 邮政管理部门作出行政执法监督调查处理决定，应当制作《邮政行政执法监督调查处理决定书》。

《邮政行政执法监督调查处理决定书》应当载明下列内容：

（一）被监督调查机关、机构的名称；

（二）认定的事实和理由；

（三）处理的决定和依据；

（四）执行处理决定的方式和期限；

（五）作出处理决定的邮政管理部门名称和日期，并加盖印章。

第三十八条 被监督调查机关、机构无正当理由不履行或者拖延履行法定执法职责的，邮政管理部门应当作出责令其限期履行的决定。

第三十九条 被监督调查机关、机构的行政执法行为有下列情形之一的，邮政管理部门应当决定予以撤销、变更或者确认其违法：

（一）主要事实不清、证据不足的；

（二）适用依据错误的；

（三）违反法定程序的；

（四）超越或者滥用职权的；

（五）行政执法行为明显不当的；

（六）法律、行政法规规定的其他情形。

第四十条 撤销、变更行政执法行为，不适用下列情形：

（一）撤销、变更行政执法行为可能对公共利益造成重大损害的；

（二）行政执法行为违法，但不具有可撤销、变更内容的；

（三）法律、行政法规规定的其他情形。

因前款情形，具体行政行为不予撤销、变更的，被监督调查机关、机构应当采取补救措施。

第四十一条 邮政管理部门决定撤销行政执法行为或者确认行政执法行为违法的，可以责令被监督调查机关、机构在一定期限内重新作出行政执法行为。

第四十二条 被监督调查机关、机构作出的行政执法行为有下列情形之一的，邮政管理部门应当责令其以书面形式进行补正或者更正：

（一）未载明行政执法决定作出日期的；

（二）程序存在瑕疵，但未对公民、法人或者其他组织合法权益造成影响的；

（三）需要补正或者更正的其他情形。

第四十三条 邮政管理部门可以向被监督调查机关、机构提出改进行政执法工作的意见建议。

被监督调查机关、机构应当根据意见建议改进行政执法工作，并按要求报告改进情况。

第四十四条 邮政管理部门可以内部通报行政执法典型案例。

第四十五条 公民、法人或者其他组织不服邮政管理部门及其工作人员的职务行为，可以向上级或者本级邮政管理部门提出建议、意见或者投诉请求。

第四十六条 公民、法人或者其他组织认为邮政管理部门的行政执法行为侵犯其合法权益的，可以依法申请行政复议或者提起行政诉讼。

邮政管理部门应当依法办理行政复议和行政应诉。

第四十七条 有下列情形之一的，由上一级邮政管理部门责令限期改正；情节严重或者拒不改正的，予以批评或者通报批评：

（一）未按要求报送行政执法总体情况的；

（二）安排不具备行政执法资格的人员从事行政执法活动的；

（三）委托不符合条件资质的组织实施行政处罚的；

（四）未按要求向社会主动公开执法信息的；

（五）法律、行政法规、部门规章规定的其他情形。

第四十八条 邮政管理部门在实施行政执法监督过程中，发现下级邮政管理部门、本机关内设执法机构存在多次违法、不当行政执法行为的，可以约谈该邮政管理部门、内设执法机构的负责人。

第四十九条 邮政管理部门在实施行政执法监督过程中，发现存在违法违纪行为需要追责问责的，应当移交有权机关根据有关规定处理。

第五十条 本办法自 2020 年 5 月 1 日起施行。交通运输部于 2014 年 12 月 7 日以交通运输部令 2014 年第 18 号公布的《邮政行政执法监督办法》同时废止。

司法解释

最高人民法院　最高人民检察院　公安部　司法部　海关总署印发《关于进一步加强国境卫生检疫工作　依法惩治妨害国境卫生检疫违法犯罪的意见》的通知

（2020年3月13日　署法发〔2020〕50号）

各省、自治区、直辖市高级人民法院、人民检察院、公安厅（局）、司法厅（局），解放军军事法院、军事检察院，新疆维吾尔自治区高级人民法院生产建设兵团分院、新疆生产建设兵团人民检察院、公安局、司法局，海关总署广东分署，海关总署驻天津、上海特派办，各直属海关：

为贯彻落实《中央全面依法治国委员会关于依法防控新型冠状病毒感染肺炎疫情、切实保障人民群众生命健康安全的意见》，保证国境卫生检疫所涉行政执法和刑事司法的有效衔接、相关法律法规的准确适用，为防控疫病疫情跨境传播、维护公共卫生安全和社会安定有序提供有力的法治保障，最高人民法院、最高人民检察院、公安部、司法部、海关总署联合制定了《关于进一步加强国境卫生检疫工作 依法惩治妨害国境卫生检疫违法犯罪的意见》。现予以印发，请结合实际认真贯彻执行。在执行中遇到有关情况和问题，请分别及时报告最高人民法院、最高人民检察院、公安部、司法部、海关总署。

关于进一步加强国境卫生检疫工作　依法惩治妨害国境卫生检疫违法犯罪的意见

为进一步加强国境卫生检疫工作，依法惩治妨害国境卫生检疫违法犯罪行为，维护公共卫生安全，保障人民群众生命安全和身体健康，根据有关法律、司法解释的规定，制定本意见。

一、充分认识国境卫生检疫对于维护公共卫生安全的重要意义

国境卫生检疫对防止传染病传入传出国境，保障人民群众生命安全和身体健康，维护公共卫生安全和社会安定有序发挥着重要作用。党中央、国务院高度重视国境卫生检疫工作，特别是新冠肺炎疫情发生以来，习近平总书记对强化公共卫生法治保障、改革完善疾病预防控制体系、健全防治结合、联防联控、群防群治工作机制作出一系列重要指示批示。各级人民法院、人民检察院、公安机关、司法行政机关、海关要切实提高政治站位，把思想和行动统一到习近平总书记重要指示批示精神上来，坚决贯彻落实党中央决策部署，增强“四个意识”、坚定“四个自信”、做到“两个维护”；从贯彻落实总体国家安全观、推动构建人类命运共同体的高度，始终将人民群众的生命安全和身体健康放在第一位，切实提升国境卫生检疫行政执法和司法办案水平。特别是面对当前新冠肺炎疫情在境外呈现扩散态势、通过口岸向境内蔓延扩散风险加剧的严峻形势，要依法及时、从严惩治妨害国境卫生检疫的各类违法犯罪行为，切实筑牢国境卫生检疫防线，坚决遏制疫情通过口岸传播扩散，为维护公共卫生安全提供有力的法治保障。

二、依法惩治妨害国境卫生检疫的违法犯罪行为

为加强国境卫生检疫工作，防止传染病传入传出国境，保护人民群众健康安全，刑法、国境卫生检疫法对妨害国境卫生检疫违法犯罪行为及其处罚作出规定。人民法院、人民检察院、公安机关、海关在办理妨害国境卫生检疫案件时，应当准确理解和严格适用刑法、国境卫生检疫法等有关规定，依法惩治相关违法犯罪行为。

（一）进一步加强国境卫生检疫行政执法。海关要在各口岸加强国境卫生检疫工作宣传，引导出入境人员以及接受检疫监管的单位和人员严格遵守国境卫生检疫法等法律法规的规定，配合和接受海关国境卫生检疫。同时，要加大国境卫生检疫行政执法力度，对于违反国境卫生检疫法及其实施细则，尚不构成犯罪的行为，依法给予行政处罚。

（二）依法惩治妨害国境卫生检疫犯罪。根据刑法第三百三十二条规定，违反国境卫生检疫规定，实施下列行为之一的，属于妨害国境卫生检疫行为：

1. 检疫传染病染疫人或者染疫嫌疑人拒绝执行海关依照国境卫生检疫法等法律法规提出的健康申报、体温监测、医学巡查、流行病学调查、医学排查、采样等卫生检疫措施，或者隔离、留验、就地诊验、转诊等卫生处理措施的；

2. 检疫传染病染疫人或者染疫嫌疑人采取不如实填报健康申明卡等方式隐瞒疫情，或者伪造、涂改检疫单、证等方式伪造情节的；

3. 知道或者应当知道实施审批管理的微生物、人体组织、生物制品、血液

及其制品等特殊物品可能造成检疫传染病传播，未经审批仍逃避检疫，携运、寄递出入境的；

4. 出入境交通工具上发现有检疫传染病染疫人或者染疫嫌疑人，交通工具负责人拒绝接受卫生检疫或者拒不接受卫生处理的；

5. 来自检疫传染病流行国家、地区的出入境交通工具上出现非意外伤害死亡且死因不明的人员，交通工具负责人故意隐瞒情况的；

6. 其他拒绝执行海关依照国境卫生检疫法等法律法规提出的检疫措施的。

实施上述行为，引起鼠疫、霍乱、黄热病以及新冠肺炎等国务院确定和公布的其他检疫传染病传播或者有传播严重危险的，依照刑法第三百三十二条的规定，以妨害国境卫生检疫罪定罪处罚。

对于单位实施妨害国境卫生检疫行为，引起鼠疫、霍乱、黄热病以及新冠肺炎等国务院确定和公布的其他检疫传染病传播或者有传播严重危险的，应当对单位判处罚金，并对其直接负责的主管人员和其他直接责任人员定罪处罚。

三、健全完善工作机制，保障依法科学有序防控

（一）做好行刑衔接。海关要严把口岸疫情防控第一关，严厉追究违反国境卫生检疫规定的行政法律责任，完善执法办案流程，坚持严格执法和依法办案。做好行政执法和刑事司法的衔接，对符合国境卫生检疫监管领域刑事案件立案追诉标准的案件，要依照有关规定，及时办理移送公安机关的相关手续，不得以行政处罚代替刑事处罚。

（二）加快案件侦办。公安机关对于妨害国境卫生检疫犯罪案件，要依法及时立案查处，全面收集固定证据。对新冠肺炎疫情防控期间发生的妨害国境卫生检疫犯罪，要快侦快破，并及时予以曝光，形成强大震慑。

（三）强化检察职能。人民检察院要加强对妨害国境卫生检疫犯罪案件的立案监督，发现应当立案而不立案的，应当要求公安机关说明理由，认为理由不成立的，应当依法通知公安机关立案。对于妨害国境卫生检疫犯罪案件，人民检察院可以对案件性质、收集证据和适用法律等向公安机关提出意见建议。对于符合逮捕、起诉条件的涉嫌妨害国境卫生检疫罪的犯罪嫌疑人，应当及时批准逮捕、提起公诉。发挥检察建议的作用，促进疫情防控体系化治理。

（四）加强沟通协调。人民法院、人民检察院、公安机关、司法行政机关、海关要加强沟通协调，畅通联系渠道，建立常态化合作机制。既要严格履行法定职责，各司其职，各负其责，又要相互配合，相互协作，实现资源共享和优势互补，形成依法惩治妨害国境卫生检疫违法犯罪的合力。对社会影响大、舆论关注度高的重大案件，要按照依法处置、舆论引导、社会面管控"三同步"要求，及时澄清事实真相，做好舆论引导和舆情应对工作。

（五）坚持过罚相当。进一步规范国境卫生检疫执法活动，切实做到严格规范公正文明执法。注重把握宽严相济政策：对于行政违法行为，要根据违法行为的危害程度和悔过态度，综合确定处罚种类和幅度。对于涉嫌犯罪的，要重点打击情节恶劣、后果严重的犯罪行为；对于情节轻微且真诚悔改的，依法予以从宽处理。

（六）维护公平正义。人民法院、人民检察院、公安机关要依法保障犯罪嫌疑人、被告人的各项诉讼权利特别是辩护权，切实维护当事人合法权益，维护法律正确实施。司法行政机关要加强对律师辩护代理工作的指导监督，促进律师依法依规执业。人民法院、人民检察院、公安机关、司法行政机关、海关要认真落实"谁执法谁普法"责任制，选取典型案例，开展以案释法，加大警示教育，震慑不法分子，释放正能量，为疫情防控营造良好的法治和社会环境。

最高人民法院　最高人民检察院关于适用《中华人民共和国刑法》第三百四十四条有关问题的批复

（2019年11月19日最高人民法院审判委员会第1783次会议、2020年1月13日最高人民检察院第十三届检察委员会第三十二次会议通过　2020年3月19日最高人民法院、最高人民检察院公告公布　自2020年3月21日起施行　法释〔2020〕2号）

各省、自治区、直辖市高级人民法院、人民检察院，解放军军事法院、军事检察院，新疆维吾尔自治区高级人民法院生产建设兵团分院、新疆生产建设兵团人民检察院：

近来，部分省、自治区、直辖市高级人民法院、人民检察院请示适用刑法第三百四十四条的有关问题。经研究，批复如下：

一、古树名木以及列入《国家重点保护野生植物名录》的野生植物，属于刑法第三百四十四条规定的"珍贵树木或者国家重点保护的其他植物"。

二、根据《中华人民共和国野生植物保护条例》的规定，野生植物限于原生地天然生长的植物。人工培育的植物，除古树名木外，不属于刑法第三百四十四条规定的"珍贵树木或者国家重点保护的其他植物"。非法采伐、毁坏或者非法收购、运输人工培育的植物（古树名木除外），构成盗伐林木罪、滥伐林木罪、非法收购、运输盗伐、滥伐的林木罪等犯罪的，依照相关规定追究刑事责任。

三、对于非法移栽珍贵树木或者国家重点保护的其他植物，依法应当追究刑事责任的，依照刑法第三百四十四条的规定，以非法采伐国家重点保护植物罪定罪处罚。

鉴于移栽在社会危害程度上与砍伐存在一定差异，对非法移栽珍贵树木或者国家重点保护的其他植物的行为，在认定是否构成犯罪以及裁量刑罚时，应当考虑植物的珍贵程度、移栽目的、移栽手段、移栽数量、对生态环境的损害程度等情节，综合评估社会危害性，确保罪责刑相适应。

四、本批复自2020年3月21日起施行，之前发布的司法解释与本批复不一致的，以本批复为准。

附：

2020年3月份报国务院备案并予以登记的地方性法规、自治条例、单行条例和地方政府规章目录

地方性法规

法规名称	公布日期	备案登记编号
天津市土壤污染防治条例	2019年12月11日	国司备字［2020001585］
天津市农业机械化促进条例	2019年12月11日	国司备字［2020001586］
天津市基本医疗保险条例	2019年12月11日	国司备字［2020001587］
内蒙古自治区民用建筑节能和绿色建筑发展条例	2019年5月31日	国司备字［2020001674］
吉林省辽河流域水环境保护条例	2019年8月1日	国司备字［2020001615］
吉林长白山国家级自然保护区条例	2019年8月1日	国司备字［2020001616］
吉林省农村审计条例	2019年8月1日	国司备字［2020001656］
白山市生态文明建设促进条例	2019年8月19日	国司备字［2020001614］
浙江省街道人大工作条例	2019年11月29日	国司备字［2020001610］
义乌国际贸易综合改革试验区条例	2019年11月29日	国司备字［2020001611］
杭州市电梯安全管理条例	2019年12月18日	国司备字［2020001609］

续表

法规名称	公布日期	备案登记编号
杭州市人民代表大会常务委员会关于修改《杭州市第二水源千岛湖配水供水工程管理条例》的决定	2019 年 6 月 14 日	国司备字［2020001692］
宁波市全民阅读促进条例	2019 年 12 月 13 日	国司备字［2020001599］
湖州市乡村旅游促进条例	2019 年 10 月 21 日	国司备字［2020001686］
衢州市城乡网格化服务管理条例	2019 年 12 月 9 日	国司备字［2020001600］
衢州市物业管理条例	2019 年 12 月 9 日	国司备字［2020001601］
金华市人民代表大会常务委员会关于修改《金华市水环境保护条例》的决定	2019 年 10 月 15 日	国司备字［2020001685］
金华市禁止销售燃放烟花爆竹管理规定	2019 年 10 月 15 日	国司备字［2020001688］
温州市楠溪江保护管理条例	2019 年 12 月 12 日	国司备字［2020001608］
嘉兴市文明行为促进条例	2019 年 10 月 9 日	国司备字［2020001683］
舟山市科技创新促进条例	2019 年 12 月 13 日	国司备字［2020001603］
绍兴市大运河世界文化遗产保护条例	2019 年 10 月 10 日	国司备字［2020001684］
丽水市大窑龙泉窑遗址保护条例	2019 年 12 月 18 日	国司备字［2020001602］
福建省人民代表大会常务委员会关于修改《福建省实施〈中华人民共和国渔业法〉办法》的决定	2019 年 11 月 29 日	国司备字［2020001666］
南平市革命旧址保护利用条例	2019 年 12 月 3 日	国司备字［2020001694］

续表

法规名称	公布日期	备案登记编号
拉萨市人民代表大会常务委员会关于修改《拉萨市爱国卫生管理条例》等9件地方性法规的决定	2019年11月30日	国司备字［2020001588］
拉萨市人民代表大会常务委员会关于废止《拉萨市暂住人员服务管理条例》的决定	2019年11月30日	国司备字［2020001589］
日喀则市人民代表大会常务委员会执法检查办法	2019年11月29日	国司备字［2020001592］
西宁市养犬管理条例	2019年12月20日	国司备字［2020001612］

自治州、自治县的单行条例

条例名称	公布日期	备案登记编号
云南省大理白族自治州洱海保护管理条例（修订）	2019年10月25日	国司备字［2020001654］
云南省大理白族自治州苍山保护管理条例（修订）	2019年10月25日	国司备字［2020001655］
门源回族自治县城镇市容和环境卫生管理条例	2019年12月20日	国司备字［2020001613］

地方政府规章

规章名称	公布日期	备案登记编号
北京市促进慈善事业若干规定	2019年10月17日	国司备字［2020001594］
北京市内部审计规定	2019年10月17日	国司备字［2020001595］

续表

规章名称	公布日期	备案登记编号
北京市实施《规章制定程序条例》若干规定	2019 年 11 月 21 日	国司备字［2020001653］
北京市公共场所外语标识管理规定	2020 年 2 月 29 日	国司备字［2020001675］
天津市加强野生动物管理若干规定	2020 年 2 月 19 日	国司备字［2020001617］
唐山市住宅专项维修资金管理办法	2020 年 1 月 17 日	国司备字［2020001619］
邯郸市大气污染防治办法	2020 年 1 月 23 日	国司备字［2020001689］
内蒙古自治区地震预警管理办法	2020 年 2 月 24 日	国司备字［2020001659］
内蒙古自治区行政执法公示执法全过程记录重大执法决定法制审核办法	2020 年 2 月 17 日	国司备字［2020001660］
沈阳市再生水利用管理办法	2020 年 1 月 20 日	国司备字［2020001604］
沈阳市机关事务管理办法	2020 年 1 月 20 日	国司备字［2020001605］
营口市城市二次供水管理办法	2020 年 1 月 21 日	国司备字［2020001643］
上海市体育赛事管理办法	2020 年 2 月 7 日	国司备字［2020001632］
无锡市公共数据管理办法	2020 年 2 月 26 日	国司备字［2020001650］
徐州市城市建筑垃圾管理办法	2020 年 2 月 4 日	国司备字［2020001620］
徐州市人民政府关于废止《徐州市火车站地区综合管理办法》《徐州市东站地区综合管理办法》的决定	2020 年 3 月 11 日	国司备字［2020001708］

续表

规章名称	公布日期	备案登记编号
杭州市人民政府关于修改《杭州市城市管理相对集中行政处罚权实施办法》等16件市政府规章部分条款的决定	2019年12月31日	国司备字［2020001697］
杭州市机动车停车场(库)建设和管理办法	2019年12月31日	国司备字［2020001698］
杭州市城市地下综合管廊管理办法	2019年12月31日	国司备字［2020001699］
杭州市人民政府关于废止《杭州市建筑装饰工程管理办法》等7件市政府规章的决定	2019年12月27日	国司备字［2020001700］
杭州市淳安特别生态功能区管理办法	2019年12月28日	国司备字［2020001701］
金华市户外广告设置管理办法	2019年12月4日	国司备字［2020001579］
安徽省实施《优化营商环境条例》办法	2019年12月30日	国司备字［2020001581］
蚌埠市快递设施管理办法	2020年1月15日	国司备字［2020001635］
蚌埠市地下管线管理办法	2020年1月2日	国司备字［2020001636］
福建省人民政府关于修改《福建省“古泉州(刺桐)史迹遗址”文化遗产保护管理办法》的决定	2019年12月18日	国司备字［2020001634］
宜春市人民政府拟订地方性法规草案和制定规章程序规定	2019年9月19日	国司备字［2020001704］
宜春市烟花爆竹燃放管理规定	2019年12月13日	国司备字［2020001705］
青岛市建筑外立面管理办法	2020年2月12日	国司备字［2020001618］
潍坊市人民政府关于修改部分政府规章的决定	2019年12月31日	国司备字［2020001645］

续表

规章名称	公布日期	备案登记编号
济宁市城区公共停车场管理办法	2019年12月29日	国司备字［2020001679］
济宁市城乡建设档案管理办法	2019年12月29日	国司备字［2020001680］
菏泽市城市排水与污水处理管理办法	2019年12月29日	国司备字［2020001627］
菏泽市人民政府关于修改《菏泽市建设工程抗震设防管理办法》的决定	2019年12月29日	国司备字［2020001628］
德州市人民政府立法工作规定	2020年2月16日	国司备字［2020001657］
聊城市城市景观风貌管理办法	2020年3月3日	国司备字［2020001658］
郑州市人民政府关于废止部分政府规章的决定	2020年1月17日	国司备字［2020001638］
咸宁市食品生产加工小作坊小餐饮食品摊贩安全管理办法	2020年1月20日	国司备字［2020001707］
广州市人民政府规章制定办法	2020年2月1日	国司备字［2020001606］
广州市规章制定公众参与办法	2020年2月1日	国司备字［2020001607］
广州市非物质文化遗产保护办法	2020年2月8日	国司备字［2020001637］
深圳出租屋管理若干规定	2019年11月13日	国司备字［2020001596］
深圳市网络预约出租汽车经营服务管理暂行办法	2019年10月26日	国司备字［2020001597］
深圳市校外托管机构管理办法	2019年8月20日	国司备字［2020001629］
韶关市物业管理办法（试行）	2019年12月30日	国司备字［2020001646］

续表

规章名称	公布日期	备案登记编号
东莞市地下管线管理办法	2019 年 12 月 31 日	国司备字［2020001593］
东莞市人民政府关于修改《东莞市燃气管理办法》的决定	2020 年 2 月 25 日	国司备字［2020001621］
中山市人民政府关于修改《中山市历史文化名城保护规定》的决定	2020 年 3 月 1 日	国司备字［2020001696］
江门市气象灾害防御规定	2020 年 3 月 10 日	国司备字［2020001702］
广西壮族自治区地方志工作办法	2020 年 1 月 22 日	国司备字［2020001640］
广西壮族自治区重大行政决策程序规定	2020 年 1 月 22 日	国司备字［2020001641］
广西壮族自治区宗教事务办法	2020 年 2 月 3 日	国司备字［2020001642］
南宁市人民政府关于修改《南宁市经济适用住房管理办法》的决定	2020 年 3 月 1 日	国司备字［2020001687］
重庆市科学技术奖励办法	2020 年 2 月 15 日	国司备字［2020001661］
重庆市人民政府关于全面禁止非法交易、食用野生动物的决定	2020 年 3 月 18 日	国司备字［2020001709］
四川省人民政府关于修改《四川省道路旅客运输管理办法》的决定	2020 年 1 月 22 日	国司备字［2020001631］
广安市电梯安全监督管理办法	2020 年 2 月 25 日	国司备字［2020001693］
达州市户外广告和招牌设置管理办法	2020 年 1 月 21 日	国司备字［2020001580］
贵州省人民政府关于修改和废止部分省政府规章的决定	2019 年 11 月 13 日	国司备字［2020001662］
贵州省气象预报预警信息发布与传播管理办法	2020 年 3 月 10 日	国司备字［2020001706］

续表

规章名称	公布日期	备案登记编号
遵义市人民政府规章制定程序规定(2019年修订)	2020年1月17日	国司备字[2020001622]
云南省人民政府关于修改《云南省重大行政决策程序规定》的决定	2020年2月13日	国司备字[2020001647]
昆明市滇池船舶准入管理办法	2020年1月19日	国司备字[2020001582]
昆明市政府投资建设项目审计办法	2020年1月9日	国司备字[2020001644]
文山州人民政府立法工作办法	2020年2月27日	国司备字[2020001681]
红河州人民政府立法工作规定	2020年3月2日	国司备字[2020001652]
西藏自治区规范行政执法裁量权规定	2019年12月28日	国司备字[2020001690]
西藏自治区重大行政决策程序暂行规定	2019年12月28日	国司备字[2020001691]
陕西省公路桥梁安全保护办法	2020年1月7日	国司备字[2020001590]
陕西省体育赛事管理办法	2020年1月7日	国司备字[2020001591]
西安市人民政府关于修改《西安市生活饮用水二次供水管理和卫生监督规定》的决定	2020年2月28日	国司备字[2020001695]
兰州市人民政府关于修改《兰州市城市生活垃圾分类管理办法》的决定	2020年1月23日	国司备字[2020001598]
天水市饮用水水源保护区环境保护管理办法	2020年2月21日	国司备字[2020001648]
嘉峪关市城市绿化管理办法	2020年2月27日	国司备字[2020001682]
西宁市气瓶安全管理办法	2020年3月4日	国司备字[2020001703]

图书在版编目(CIP)数据

中华人民共和国新法规汇编.2020年.第4辑:总第278辑/司法部编.—北京:中国法制出版社,2020.5

ISBN 978-7-5216-1051-2

Ⅰ.①中… Ⅱ.①司… Ⅲ.①法规-汇编-中国-2020 Ⅳ.①D920.9

中国版本图书馆CIP数据核字(2020)第078580号

中华人民共和国新法规汇编

ZHONGHUA RENMIN GONGHEGUO XIN FAGUI HUIBIAN

(2020年第4辑)

编者/司法部

经销/新华书店

印刷/三河市紫恒印装有限公司

开本/850毫米×1168毫米 32开　　印张/10.25　字数/289千

版次/2020年5月第1版　　2020年5月第1次印刷

中国法制出版社出版

书号 ISBN 978-7-5216-1051-2　　定价:18.00元

北京西单横二条2号

邮政编码 100031　　传真:010-66031119

网址:http://www.zgfzs.com　　编辑部电话:010-66066621

市场营销部电话:010-66033393　　邮购部电话:010-66033288

(如有印装质量问题,请与本社印务部联系调换。电话:010-66032926)